MAD MEN

JERRY DELLA FEMINA

MAD MEN

Tradução de
DINAH AZEVEDO

EDITORA RECORD
RIO DE JANEIRO • SÃO PAULO
2011

CIP-BRASIL. CATALOGAÇÃO-NA-FONTE
SINDICATO NACIONAL DOS EDITORES DE LIVROS, RJ

D396m   Della Femina, Jerry
        Mad men / tradução Dinah de Abreu Azevedo. – Rio de Janeiro:
        Record, 2011.

        Tradução de: From those wonderful folks who gave you Pearl Harbor
        ISBN 978-85-01-09307-3

        1. Agências de propaganda. 2. Publicitários – Estados Unidos. I. Título.

                            CDD: 659.1
11-2916   CDU: 659.1

Título original em inglês:
FROM THOSE WONDERFUL FOLKS WHO GAVE YOU PEARL HARBOR

Copyright © Jerry Della Femina e Charles Sopkin, 1970
Copyright da introdução © Jerry Della Femina, 2010
Imagem de capa: CSA Images/Archive/Getty Images

Todos os direitos reservados. Proibida a reprodução, armazenamento
ou transmissão de partes deste livro através de quaisquer meios, sem prévia
autorização por escrito. Proibida a venda desta edição em Portugal e resto da
Europa.

Texto revisado segundo o novo Acordo Ortográfico da Língua Portuguesa.

Direitos exclusivos de publicação em língua portuguesa para o Brasil
adquiridos pela
EDITORA RECORD LTDA.
Rua Argentina, 171 – 20921-380 – Rio de Janeiro, RJ – Tel.: 2585-2000
que se reserva a propriedade literária desta tradução.

Impresso no Brasil.

ISBN 978-85-01-09307-3

Seja um leitor preferencial Record.
Cadastre-se e receba informações sobre nossos
lançamentos e nossas promoções.

EDITORA AFILIADA

Atendimento direto ao leitor:
mdireto@record.com.br ou (21) 2585-2002.

Este livro é dedicado aos dedicados:
Ally, Bernbach, Burnett, Calet, Case, Dunst, Durfee,
Frankfurt, Gage, Goldschmidt, Harper, Hirsch,
Karsch, Kurnit, Lois, McCabe, Moss, Paccione, Raboy,
Rosenfeld, Travisano, Wells e todos os outros.

Nota do autor

O ramo publicitário é, no mínimo, extremamente volátil. Fatos, faturas, contas em agências e outros detalhes do gênero são, como sabemos, tão exatos quanto eram no dia 1º de outubro de 1969. Não há dúvida de que as contas vão mudar de agência e as faturas vão mudar de valor entre o momento em que este livro entrar em fase de produção e a data da publicação. Se houver erros desse tipo, tanto o autor quanto o editor pedem desculpas. Uma última observação: para proteger tanto os inocentes quanto os culpados, foram usados alguns pseudônimos neste livro, mas 99,44% dos nomes, agências e situações descritas são reais.

Sumário

	Introdução	11
Um	Os nazistas não tiram uma conta de você	21
Dois	Quem suprimiu o Speedy do Alka-Seltzer?	37
Três	O medo, o pequeno medo e o grande medo contagiam Abbott e Costello	57
Quatro	Me dê seus bebuns, seus esquisitões...	81
Cinco	Dançando no escuro	99
Seis	A vida criativa	121
Sete	O alegre gigante verde e outras histórias	147
Oito	Três formas de combater a dor de cabeça	169
Nove	Quatro formas de combater a dor de cabeça	187
Dez	Censura	205
Onze	Os boatos e a lei da selva	225
Doze	Perfis de calor e coragem humana	243
Treze	O máximo de curtição sem tirar a roupa	277

INTRODUÇÃO

Os *mad men* originais estão todos mortos. Ironicamente, morreram por causa do consumo dos produtos que venderam com tanto fervor. Os pulmões pifaram com os cigarros de suas campanhas publicitárias — consumidos aos maços. Os fígados derreteram com todo o uísque, gim e vodca que eles tornaram célebres — e com os almoços regados a três martínis que curtiram durante o processo...

Escrevi *Mad Men* em 1970. O que você está prestes a ler é a visão inocente, de dentro, de um período turbulento dos negócios; numa nova era de *Mad men*, que nunca mais será vista.

Entrei na publicidade em 1952, aos 16 anos, como office-boy de uma agência de propaganda tradicional e enfadonha chamada Ruthrauff & Ryan, que teria servido de cenário para a série televisiva *Mad Men* sem que houvesse necessidade de tirar uma única cadeira do lugar. Não é preciso dizer que era um ramo difícil de entrar, principalmente para um adolescente com pouca instrução.

Em 1956, levei meu portfólio com amostras de trabalhos criativos à J. Walter Thompson, a maior agência de propaganda do mundo. Eles tinham vaga para assistente de redação, que se encarregaria de promover as vendas da conta da Ford Truck. Naquela época, a Ford era a maior conta da J. Walter Thompson.

O chefe da redação da conta olhou para o meu trabalho e disse:

— Isso aqui é muito bom, mas não posso indicá-lo para o cargo.

— Por quê? — perguntei.

A resposta veio com um sorriso nervoso.

— Porque é a conta da Ford e eles não querem gente do seu tipo trabalhando com a empresa deles.

Levei anos para descobrir o que significava "do seu tipo". As agências de publicidade daquele tempo eram divididas por etnia. Os *mad men* floresceram em grandes agências protestantes como a J. Walter Thompson, a N.W. Ayer, a BBDO e a Ted Bates. Essas agências monopolizaram todas as grandes contas publicitárias (de fabricantes de carros, alimentos, cigarros, refrigerantes, cerveja). As outras contas — menores (confecções, calçados, roupa íntima, pequenas lojas de varejo) — eram absorvidas por minúsculas agências de propaganda "judias". Em 1950, uma única agência cujos fundadores eram judeus tinha conseguido contas de empresas de bens de consumo empacotados, cigarros, bebidas alcoólicas e automóveis. Conseguiu realizar essa proeza batizando a sua agência com o nome da cor das paredes de seu escritório e sem usar nomes judeus no seu timbre — assim nasceu a Grey Advertising.

Assim, em meados da década de 1950, uma agência de propaganda "judia" rompeu a barreira étnica. A campanha da Doyle, Dane, Bernbach para anunciantes como a Volkswagen ("Think Small", "Lemon" ["Pense pequeno", "Limão"]) e para o Levy's Bread ("You don't have to be Jewish to love Levy's" ["Você não precisa ser judeu para adorar o Levy"] mudou o ramo publicitário. A Doyle, Dane, Bernbach fazia uma propaganda marcante, uma propaganda que tinha "personalidade" e respeitava a inteligência

INTRODUÇÃO   13

do consumidor. Vendia produtos com anúncios bem-humorados, linguagem arrojada e visuais com um design característico, despojado e elegante. Abriu a porta para um tipo totalmente diferente de *mad man*.

Em 1961, quando consegui meu primeiro emprego de redator publicitário, "meu tipo" de repente entrou na moda. A revolução criativa tinha começado. A propaganda havia se transformado em um ramo dominado por redatores jovens, engraçados e judeus, e por diretores de arte gregos e italianos durões que chegavam a apelar para a ignorância de vez em quando.

Os *mad men* originais não se renderam sem luta. Certa vez, participei de uma conferência publicitária realizada no Greenbrier Hotel, em 1968. O guru dos *mad men* originais, o grande David Ogilvy, foi o orador que deu o diapasão. O tema de seu discurso foi a nova revolução criativa na publicidade. Ogilvy sabia que seu público era constituído principalmente de homens desesperados presos na arapuca das agências que estavam perdendo contas para agências jovens, batalhadoras, étnicas. Ogilvy excedeu-se e declarou: "Digo que os lunáticos tomaram conta do asilo!"

O público levantou-se para bater palmas de pé ao ouvir esse grito de guerra. Eu me levantei também e comecei a aplaudir tanto quanto o meu vizinho; mas, de repente, me toquei: *O que você está aplaudindo? É de você que ele está falando!*

Era um asilo maravilhoso. Éramos turbulentos. Fazíamos as loucuras dos episódios de *Mad Men* parecerem *Rebecca of Sunnybrook Farm*, filme de 1917 estrelado por Shirley Temple. Nossa agenciazinha exalava permanentemente aquele cheiro delicioso da *cannabis* que fumávamos. A vida era fácil naquela época em que os departamentos de recursos humanos ainda não controlavam os negócios e antes de alguém chegar à conclusão de que todos tínhamos de ser politicamente corretos. Todo mundo fumava (eu tinha o hábito de fumar quatro maços por dia). Todo mundo bebia martínis (tive muitos almoços regados a três deles) e todo mundo transava com todo mundo.

No mundo dos negócios dos anos 1950 e começos dos anos 1960, o sexo era um assunto proibido — todo mundo transava, só que ninguém tocava no assunto. Mas, em 1965, a revolução sexual estava em andamento e o ramo publicitário pirou. Eu a encorajei em minha agência porque nada melhor para fazer gente criativa chegar cedo e sair tarde do que a perspectiva de uma aventura sexual.

Em 1967, quando abri a minha própria agência, a Jerry Della Femina & Partners, um grupo interno fundou a Agência de Concurso Sexual. Durante mais de 25 anos, uma semana do final do ano foi dedicada a loucuras daquele tipo que aparece no filme *Animal House* [em português, *O clube dos cafajestes*]. Este foi, até hoje, o segredo mais bem guardado da publicidade. Milhares de pessoas participaram do Concurso Sexual da agência.

O concurso levava todos da agência a votar anonimamente, em cédulas de papel, nas três pessoas com quem mais gostariam de ir para a cama na agência. Também se pedia aos eleitores que votassem em alguém do próprio sexo com quem considerariam a possibilidade de ir para a cama. E, evidentemente, havia a categoria *ménage à trois,* na qual os eleitores escolhiam as duas outras pessoas com quem gostariam de ir para a cama. Às vezes o número de votos chegava a 300.

Durante uma semana, as paredes da agência ficavam cobertas de cartazes feitos por pessoas que estavam fazendo campanha para

INTRODUÇÃO 15

si próprias. Uma moça muito tímida da contabilidade entrou no espírito do concurso, xerocou os seios e pendurou as imagens nas paredes. Outra jovem executiva de contas criou o próprio slogan: VOTE EM AMANDA [este não era seu verdadeiro nome]. COMO A LOJA DE DEPARTAMENTOS BLOOMINGDALE'S, ESTOU ABERTA TODA NOITE DEPOIS DAS 9. Uma executiva muito bonita pegou uma fotografia muito sensual dela mesma, entrou furtivamente no banheiro masculino da agência e pendurou-a na parede para a qual quem estivesse usando o banheiro estaria olhando. A legenda embaixo de sua foto provocante dizia: POSSO AJUDAR? Esse lance quase provocou um desastre quando um cliente bem puritano ligou e disse que estava a caminho, pois queria conhecer a agência. Durante a hora que ele levou para chegar, trabalhamos febrilmente para tirar todos os anúncios da campanha. E então, no decorrer da reunião, o homem pediu licença para ir ao banheiro. Depois de alguns minutos, soltei um grito. Tínhamos nos esquecido de tirar os cartazes da campanha que estavam no banheiro masculino. Quando voltou, o rosto do cliente estava cinza. Nunca disse uma única palavra sobre os cartazes, mas ficou sacudindo a cabeça em sinal de desaprovação. Eu saía da reunião de cinco em cinco minutos só para rir; depois voltava com a cara que devia ter o presidente de uma grande agência de propaganda.

Não havia fraudes nessas eleições. Certo ano, pedi à nossa firma de contabilidade para contar os votos. Nunca se viu tantos contadores tão animados e parecendo estar se divertindo tanto.

O primeiro prêmio do casal vencedor (mesmo que não tivessem votado um no outro) era um fim de semana no Plaza Hotel, pago pela minha agência. O segundo prêmio era uma noite no Plaza. O terceiro era uma noite sem interrupções no sofá do meu escritório. Os vencedores do *ménage à trois* ganhavam um jantar para três no Four Seasons Restaurant. Os vencedores da categoria gay e lésbica do concurso ganhavam um certificado de US$ 100 para gastar no The Pleasure Chest — uma loja de Greenwich Village que vendia artefatos sexuais.

Os resultados eram anunciados numa festa onde até trezentos de nós se trancavam num gigantesco restaurante mexicano. Em uma delas, eu estava preocupado com o fato de toda a minha agência ter consumido tanta cannabis e tantas margaritas a ponto de as pessoas estarem ficando perigosamente descontroladas. Quando um executivo mais velho desmaiou, a cabeça foi parar no prato de comida à sua frente. A mulher a seu lado gritou: "Ele está bem, o guacamole amorteceu a queda." Uma linda jovem asiática, que eu nunca ouvira dizer uma única palavra, pulou em cima da mesa e começou a fazer strip-tease e a dançar loucamente e, sem querer, acabou chutando a cabeça de um dos meus diretores de arte. Fui correndo procurar o gerente do restaurante e pedir a ele que dissesse aos garçons para maneirar nas bebidas. Ele sorriu para mim e disse: "*Señor*, tarde demais. Meus garçons estão todos chapados e bem no meio da festa."

Imaturidade? Com certeza.

Politicamente incorreto? Com certeza.

Você vai ver essas coisas em episódios futuros da série *Mad Men*? Sem sombra de dúvida.

Em 1972, éramos uma das agências de propaganda que cresciam mais rápido no mundo. Foi nesse ano que resolvi comprar uma agenciazinha britânica chamada Saatchi & Saatchi. Por que não? Meu livro era um best-seller, eu estava na crista da onda e cheguei à conclusão de que tinha de fazer alguma coisa para

INTRODUÇÃO 17

melhorar a minha imagem. Muita gente estava me vendo como um sujeito desbundado, e as contas maiores, as contas de bens de consumo empacotados, como a da Procter & Gamble e a da Lever Brothers, não fariam negócio com um sujeito desbundado. Abri um escritório em Los Angeles — mas ninguém, seja mulher, seja homem, nunca mudou sua imagem no Beverly Hills Hotel. De modo que fui para o Reino Unido em busca de respeitabilidade.

Mandei Jim Travis, o presidente de minha agência de propaganda, a Londres para assuntar as agências de lá. Quando voltou, disse que não tinha conseguido grande coisa. Havia uma única agência — Collet, Dickson & Pearce — que estava fazendo um belo trabalho, mas os donos não haviam dado o menor sinal de que desejavam vendê-la. Nossa melhor chance era a Saatchi & Saatchi, que tinha mostrado certo interesse em ser comprada. Confesso que nunca tinha ouvido falar de Saatchi & Saatchi, mas entrei em um avião e fui a Londres fechar o negócio.

Fui recebido na porta da Saatchi & Saatchi como um herói conquistador. "Todos nós lemos o seu livro", disse alguém. "E adoramos", falou um outro. Depois disso, seguiram-se 15 minutos de amenidades que, para ser franco, me viraram completamente a cabeça. Era um elogio atrás do outro. *Eles são maravilhosos*, pensei. Ainda me lembro de admirar o grande pôster do Health Education Council (HEC) [Junta de Educação em Saúde] da Grã-Bretanha que estava pendurado na parede e mostrava um homem barrigudíssimo com a seguinte legenda: "Você teria mais cuidado se fosse você que ficasse grávido?" Um belo anúncio. *Esse, pensei, vai ser um bom negócio para ambas as companhias.*

Quinze minutos depois, assim que terminaram as amenidades, lembro de ter pensado: *Eles são inteligentes*. Depois de mais e mais conversas sobre a maneira de nos fundirmos, lembro de ter pensado: *Eles são muito inteligentes.*

Mais 15 minutos se passaram e eles me explicaram de que maneira comprá-los, e propuseram uma absorção invertida bem complicada. Foi aí que me toquei. *Ai, meu Deus, eles são mais inteligentes que eu. Tenho que sair daqui enquanto ainda tenho uma agência de propaganda.* Lembro de ter batido em retirada em direção à porta e de soltar um suspiro de alívio ao sair tropeçando para a luz do dia. Foi por um triz — um *mad man* americano, que aprendeu a se virar nas ruas, tinha acabado de escapar das garras de uns *mad men* mais espertos ainda do Reino Unido.

Alguns meses depois de minha reunião com Saatchi & Saatchi, John O'Conner, um repórter da *Advertising Age* que era amigo meu, ligou e disse: "Tenho uma notícia pra você. A Compton Advertising acaba de comprar a Saatchi & Saatchi."

Bom, se havia uma agência de propaganda que era a epítome dos *mad men* era a Compton Advertising. Seu antigo redator e presidente na época, Milton Gossett, poderia ser um sósia de Don Draper.

— Ah! — respondi. — A Saatchi agora é dona da Compton.

— Não — disse ele —, você não entendeu bem. A Compton agora é dona da Saatchi.

— Bom — respondi —, a Saatchi vai acabar dona da Compton.

— Você pirou — foi a resposta de O'Conner. Desliguei o telefone depois de fazer uma apostazinha com O'Conner de que a arraia-miúda do Reino Unido acabaria engolindo a baleia norte-americana. Alguns meses depois, numa absorção invertida, a Saatchi & Saatchi era dona da Compton e começou a assumir o poder no mundo publicitário.

Em 1986, rendi-me à orgia de aquisições britânicas e vendi a minha agência, a Della Femina MacNamee para uma companhia inglesa chamada White Collins Rutherford & Scott. Foi uma espécie de miniabsorção invertida da minha parte, porque a minha agência ficou com todas as agências que a White Collins Rutherford & Scott tinham adquirido nos Estados Unidos.

Todo mundo que assiste a *Mad Men* me faz a mesma pergunta:
— O ramo publicitário mudou?
Sim, dramaticamente.
Parafraseando o comentário que o Sr. Ogilvy fez em 1968, os lunáticos estão de volta às suas celas, ou mortos, ou aposentados. A Internet reina soberana. Os jornais estão mortos ou agonizando. As revistas estão encolhendo a olhos vistos. Os orçamentos publicitários estão sendo cortados. Os resultados são agora a única coisa que conta na propaganda. O texto ficou secundário em relação ao visual, e a propaganda na televisão está diminuindo porque todo cliente está querendo soluções virtuais. Quer cada vez mais, e quer que custe cada vez menos. Alguns estudantes de 19 anos da Escola de Artes Visuais de Nova York podem criar e produzir uma campanha brilhante em algumas horas, algo que, tempos atrás, demandaria cinquenta pessoas fazendo trabalho criativo até tarde da noite durante semanas.

E eu? Eu ainda estou na ativa, tocando uma agência chamada Della Femina Rothschild Jeary & Partners. Estou tão apaixonado pelo ramo como quando tinha 16 anos e era office-boy da Ruthrauff & Ryan.

Uma vez *mad man*, sempre *mad man*.

CAPÍTULO UM

Os nazistas não tiram uma conta de você

A maioria das pessoas acha que a publicidade é Tony Randall. Na verdade, acha que esse ramo é constituído de 90 mil Tonys Randalls. Os caras são todos melífluos, suaves, todos bem Tony Randall. Foram alimentadas com a ideia hollywoodiana de que um publicitário é um cara matreiro, esperto. As pessoas não têm a menor ideia do que é a propaganda.

Na década de 1930, todo mundo achava que Adolphe Menjou era o publicitário típico. Adolphe Menjou foi esquecido na década seguinte e aí apareceu o Melvyn Douglas. Lembra dele? Havia uma diferença entre Menjou e Douglas. Menjou era superficial; não sabia de nada. Douglas também não sabia de nada, e não se importava com isso. Às vezes, Menjou dava a impressão de que poderia se preocupar com a perda de uma conta grande. Mas Douglas, bem, esse aí passava a maior parte do tempo naqueles filmes em que transava com a Rosalind Russell. De modo que não estava nem aí para a perda de uma conta. Todos aqueles filmes eram iguais. Na primeira cena, você sobe um arranha-céu de Nova York ouvindo um pouco daquela música de fundo horrorosa de Nova York; depois, a câmara foca o elevador. Douglas entra no prédio, o ascensorista diz: "Bom-dia, sr. Suave", e a porta do elevador se fecha com estrondo. Na tomada seguinte, você vê o mostrador dos andares subindo até o número 18. Douglas sai do elevador, atravessa o escritório e, em seguida, o que você vê é ele transando com alguém. É estranho, chega a ser bizarro. Era assim que o cinema mostrava a propaganda. E Douglas nunca tinha qualquer problema sério, era um publicitário — era o símbolo do cara que estava no ramo da propaganda.

Clark Gable. Belo sujeito. Fez o papel do herói em *The hucksters* [em português, *O mercador de ilusões*], o sujeito que salva a conta barra-pesada de sabonete — mesmo que o livro tenha sido inspirado em George Washington Hill, da American Tobacco Company.

The hucksters deve ter levado um monte de caras a sair das ruas e entrar na publicidade. Havia a imagem. A maior preocupação de Clark Gable era passar o tempo todo deitado no Super Chief entre Chicago e a Costa. O filme dá uma força nesse sentido.

Depois a imagem mudou para Randall. Ele é matreiro e melífluo, suave. Na verdade, é fechado como uma ostra. É terrível. No fundo, Randall é um cara muito superficial. A realidade está muito mais próxima de Wally Cox, porque Cox, ao contrário de Randall, tem medo. Cox é real, dá pra ver. Conheci sujeitos feito o Cox.

Aliás, conheço um cara de uma agência muito grande — digamos que ele se chame Jim —, um sujeito de coragem. Piloto na Segunda Guerra Mundial. Ele não poderia voar nos Estados Unidos em 1940 porque tinha só 17 anos, de modo que foi se juntar à Real Força Aérea canadense. Brilhante, e com muita coragem. Participou da Batalha da Grã-Bretanha e tudo. Dá baixa e não sabe o que fazer. Ainda é um menino, pois se alistou aos 18 anos. Ele dá um jeito e consegue emprego em uma pequena agência de propaganda, porque parece ser algo glamoroso. Ele ainda é corajoso e brilhante nessa época. Mas, à medida que o tempo passa, vai ficando com medo de perder o salário, medo de perder a conta que paga suas contas. Quanto mais sobe, mais medo sente. Agora o sujeito é um carinha apavorado e tem só pouco mais de 40 anos.

Certa vez lhe perguntei o que aconteceu entre a época em que ele estava abatendo aviões e agora, que ele é um executivo de conta aterrorizado. Ele olhou para mim e respondeu: "Bom, em primeiro lugar, os nazistas nunca tentaram me tirar uma conta."

A pessoa comum que assiste ao Tony Randall deve pensar em uma agência grande e perversa que acaba de perder uma conta grande. Ninguém chora no primeiro dia. O que acontece é que alguém faz uma declaração mais ou menos nesses termos: "Sentimos muito ter de anunciar..." E em seguida o presidente da agência diz: "Eles que se fodam. Nunca prestaram pra nada mesmo..." Essa é a atitude oficiosa.

Eles podem até liberar as bebidas e todo mundo começa a falar: "Estamos melhor sem eles. Nunca precisamos deles e agora vamos entrar de cabeça no novo negócio." É uma coisa muito interessante de observar. Enquanto conversam, os caras responsáveis pela conta começam a se dividir em pequenos grupos. Passam a contar vantagem instantaneamente. "Ó, estamos livres daqueles filhos da puta. Nunca mais vou ter de aguentar aquele nojento. E a mulher dele é alcoólatra." E depois se dividem em grupos menores ainda. Naquele primeiro dia, excitação. "Perdemos a conta!" No dia seguinte, luto fechado. São muitos telefonemas: os caras pegam suas cadernetas de endereços e começam a ligar para todo mundo do ramo que eles conhecem. No segundo dia, começam a telefonar para Judy Wald, a dama que administra uma das maiores agências de emprego do setor. "Judy", dizem eles, "eu queria levar meu currículo pra você." Os caras começam a sair do escritório com grandes pacotes suspeitos embaixo do braço. Aqueles pacotes são o seu portfólio, o seu trabalho, tudo quanto conseguiram reunir e que pode lhes conseguir um emprego. Todo mundo supõe imediatamente que vai perder o emprego. A cúpula, o topo da cúpula administrativa, tira da manga — muito a propósito — uma declaração sobre uma conta que já não está na casa. Vamos dar um exemplo hipotético — digamos que sua agência perca a Texaco Gas. De repente, um vice-presidente-executivo diz: "Fui colega de escola de um cara da Sinclair e o pessoal deve estar cansado daqueles caras lá da Cunningham & Walsh. Vou ligar para o meu velho amigo Jack. Talvez a gente tome uns drinques. Acho que posso conseguir alguma coisa com a Sinclair."

Para não ficar para trás, outro vice-presidente diz: "Tenho um contato lá na Esso. Esquece esse seu cara da Sinclair. Eu e esse cara da Esso não só fomos colegas de escola, como também lutamos juntos no exército. A Esso está insatisfeita com sua agência. Meu amigo me disse isso muitas vezes. Falando sério: acho que a gente pode conseguir alguma coisa com a Esso."

Todo figurão da agência tem uma companhia importante que ele vai tentar conquistar. É assim que esses caras expressam o medo. Todos falam em um grande negócio que podem trazer para a agência. Nunca acontece nada, mas isso não tem importância. Eles tentam. Acreditam sinceramente que vão conseguir fazer alguma coisa. Fazem ligações fabulosas. O vice-presidente-executivo liga para seu velho amigo Jack, que pode se lembrar ou não de quem ele é, e diz: "Olá, Jack, você está sabendo que acabamos de nos ferrar com a Texaco? Que tal a gente se encontrar e tomar uns drinques?" Ele toma seus drinques com seu velho amigo Jack, depois volta à sua agência e, numa reunião da cúpula, diz: "Quando contei ao Jack que a gente tinha perdido a conta, ele sorriu pra mim. *Eu conheço* aquele sorriso. *Conheço* o jeito ao sorrir pra mim — estava tentando me dizer 'Não posso te dar a conta agora, meu chapa, mas daqui a seis meses ela é sua.'" Já escutei exatamente essas palavras. Há poucas variações: "Quando ele disse não, disse de tal maneira que estava abrindo uma porta para nós — ele realmente estava dizendo que em seis meses a conta seria nossa. Nós conseguimos." É assim que a cúpula administrativa mente para si mesma, e é assim que esses caras mentem uns para os outros. Depois de um tempo, todos se esquecem dessas coisas. Saem por aí alardeando novos negócios, fazendo reuniões, matando o tempo e paquerando nos departamentos de criação, e esquecem tudo a respeito de um amigão chamado Jack e que o velho colega de escola chamado Jack ia lhes dar a conta da Esso, ou da Sinclair, ou da Shell, ou seja lá sobre o que for que estiverem contando vantagem. Os mandachuvas continuam ocupados. *Têm* de se manter ocupados. Quanto à plebe ignara, os figurões já foderam com ela. Não teve a menor chance. Foi demitida.

A imagem da propaganda ainda está viva. O filme *Blow-up* [em português, *Depois daquele beijo*] é um bom exemplo. Em uma das cenas, um fotógrafo inglês esquelético — que fotografa moda — é literalmente atacado por duas modelos contra o pano de fundo inteiramente púrpura de seu estúdio. Milhares de pessoas assistem a esse fotógrafo pular de cima de uma mulher para outra, e pensam: Uau! Imagina só o que acontece na propaganda, se é isso o que acontece com um fotógrafo! De modo que mais um montão de gente resolve parar de entregar leite, ou seja lá o que for que estiver fazendo, e resolve entrar para a publicidade.

Aqueles que não entram para esse ramo falam sobre ele. Você os encontra em coquetéis, e eles lhe perguntam: "Você põe as legendas embaixo das fotos, ou é você quem tira as fotos?" Para eles, essa é a diferença entre um diretor de arte e um redator publicitário. Um redator publicitário põe as legendas nas fotos. Na opinião dessas pessoas, você só curte. Acham que você passa o dia todo turbinado com ácido ou haxixe e, entre uma viagem e outra, envolve-se com mil mulheres.

Um amigo com quem cresci no Brooklin — e hoje é bombeiro — me disse certa vez: "Cara, entra dia, sai dia — modelos saindo pelo ladrão. Você deve estar no sétimo céu. Apareci lá no seu escritório e vi as gatas de minissaia. Quer dizer, deve haver muita sacanagem nesse ramo. Será que posso ir lá conferir? Só quero dar uma volta e olhar." Ele quer fazer parte desse universo. Acha que as modelos estão transando com todo mundo e aí, claro, você está fazendo os comerciais, o que significa estar com muitas atrizes. Na cabeça dele, estou em Hollywood e o mundo inteiro é um grande sofá onde se faz a seleção do elenco.

Esses boatos sobre as transas são puro exagero. Antes de mais nada, a modelo comum é tão burra que ninguém quer nem chegar perto dela. E neurótica! Este é o grupo de pessoas mais neuróticas que você vai encontrar na vida. A modelo comum é tão certinha que é uma impossibilidade. Você tem de se lembrar de uma coisa sobre as modelos: elas vivem da aparência e sua única tarefa é estar linda. Apesar disso, cinco vezes por dia, elas vão a uma agência como a Ted Bates ou a J. Walter Thompson e ficam sentadas ao lado de outras 15 tão lindas quanto ela. É um mercado de carne. O diretor de arte chega lá e diz: "Muito bem, meninas, levantem-se. Deem uma voltinha. Digam: 'Duz faz isso', com sotaque francês." De modo que as moças se levantam, resmungam

OS NAZISTAS NÃO TIRAM UMA CONTA DE VOCÊ   27

"Duz faz isso" com sotaque francês — ou sem sotaque francês, não importa — e, no fim da sessão, o diretor de arte diz: "Ok. Você aí, você pode ficar. Obrigado por virem, todas vocês."

Certa vez entrevistei 15 modelos para uma campanha de um spray de higiene feminina que tem conta com a gente, e uma delas conseguiu o trabalho. Catorze foram rejeitadas. Essas modelos vão da sua rejeição para uma outra rejeição, e depois para outra, até chegarem ao ponto de perder a cabeça. Quantas vezes alguém suporta ser rejeitado por dia?

Portanto, a modelo comum é tão biruta que a maioria dos caras não quer nem chegar perto. Além disso, a única pessoa de uma agência de propaganda que entra em contato com as modelos é o diretor de arte, talvez um executivo da conta. Seja como for, as modelos não estão nem aí para o diretor de arte, porque é um trabalho feito uma vez só e simplesmente pode não haver uma chance de fazer a seleção no sofá. O diretor de arte contrata a modelo para um único comercial e talvez nunca mais a veja.

As únicas pessoas que acabam transando com as modelos são os fotógrafos. E os fotógrafos são macacos. Quer dizer, são *verdadeiros* macacos. Sabe, a maioria dos fotógrafos são homens baixinhos com braços muito compridos. Acho que têm braços compridos de tanto carregar aquelas sacolas — é um monte de equipamento que eles arrastam por aí. Os braços de alguns deles chegam ao chão, de tão compridos. O engraçado é que eles se dão bem no que diz respeito às modelos. Posso estar projetando agora, e é isso mesmo que o meu amigo bombeiro faz. O bombeiro chegou à conclusão de que eu transo com todas as modelos da cidade, e eu cheguei à conclusão de que os fotógrafos é que realmente transam com as modelos.

Se há pouco glamour na propaganda com modelos adultas, há menos ainda no caso das crianças. Você tem de ver as crianças que são modelos. Elas praticamente mordem o pé da mesa, de tão loucas que são. Ficam completamente fora de si. E as mães também são loucas varridas.

Quando eu estava trabalhando na agência Daniel & Charles, tínhamos de fazer um comercial de brinquedos de criança chamados Colorforms. Como não podíamos nos dar ao luxo de fazer o comercial *in loco*, tivemos de nos virar com o Central Park no rigor do inverno. Vestimos as crianças com camisas polo e shorts e saímos para o parque. Devia estar fazendo uns 10° ou 15° abaixo de zero e havia neve por toda parte. Conseguimos retirar um pouco de neve de um espaço onde as crianças deviam brincar com os nossos produtos. As crianças estavam ficando azuis e gritavam; e as mães gritavam com as crianças porque não queriam que elas arruinassem o trabalho. Foi horrível.

Certa vez, uma agência estava gravando um comercial na Fire Island e lá estava aquele bando de sempre — a criança que seria nosso modelo, a mãe da criança que não parava de falar com o produtor da agência, o diretor, o assistente do diretor, os contrarregras, os carpinteiros, os cameramen, o pessoal do roteiro, o pessoal da agência, o pessoal da conta, o povaréu de costume. De algum modo, conseguiram gravar o anúncio, que ficou legal, e todo mundo arruma suas coisas e começa a andar na direção do cais para pegar a balsa seguinte para Nova York. A mãe ainda está pendurada no produtor, dizendo-lhe que o filho é um grande ator; o cameraman está dizendo ao diretor que o comercial é um trabalho fantástico de filmagem; o redator está dizendo ao responsável pela conta que escreveu um roteiro maravilhoso — as bobagens de sempre de todos os interessados. Todo mundo

OS NAZISTAS NÃO TIRAM UMA CONTA DE VOCÊ

pega a balsa e ela está partindo quando alguém se vira — e não é a mãe — e pergunta: "Cadê o menino?" Todo mundo começa a procurar o menino por toda parte e, conforme se viu, o menino havia sido deixado na praia. Simplesmente o deixaram lá, brincando na areia.

Quando eu estava trabalhando na Bates, aconteceu de eu estar atravessando a área da recepção certo dia quando, de repente, me surpreendi rodeado por um monte de criancinhas chinesas. Quer dizer, o lugar estava apinhado delas. Também devia haver no mínimo umas cinquenta mães chinesas. Bem, agora os chineses eram um grupo muito estável; talvez fossem o grupo mais equilibrado de Nova York. Apesar disso, havia um número suficiente de mães chinesas enlouquecidas para encher as salas da Bates de chinesinhos, todos à procura de trabalho. Repetindo: só iam precisar de uma criança chinesa — pense bem nas rejeições. Cinquenta crianças chinesas poderiam dar início a uma revolução se fossem rejeitadas um número suficiente de vezes.

É preciso ter perdido o juízo para ser modelo. Durante um dos períodos em que fiquei sem trabalho, gravei um comercial na esperança de vendê-lo depois, mas tive de apelar para a minha própria filha, uma vez que não podia me dar ao luxo de contratar um modelo infantil. Quando terminamos, notei que minha filha estava alterada. Estava tão desligada que nem parecia mais uma criança. Estava tão esquisita que parecia ter fumado maconha. Não conseguia falar, respirava com dificuldade. É uma experiência louca para uma criança ter de fazer isso. Ela fica achando que é melhor que as outras só por aparecer em um comercial.

Quando estava trabalhando para a Fuller & Smith & Ross, eu por acaso estava no time de basquete da agência. Certa noite, nosso time tinha um jogo marcado com um grupo de modelos masculinos. Invariavelmente há boatos de que todos os modelos masculinos são bichas. Não é verdade que todos sejam, mas muitos deles desmunhecam, sim.

Seja como for, lá vinham os modelos masculinos, e cinco dos caras mais bonitos do mundo entram e correm pela quadra. Ficamos olhando para eles, de tão bonitos que eram. E a gente pensou, sabe como é... Modelos masculinos... Vamos acabar com eles. Só nos esquecemos de uma coisinha: muitos dos modelos masculinos são ex-atletas de faculdades. Foi uma cena incrível. O jogo começa e logo pego a bola e começo a driblar os caras e ir na direção da cesta. Estou completamente sozinho, ou pensei que estivesse. Estou subindo para jogar a bola na cesta com só uma das mãos e, enquanto estou subindo, um daqueles caras — ele tinha 1,83 m, pelo amor de Deus! —, daqueles caras lindos, lindos, vem pra cima de mim com o cotovelo e me pega bem em cima do nariz. Caí no chão e não consegui enxergar nada durante um segundo, a dor era inacreditável. O sangue esguichava do meu nariz, me cobria todo, cobria o chão, tudo. Enquanto rolava no chão, lembro-me de ter gritado, "Meu nariz! Meu nariz!" E aquele cara lindo simplesmente baixa os olhos para mim e diz: "Você chama *isso* de nariz?" Foi tão engraçado que eu ria e sangrava ao mesmo tempo.

Posso lhe apresentar todas as razões do mundo em contrário, mas as pessoas vão continuar olhando com inveja para a publicidade. Simplesmente não entendo. Em um escritório comum de seguros, deve haver um monte de paquera e um monte de transas; apesar disso, o escritório comum de seguros não tem o charme que todos pensam que a propaganda tem. Há muitos anos, quando estava completamente liso e vendia brinquedos na Macy's, e depois roupões de banho no porão da Gimbel's, eu ficava pensando em toda aquela loucura do ramo da propaganda. Só recentemente fiquei sabendo da existência de um livro intitulado *Seventh avenue*, uma história em que todo mundo do setor de roupas faz de tudo para arrasar. Vou lhe falar, quando eu estava ali sentado no porão da Gimbel's, esse ramo não me parecia nem um pouco charmoso. Tem gente paquerando e transando em todos os ramos. Tenho certeza de que há muitos carpinteiros fazendo outras coisas além de montar prateleiras de livros. E leiteiros também. A publicidade simplesmente tem um charme danado, e não há modo de acabar com ele.

Pense no álcool. Em agências muito grandes, consolidadas, ninguém toma uma birita casual durante o dia. Clark Gable sempre se masturbava antes de uma reunião. Na Bates não havia bebidas alcoólicas para a plebe. Você simplesmente não bebe se faz parte da plebe. Você pode beber na Bates se for um figurão muito, muito importante, mas também só na sua sala. Sempre que uma agência consegue uma conta nova, alguém pode ser legal e comprar um pouco de champanhe nacional, aquele do estado de Nova York. Na J. Walter Thompson, pode esquecer. Os caras que trabalham nessa agência mal sabem que existe uma coisa chamada álcool. Durante anos a Thompson sequer pegava uma conta de bebidas alcoólicas porque seu presidente era contra o uso de biritas. O jeito mais rápido de ser demitido da Thompson naquela época era chegar no trabalho de cara cheia.

Dê uma olhada em todas as agências grandes: você não vai ver muita gente bebendo. Ah, o cara pode beber durante o almoço, e numa agência sempre tem um monte de pessoas com o que todos chamam de "um problema". Mas sempre tem um monte de pessoas com o mesmo problema em uma agência de seguros.

Quando trabalhei na Fuller & Smith & Ross, há sete anos, havia um executivo que enxugava legal. Você ficava sabendo disso porque, quando queria falar com ele, tinha de falar até umas 11h, porque às 3h da tarde você até podia falar com ele, mas o cara não estava ali — estava completamente fora de si. Estava bêbado e fazia umas coisas bem estranhas. Os caras que enchem realmente a cara — os barras-pesadas entre os publicitários que bebem — estão todos embriagados ao meio-dia. Então, quando você é obrigado a fazer negócio com eles é bom que seja antes do almoço.

Em nossa agência, no fim do dia, a gente vai atrás de uma birita, pega um balde de gelo e quem quer beber se serve. Nas agências mais novas e mais soltas da cidade, o pessoal bebe um pouco. Os caras não ficam constrangidos quando os vejo beber, porque eles já me viram beber. Ninguém se sente mal por abrir uma garrafa na nossa agência. Um executivo de conta pode ir lá pegar uma garrafa sem me ouvir dizer: "Nossa, ele tem um problema com a bebida. Vamos ter de ficar de olho nele." Provavelmente se bebe mais em nossa agência do que na maioria das outras agências de Nova York.

Sempre tem um monte de caras que promovem o uso da birita. Quando eu trabalhava na Delehanty, Kurnit & Geller, era um dos caras que faziam essa promoção. Meu lance era roubar a bebida de Shep Kurnit. Ele era o presidente, e eu tinha de surrupiar a sua birita. Durante um período de seis meses, sempre que Kurnit recebia um cliente, abria seu armário de bebidas — que mantinha trancado à chave —, estendia a mão para pegar uma bebida e não havia nada. Ele sabia que era eu quem a pegava. A agência inteira esperava que eu a roubasse — era a cena combinada. Finalmente, ele me procurou um dia e disse: "Olha, Jerry, não estou reclamando; mas você tem de me dizer como é que você abre o armário de bebidas. Eu compro pra você, mas você tem de me dizer como é que abre o armário das bebidas."

Em cima da mesa de Shep, sempre havia um estilete para ele abrir as cartas, dado a ele pelo One Hundred Million Club, uma empresa de mala direta. Peguei o estilete e disse: "Presta atenção. Vou abrir o armário mais depressa do que você o abriria com a chave." Enfiei o estilete no armário e abri a fechadura sem o menor problema. A porta do armário escancarou-se. Shep olhou para mim e disse: "Tudo bem. Vou deixar o armário aberto, mas não quero que você faça gracinhas por aí com o meu estilete." Shep é uma belíssima pessoa.

Às vezes, os publicitários não bebem realmente no escritório; preferem frequentar certos bares. Por exemplo: o pessoal da Doyle, Danes se reúne em Teheran, que é um bar da Forty-fourth Street. É o bar deles, um bar de muito desbunde, de muito entra e sai. As noites de sexta-feira são as noites quentes do Teheran. Os caras que saíram da Doyle, Danes há 15 anos ainda voltam ao Teheran nas noites de sexta. O pessoal da Delehanty frequentava muito o Mount D'Or, lá na East Forty-sixth, e o P.J. Clarke's também.

Nas agências transadas — Wells, Rich; Doyle, Dane; Delehanty; Carl Ally, Papers, Koenig, Lois; Lois, Holland, Callaway; Smith/Greenland; Daniel & Charles; Spade & Archer —, todos eram mais informais, mais soltos, mais divertidos. Até o jeito de vestir era bem diferente. Tive um diretor de arte de 22 anos que usava calças Uncle Sam [de listras vermelhas e brancas], camisas transparentes e sabe Deus o que mais. Mas ele é bom e, enquanto ele for bom, por mim pode trabalhar até pelado, que não me importo. Um dia, na Ted Bates, uma moça foi trabalhar de shortinho. Era muito linda, uma mulher belíssima. No dia seguinte, apareceu um memorando dizendo: você sabe como são as coisas, para com isso, nada de shortinho, isso aqui é um local de trabalho. Todas as agências gigantes procuram manter seus escritórios como um local em que você vai querer investir o seu dinheiro. Acabaram bem no estilo banco: um tédio só.

Quando digo que as coisas são mais soltas, a pessoa comum traduz a frase imediatamente como orgias delirantes. Todo mundo conhece a história de uma festa de Natal desbundada que teria acontecido na Young & Rubicam há alguns anos. Segundo uma versão, a mulher do presidente da agência entrou em uma das salas e surpreendeu um redator transando com a secretária. Bom, eu não acredito nisso. Mas todo mundo da Madison Avenue jura que é a mais pura verdade. Quando eu estava trabalhando na Fuller & Smith & Ross, dizem que aconteceu lá também. Provavelmente uma história apócrifa. Simplesmente não acredito que seja possível pegar muitos caras no flagra. Mais uma dessas histórias: um cara ia trabalhar às 6h da manhã e transava com uma mulher em cima da mesa de reuniões. Não acredite nem por um minuto.

Veja só o caso do presidente de uma agência onde trabalhei certa época. Esse cara sempre achava que a gente transava na sala dele. Ele ficava muito, muito abalado com esse lance. Bom, aí está um caso de um sujeito que está na propaganda, mas que também leva a vida na base da procuração. Ele volta para Darien toda noite, mas gosta de pensar que todo mundo está transando lá na agência, pois gosta de pensar que seu pessoal está lá na ativa. Gosta da ideia de ter um bando de tarados trabalhando para ele. Ele não participa de nada disso, mas gosta de falar das loucuras dos seus funcionários quando está em alguma festa em Connecticut. Faz bem a ele dizer a si mesmo, quando está voltando para casa de trem: "Putz, tem um monte de gente trepando na minha

OS NAZISTAS NÃO TIRAM UMA CONTA DE VOCÊ

agência — olha, nesse exato momento, sou capaz de jurar que estão transando no meu sofá." Quando ele chega no dia seguinte e encontra um grampo de cabelo no sofá, conclui imediatamente que tinha gente transando lá na noite anterior. Há alguns verões, começamos a fazer uns jogos de *strip-poker* [quem perde tira uma peça de roupa] no escritório. Nada sério, só para darmos umas risadas. Eu estava andando pela agência certo dia quando vi uma mulher linda sair correndo da sala de um cara, e ela estava abotoando a blusa. Dei uma olhada na sala e lá estava o sujeito, com um baralho de cartas nas mãos e um sorriso no rosto. Ele havia perguntado a ela: "Você quer jogar *strip-poker?*" Ela respondeu: "Claro, por que não?" E perdeu a blusa. De modo que o astral do escritório naquela semana esteve meio voltado para o *strip-poker*. Mas nada mais sério que isso.

Um monte de gente acusou o pessoal mais jovem e mais criativo da propaganda de não passar de um bando de maconheiros. Eu gostaria de falar algumas palavras a respeito da *cannabis*. Quando ando pelas ruas de Nova York, tenho a impressão de que 50% da população com menos de 30 anos parece estar chapada, ou prestes a ficar chapada, ou saindo do efeito de alguma droga. Nenhuma dessas crianças bebe hoje em dia. Toda a bebedeira de nossa agência é responsabilidade daqueles de nós que têm mais de 30 anos. Em todo o mundo publicitário, existe um monte de caras jovens que riem de quem bebe. Aposto que você acha que centenas dessas criaturas mais jovens já experimentaram maconha num momento ou noutro — no mundo publicitário e fora dele.

Um diretor de arte conhecido meu assinou um contrato de frila para fazer um trabalho para um editor de vanguarda do Village. No dia seguinte, enquanto estava no escritório do editor, uma secretária lhe pergunta: "Quer fumar?" E ele responde na maior inocência: "Quero." E a mina aparece com o lance completo, com um refrigerador de água ou narguilé, ou seja lá como é que chamam esse troço. De modo que ele acendeu o baseado. Mal sabia ele que os tiras estavam vigiando este editor com binóculos há algum tempo e, justo quando ele e a moça estavam prestes a mandar ver, os tiras apareceram. Ele se ferrou, o que acho que serve para mostrar que você não deve aceitar cigarros de um estranho.

Apesar de toda a conversa fiada sobre paqueras, biritas e transas, o ramo da publicidade não é o que você pensa que é. Louco? Sim. Romântico e glamoroso? Nem um pingo. O desbunde, receio eu, é muito exagerado.

CAPÍTULO DOIS

Quem suprimiu o Speedy do Alka-Seltzer?

No começo, havia a Volkswagen. Essa é a primeira campanha que todos desenterram e dizem: "Foi aqui que a guinada começou." Nesse dia, nasceu realmente a nova agência de propaganda, e tudo teve início com Doyle, Dane, Bernbach. Eles fundaram uma agência por volta de 1949 e eram conhecidos no ramo como gente competente, mas ninguém sabia de fato o que eles estavam fazendo até a Volkswagen aparecer.

A Volkswagen estava sendo levada para os Estados Unidos pela Fuller & Smith & Ross. A Doyle, Dane conseguiu a conta por volta de 1959. Um dos primeiros anúncios da Volkswagen a sair foi aquele de que todos se lembram, de quando o estilo da nova agência apareceu com um visual completamente diferente. O anúncio dizia apenas: "Lemon" [literalmente, "Limão", mas com o sentido que teria "Abacaxi" em português]. O texto sobre o "Abacaxi" dizia que, de vez em quando, compramos um carro que é um abacaxi e, nesse caso, temos de nos livrar dele. E a Volkswagen tem um cuidado enorme com os nossos carros, testa-os antes de vendê-los, de modo que você tem muito pouca chance de comprar um abacaxi da Volkswagen.

Pela primeira vez na história, um anunciante dizia que era capaz, em raras ocasiões, de vender um produto com defeito.

Estava dizendo que nem tudo são flores na vida, nem tudo é lindo e maravilhoso no mundo dos negócios, e as pessoas gostaram dele instantaneamente. A Volkswagen foi uma campanha bem-sucedida e um produto absurdamente bem-sucedido.

Ninguém nunca tinha dito antes que seu produto poderia ser um abacaxi. Pelos parâmetros de hoje, é claro que se trata de uma coisa bem comum. Foi a primeira vez que alguém adotou uma abordagem realista na publicidade. Foi a primeira vez que um anunciante falou com o consumidor como se este fosse adulto, e não um bebê.

Antes de "Abacaxi", a Volkswagen fez um anúncio que dizia: "Pense pequeno." Bom, o norte-americano médio que compra carro, que foi criado em meio a metais cromados, plástico e rabos de peixe, olha para esse anúncio e começa a pensar pequeno. A reação de Detroit a tudo isso foi: isso nunca vai dar certo. Que que é isso, chamar seu produto de abacaxi? Era o equivalente a um político dizer: "Não vou cumprir todas as minhas promessas. Vou mentir de vez em quando." Foi a primeira vez na história que alguém falou a verdade na imprensa. E a reação foi imediata — as pessoas começaram a falar do anúncio da Volkswagen.

Os comerciais da Volkswagen não transformaram o nome da companhia em um grande fetiche. Foram discretos, mantendo o nome em letras bem miúdas na parte inferior do anúncio. As coisas foram feitas de tal maneira que alguém estava falando diretamente com o consumidor em uma linguagem que ele estava louco para ouvir. Foi um sucesso tremendo. "Abacaxi" e "Pense pequeno" não só consolidaram a Volkswagen, como levaram diretamente à propaganda que conhecemos hoje.

Detroit, claro está, ignorou essa propaganda — pior ainda, ignorou também a mensagem do carro pequeno. Depois da

QUEM SUPRIMIU O SPEEDY DO ALKA-SELTZER? 39

Volkswagen, vieram a Renault, a Volvo, a Peugeot e dezenas de outros. Detroit achava que os Estados Unidos ainda precisavam de uma banheira que ninguém consegue estacionar e que se desintegra em três anos. Primeiro Detroit apresentou compactos, como o Corvair e o Falcon. Na verdade, não eram veículos pequenos e o público percebeu isso deixando de comprá-los aos magotes. Os compactos eram imitações baratas da proposta dos carros pequenos estrangeiros. Em 1964, Detroit finalmente admitiu que talvez houvesse alguma coisa interessante nessa história de carros pequenos, e a Ford produziu o Mustang. O Mustang ainda estava vendendo muito em 1969. Só 15 anos depois da Volkswagen.

A propaganda ainda menospreza a inteligência do consumidor porque, em geral, as pessoas que fazem os anúncios são tão burras quanto aquelas com as quais acham que estão falando. O setor publicitário está cheio de gente tapada. Há pouco tempo, um diretor de criação de uma agência da velha guarda foi citado em um dos periódicos especializados da área — teria dito que esse método direto de falar com as pessoas não funciona. Esse cara diz que Doyle, Dane, Bernbach é uma moda passageira; que vai acabar e parar de lhe encher o saco um dia desses.

Moda passageira! A Doyle, Dane, Bernbach passou a agência desse cara para trás há cinco anos. E ela estava faturando uns US$ 125 milhões por ano. O que será que a agência Doyle, Dane está fazendo? Ela consegue pegar negócios tão rápido que não dá nem para acompanhar. Está faturando uns US$ 255 milhões, e continua prosperando. Simplesmente não consegue parar.

Tudo que o pessoal da Doyle, Dane toca vira ouro — com exceção de cerveja. Essa agência fez um belo trabalho para a Polaroid Land Camera. Se você quiser dizer que alguém fez um trabalho fantástico para a Polaroid porque o produto é maravilhoso, tudo bem, não vamos perder tempo com a Polaroid. Vamos falar do Levy's Rye Bread. Eles pegaram a conta desse pão e um orçamento publicitário de uns US$ 100 mil. De repente, fotografias de índios aparecem pela cidade inteira, dizendo: "Você não precisa ser judeu para adorar o Levy." Tanto quanto sei, todos os pães de centeio têm o mesmo gosto, mas veja só o que a agência Doyle, Dane fez por este. O que acontece é que um cara da General Foods olha para todos esses índios e chineses, e para as fotos de Godfrey Cambridge devorando um pão de centeio do Levy e diz: "Mas que diabo estamos fazendo com a agência que temos? Olha só o que esses caras estão fazendo com US$ 100 mil." E, logo em seguida, sabe como é, a Doyle, Dane pega uma boa fatia da General Foods. E está começando a fazer um trabalho incrível para a General Foods quando o cara da Kraft diz: "Olha pra isso. Estamos por aí há anos sem fazer nada. Vamos arranjar alguém como esses caras e parar de nos deixar arruinar pela General Foods." Os gritos se fazem ouvir em toda a cidade: "Quero uma agência Doyle, Dane! Quero um comercial Doyle, Dane!"

Boa propaganda é sinônimo de visibilidade. As pessoas falam do produto, notam o produto, pensam no produto. O cliente está ali esperando de pé na estação ferroviária que o trem de New Haven o leve para Nova York, e está rezando para que seus amigos o impeçam de partir. Está rezando para eles o cumprimentarem pela sua nova campanha. Todo mundo quer ser elogiado. "Cara, você fez um anúncio fantástico dessa vez." É isso que o cliente espera ouvir. Isso e a caixa registradora... Adora quando os amigos dizem: "Cara, você realmente sabe o que faz." Ele quer isso desesperadamente. Há um mito de que os clientes não ligam para prêmios. Besteira. Os clientes adoram prêmios porque adoram reconhecimento, tanto quanto as agências adoram. Querem que as suas contas ganhem o maior número possível de prêmios.

A propaganda da Doyle, Dane dá aquela impressão de que o consumidor tem inteligência suficiente para compreender o que o comercial está dizendo, que o consumidor não é um boçal que tem de ser tratado como uma criança de 12 anos. As pessoas estão mais sofisticadas hoje em dia. E não é só por causa da televisão, embora ela tenha peso nisso. É que sou mais inteligente do que meu pai, e meu filho vai ser mais inteligente do que eu. Não entendo essa nova matemática, mas meus filhos vão entender; eles vão estar na minha frente. São muito mais bem informados, sabem exatamente o que está se passando no mundo. Sabe, o consumidor comum não engole mais a propaganda de baixo nível. Não compra um slogan que diz que Luckies é mais gostoso. Não acredita no modelo masculino vestido com uma roupa espalhafatosa de marinheiro e que diz que o cigarro que está fumando tem aquele sabor "forte". É arcaico. Os caras que fazem esse tipo de propaganda devem estar uns vinte anos atrasados em relação a seu tempo. De certa forma, até a Doyle, Dane talvez esteja atrasada em relação a seu tempo. Ainda não aprendemos realmente a nos comunicar com o consumidor a ponto de ele nos compreender o tempo todo. Sei que dizer isso vai parecer loucura minha, mas às vezes não entendo por que não podemos falar nos comerciais e anúncios como a gente *realmente* fala — bom, há órgãos do governo que nos impedem de falar como falamos *realmente* e suponho que isso encerra a questão.

Bem, agora existe uma revista chamada *Screw* [Foda] e, se você conseguir um exemplar na sua banca de revista sem ser preso, vale a pena dar uma olhada. Francamente, o pessoal da revista pode estar exagerando por um lado, mas está muito mais perto da maneira como as pessoas falam, pensam e sentem do que *Saturday Evening Post* quando fechou. *Screw* tem mais de um atrativo; está mais perto do que as pessoas são.

Doyle, Dane chega tão perto quanto possível do que as pessoas realmente são e do que as pessoas realmente sentem. Quando você faz um comercial na cidade de Nova York para El Al Airlines com um slogan que diz: "Meu filho, o piloto", você está falando a língua do povo. É um anúncio maravilhosamente bem escrito, supostamente feito pela mulher que está falando do filho, um piloto da El Al, que vai realmente cuidar de você durante o voo. Na verdade, depois de toda aquela raiz-forte, ele vai dar um jeito até na sua azia.

Adoro os anúncios da El Al. Uma vez, quando eu estava na Fuller & Smith & Ross, esses anúncios me deram um pouco de dor de cabeça. Tínhamos acabado de pegar a conta de uma das linhas aéreas árabes. Tudo quanto eu sabia era que havia um monte de homens usando uns negócios brancos esquisitos na cabeça. Fui instruído pelo pessoal da Fuller & Smith para tirar todos os cartazes de anúncios pregados nas paredes da minha sala e a manter o espaço absolutamente imaculado para a grande reunião. Tomei a coisa como um insulto pessoal. Liguei para um amigo meu que trabalhava na Doyle, Dane; esse cara tinha os cartazes de todos os anúncios da El Al que já haviam sido feitos nessa vida. Enchi as minhas paredes com aqueles cartazes da El Al.

Quando o cara que estava servindo de guia para o árabe na agência abriu a porta da minha sala, começou a falar: "E este aqui é o Sr. Della Femina, um de nossos colaboradores criativos..." Deu uma olhada nas paredes e fez o árabe dar meia-volta e sair correndo dali. Mais tarde, ele me chamou na sala dele e disse: "Jerry, isso que você fez foi horrível. Se o Abdul tivesse visto aqueles anúncios, teria sido muito constrangedor para ele, e para a agência também, e poderia ter nos custado uma conta." Mas eles todos puseram panos quentes na história e eu continuei no emprego.

Voltando a quando a Fuller & Smith tinha a conta da Volkswagen: é interessante o que uma agência pensa de si mesma quando perde a conta de uma empresa que depois faz um sucesso estrondoso. A atitude é: Puxa, não é impressionante que a Volkswagen, que era administrada por um bando de tapados quando a conta estava na Fuller & Smith, tenha ido para a Doyle, Dane, e esses tapados tenham se tornado caras brilhantes de repente? A mesma administração, as mesmas pessoas. Elas estão na Fuller & Smith e estão virando pó de traque. No dia seguinte, essas pessoas vão procurar a Doyle, Dane, Bernbach, que faz um belo trabalho. Não dá para culpar a administração da Volkswagen.

A Eastern Airlines era considerada uma conta horrível pelo setor quando estava na agência Benton & Bowles em 1964. Um belo dia, a empresa mudou a conta para a Young & Rubicam, que fez uma campanha maravilhosa para ela. A administração da Eastern não mudou da noite para o dia, mas a propaganda, sim. A Benson & Hedges era considerada um cliente muito burro, um cliente péssimo da Benton & Bowles. Foi para a Mary Wells em 1967 e ela produziu uma série belíssima de comerciais para a companhia, mostrando gente cujos cigarros Benson & Hedges extralongos ficavam presos na porta do elevador e, de repente, a direção da empresa fica brilhante, inteligente, um cliente fantástico.

Cliente ruim é coisa que não existe. Mas propaganda ruim existe, sim. A lista é interminável. A Talon Zippers, quando foi para a McCann-Erickson em 1961, era considerada um dos piores clientes da época. A McCann apresentou campanhas que foram recusadas pela Talon. A Talon detestava as coisas que a McCann produzia e ficava muito frustrada.

Não conseguia o que desejava e, naturalmente, a McCann, vendo todas aquelas campanhas rejeitadas, achava que a Talon era um péssimo cliente. Não era. Com o mesmo gerente de propaganda, os mesmos caras da cúpula administrativa, a empresa mudou para a Delehanty, Kurnit & Geller e, de repente, a Talon teve uma campanha publicitária maravilhosa (a Delehanty mudou de nome, passando a se chamar D.K.G. no fim de 1969, mas eu a chamo de "Delehanty" na maior parte deste livro — e é assim que a empresa continua sendo conhecida no ramo). Tenho certeza de que o pessoal da Delehanty não considera a Talon um cliente difícil.

A culpa não é do cliente. Ele vai aceitar o que for bom para ele. Se não conseguir nada que preste em uma agência que pode estar lhe apresentando lixo puro, ele vai acabar perdendo a paciência, a não ser que haja uma mudança. A Braniff era uma companiazinha do Wisconsin quando contratou a Mary Wells, que, na época, estava trabalhando na Jack Tinker & Partners. A propaganda melhorou instantaneamente. Veja a Alka-Seltzer. Uma empresa chamada Wade tinha inventado aquele bonequinho do Speedy Alka-Seltzer, que poderia ter passado pelo filho do Johnny, da Philip Morris. Essa agência estava tentando vender o Alka-Seltzer com esse bonequinho esquisito batizado de Speedy [rápido]. Um belo dia, o fabricante mudou a conta publicitária para a Jack Tinker e a primeira coisa que a Tinker fez foi suprimir o Speedy. E, se o Speedy não fosse suprimido, a Tinker mandaria prender os responsáveis pela conta no banheiro masculino da Grand Central Station sob a acusação de comprometer sua reputação. E a Tinker fez uma campanha espetacular: "Alka-Seltzer on the Rocks" [alusão a bebidas alcoólicas servidas com gelo, mas "on the rocks" também pode significar "estar indo pelo ralo", quer dizer, Alka-Seltzer deve ser usado por quem está mal e/ou de ressaca]. Em 1969, o Miles Laboratory tirou a conta da Jack Tinker e entregou-a à Doyle, Dane. Não sei por que, mas todos os interessados na mudança elogiaram a Tinker pelo trabalho soberbo que havia feito.

Muitos publicitários criticam os clientes o tempo todo. "Meu cliente não me deixa fazer nada. Meu cliente não me deixa dizer nada." Mas o mesmo cliente muda para outra agência, e esta faz um trabalho maravilhoso. Puro disparate. São coisas que esses caras dizem como forma de defesa contra a loucura, que os impede de ver o quanto, na verdade, são incompetentes. Como alguém poderia dizer em sã consciência: "Putz, sabe, sou um filho da puta incompetente e é por isso que esse trabalho está horrível."

A boa propaganda nasce de um bom tema. Ou, melhor dizendo, a boa propaganda é mais fácil de ser produzida quando você tem um bom tema. A maior parte da propaganda das linhas aéreas é espetacular. Na verdade, quase toda propaganda que tem a ver com viagens é espetacular. Fala de lugares românticos do mundo inteiro. Quer dizer, quem poderia errar a mão em um comercial sobre o Taiti? Mas você viu algum comercial bom da Korean Airways ultimamente? Você tem de reconhecer que a propaganda dessa companhia não é tão boa quanto, digamos, a propaganda da Eastern, em que aparece um cara mergulhando de um penhasco em Acapulco. Você tem de ser um incompetente absoluto para estragar um comercial que use a Jamaica; na verdade, para estragar um comercial que use qualquer cidade jamaicana. Em geral, você consegue fazer um bom trabalho quando usa uma cidade, onde quer que ela esteja. As linhas aéreas produziram comerciais que quase fazem Chicago parecer um lugar habitável. Quer dizer: você faz uma propaganda de primeira quando transforma Chicago em uma cidade onde se tem vontade de passar mais de três horas. Fica um pouco mais difícil quando você tem de se haver com uma cidade como Detroit. Você já viu algum comercial com Detroit?

A propaganda de viagens é a coisa mais fácil do mundo de fazer. Quando eu estava na Delehanty, tínhamos a conta da TAP Airline. Você não é obrigado a mostrar um avião. Você mostra o lugar aonde você chega se pegar aquele avião. Fizemos belos comerciais porque Portugal é um lugar maravilhoso para se usar em anúncios. Tivemos o cuidado de não mencionar Salazar, nem o fato de que, se você fizer uma besteira em Portugal, pode pegar as melhores férias de 30 anos que o mundo tem a lhe oferecer.

As agências de propaganda podem escolher um país bizarro como a França e fazer um trabalho incrível. Mas sempre acho graça do fato de alguns dos maiores liberais do pedaço estarem na publicidade e de os anúncios que esses caras fazem para algumas de nossas ditaduras mais célebres do mundo serem fantásticos. Fazem um trabalho maravilhoso para a Espanha, quase tão bom quanto para Portugal. É interessante a forma pela qual as pessoas renegam suas convicções políticas quando se trata de propaganda. Conheço caras que fariam você voar pelas Linhas Aéreas Nazistas em um minuto, ou pôr na mala o seu kit de vudu para uma viagenzinha ao Haiti.

Na verdade, a qualidade da melhor propaganda depende do que tem de ser dito. Se você está bolando um anúncio para uma companhia de seguros, é fácil. É maravilhoso fazer comerciais sobre o mercado de ações. Tão simples quanto fazer anúncios de uma máquina fotográfica que lhe dá a foto impressa 60 segundos depois que você a tirou. O grande problema é o cara que tem de fazer um comercial de sabonete. Um pobre coitado está lá, sentado em sua sala da Compton nesse exato minuto, tentando descobrir o que dizer sobre o sabonete Ivory que já não tenha sido dito 20 mil vezes antes. Quer dizer: o que você diria? Onde procurar? Diga você o que disser, vai continuar sendo um sabonete.

Isso não significa que seu anúncio ou comercial de sabonete não poderia ser melhor. Alguns caras desistiram há muito tempo, mas eu gostaria de dizer que há razões para um cara suar a camisa para fazer um comercial de sabonete. É muito difícil de fazer. Se você está fazendo um anúncio para o Tide, o que dizer? O que fazer com o Axion? Bom, você vai lá e pede que o Arthur Godfrey ou o Eddie Albert digam algumas palavras em favor do Axion, ou de qualquer outra enzima com a qual você esteja lutando.

Temos problemas diferentes com um produto chamado Feminique. É um desodorante vaginal, pura e simplesmente, mas as revistas e as redes de rádio e televisão encanaram que os Estados Unidos não estão preparados para a palavra vagina. Não podemos nem dizer o que é o nosso produto.

A higiene feminina vai ser um grande negócio para as agências. O nosso produto, o Feminique, está vendendo bem. O FDS está vendendo bem. A Johnson & Johnson apareceu com o Vespré, que está vendendo bem. O homem de negócios norte-americano descobriu a vagina e é provável que ela entre na moda. O que aconteceu é que os homens de negócios ficaram sem partes do corpo para explorar. Tivemos dor de cabeça durante um tempo, mas demos um jeito. A axila teve seu momento de glória, e os dedos, com seus pés de atleta, também brilharam no palco. Passamos pelas rugas, passamos pelas dietas. Tiramos um pedaço de pele daqui e enxertamos ali. Passamos pelo estômago, com sua indigestão ácida, e vencemos as hemorroidas. De modo que os homens de negócios pararam para pensar e perguntaram: "O que sobrou?" E um cara inteligente respondeu: "A vagina." Por isso agora nos concentramos nela. E é só o começo. Hoje a vagina, amanhã o mundo. Quer dizer, vai haver todo tipo de coisa para a vagina: vitaminas, comprimidos revitalizantes, duchas com sabor de frutas, como a da Cupid's Quiver (com sabor de framboesa, laranja, jasmim e champanhe). Se conseguirmos vender um spray, conseguimos vender qualquer novidade. E o spray está vendendo bem. Nos primeiros meses de 1969, o fabricante de Feminique colocou algo em torno de US$ 600 mil em lojas de varejo para testar áreas onde nenhum comercial jamais foi ao ar. O fabricante de Feminique acha que pode se dar por satisfeito se tiver vendas no valor de US$ 1,5 milhão no primeiro ano. Mas, antes mesmo de ser lançada a campanha, ele já estava com US$ 600 mil no bolso. Vai conseguir o que quer só com os novos pedidos das lojas que já estão vendendo o seu produto.

O primeiro comercial que gravamos para a Feminique quase foi um desastre. Era com uma modelo sueca caminhando em uma floresta em uma cena muito parecida com uma tomada de um filme chamado *Elvira Madigan*. O problema era que a moça não falava inglês — depois descobrimos que ela não falava nem sueco. E era de madeira. Gravamos o comercial em um lugar chamado Sterling Forest, que fica perto de Tuxedo Park, Nova York. Quando você está gravando comerciais, as pessoas aproximam-se e fazem perguntas engraçadas. Uma mulher me abordou no meio de uma gravação e perguntou:

— O que vocês estão fazendo?

Eu respondi:

— Ah, é um comercial de Feminique.

QUEM SUPRIMIU O SPEEDY DO ALKA-SELTZER? 49

Bom, ela nunca tinha ouvido falar de Feminique, nada tinha
estourado na praça de Nova York e, apesar disso, ela diz:
— Ah, uso sempre.
Eu perguntei:
— É mesmo?
— É, sim — respondeu ela. — E meu marido também usa.
Levantei um pouquinho as sobrancelhas. E perguntei:
— E as crianças, também usam?
— Ah, não, não, não deixamos as crianças usarem. Só meu
marido e eu.

Agradeci a ela polidamente e disse que o pessoal de Feminique
ficaria muito satisfeito em saber o que ela tinha me dito.

Algumas campanhas dão errado por razões estranhas. Meu
sócio, Ron Travisano, estava trabalhando na Marschalk quando a
agência pegou a conta de uma mistura de bolo que era boa demais
para o mercado. Para fazer um bolo, bastava acrescentar água, mas
o produto encalhou. Fizeram pesquisas e mais pesquisas. Descobriram que a dona de casa comum detestava o produto porque,
se não fizesse nada físico ao preparar o bolo, achava que estava
sendo enganada. Se tudo quanto ela tinha de fazer era acrescentar
água, ela achava que era um zero à esquerda como dona de casa
e cozinheira. Simplesmente o produto era bom demais.

Ele, então, foi retirado do mercado e repaginado de tal forma
que, para preparar um bolo, você tinha de quebrar um ovo. As
instruções diziam que, se você quebrasse um ovo e o pusesse nessa
mistura junto com água, você ia fazer um bolo divino. Sem o ovo,
esse produto não é nada. Deu certo. O simples fato de quebrar
um ovo dizia à dona de casa que ela voltara a ser uma cozinheira.
O produto deu certo, vendeu feito água. Inacreditável.

Ron também se envolveu com um problema surgido com um creme de primeiros socorros, um produto da Johnson & Johnson. Essa coisa era um antisséptico indolor para cortes, arranhões, coisas desse tipo. Bom, a Johnson & Johnson, uma companhia boa à beça, vai lá e inventa um antisséptico que não faz você subir pelas paredes quando o usa. Ela faz uma pesquisa e ninguém compra o produto uma segunda vez. A companhia não consegue descobrir o que há de errado. Faz mais pesquisas e descobre que as pessoas têm de sentir dor para reconhecer o fato de estarem sendo tratadas. Têm de sentir a dor da queimadura. E o que há de errado com esse creme? É evidente que ele não deve servir pra nada, porque não dói quando você usa. Esquece o fato de o corte estar sarando: se não houve dor, é porque não está acontecendo nada.

De modo que os caras da Johnson & Johnson, que deram o maior duro para inventar esse produto maravilhoso, voltaram a pôr um pouco de álcool no creme apenas para fazê-lo provocar um pouco de dor. Acho que os cientistas da empresa ficaram se perguntando aonde é que esse país vai parar; mas, assim que foi posto álcool no creme, as vendas voltaram a aquecer outra vez. As pessoas queriam ter aquela sensação de queimadura porque ela significava que você estava sofrendo, e todo mundo sabe que você tem de sofrer para sarar.

O pobre coitado do redator? Está lá sentado, criando a maior campanha de todos os tempos que diz que esse troço não dói — quando a dor é exatamente o que você precisa para vender o produto. De quando em quando, esse ramo não é nada fácil.

A campanha Hertz-Avis é um clássico sob muitos aspectos. Segundo as pessoas com quem conversei, a campanha para a Avis em torno do slogan "We try harder" ["A gente batalha mais"], da Doyle, Dane, nunca teve a intenção de vencer a Hertz. Mas é a impressão que dá nos anúncios e comerciais. Quando a campanha da Avis teve início, a Hertz era a número um e a Avis e a National estavam empatadas no segundo lugar: a Avis ataca o cara que era o número um e consegue vencê-lo enfrentando dois adversários ao mesmo tempo; e ninguém nem se lembra mais da existência da National. Na verdade, não acho que a Avis tirou tantos clientes assim da Hertz: eles foram tirados da National, da Olins, da Budget-Rent-A-Car, de todas aquelas companhias menores de aluguel de veículos que ficavam em quarto, quinto e até sexto lugar em relação à Hertz.

Todo mundo olhava para aqueles anúncios e dizia: "Nossa, que estratégia, atacar a Hertz!" Mas, na verdade, a Avis não estava atacando a Hertz. O que aconteceu foi que o sujeito que antes alugava veículos de uma das companhias de quinta resolve mudar de hábito: agora vai experimentar a companhia número dois. Também foi uma campanha maravilhosa para o empresário que aluga muitos veículos. Lá está ele, dizendo a si mesmo que sua fábrica de caldeiras talvez venha em sexto lugar depois da American Standard e sente simpatia por esses caras da Avis, de modo que, em vez de procurar a National, ele procura a Avis.

Bom, o pessoal da Carl Ally, que estava com a conta da Hertz, deparou-se com o problema da Avis. Na verdade, os quadros da Carl Ally acabaram ajudando a Avis, porque de repente admitiram a existência de mais alguém no ramo. Pela primeira vez na história, o cara da cúpula admitiu que havia alguém abaixo dele. Mas foi obrigado a fazer isso. Suas pesquisas mostravam que os funcionários da Hertz estavam se sentindo péssimos com a campanha da Avis, e assim surgiu a necessidade de apresentar uma campanha que respondesse à Avis. Ao fazer isso, a Hertz ajudou a consolidar a situação de luta que a Avis tinha iniciado contra dois adversários ao mesmo tempo. Falaram da campanha da Avis durante anos nos cursos de propaganda e marketing. Ela foi brilhante e se tornou um clássico. Depois da propaganda de viagens, o tipo de campanha mais fácil de produzir é a de serviços públicos. Qualquer um — mas qualquer um mesmo — consegue criar uma campanha maravilhosa para serviços públicos. Todo ano algumas agências ganham prêmios por suas campanhas de serviços públicos, e há uma razão para isso: o próprio assunto se presta a uma publicidade dramática. Não quero parecer cínico, mas pense bem: você está falando de gente que está morrendo de fome, de gente doente, de crianças coreanas sem família; está falando do Vietnã e de explosões nucleares. Quem não faria um anúncio espetacular com ratos e baratas em residências nova-iorquinas?

Peço à moçada que me procura em busca de emprego para escrever dez anúncios de serviços públicos. A moçada quer saber qual é o lance. Bom, o lance é que, nesse mundo terrível em que vivemos, sempre há alguém passando fome. As crianças europeias talvez não estejam passando fome, mas as de Biafra estão. Sempre há crianças passando fome em algum lugar do mundo. Um garoto produziu um anúncio que dizia: "Há mais proteína numa lata de cerveja do que uma criança de Biafra consegue em uma semana." Outro chegou à minha sala com um anúncio que dizia: "Você tem a cura da sua doença cardíaca na carteira." Eu dava aulas de propaganda na Escola de Artes Visuais e um dos meus alunos criou o seguinte slogan para um anúncio contra a guerra do Vietnã: "O seu filho vai ser uma baixa pequena ou secundária, ou uma baixa grande e importante?" Y. & R. fez a maravilhosa campanha de "Dar a mínima" para a Coalizão

QUEM SUPRIMIU O SPEEDY DO ALKA-SELTZER? 53

Urbana da Cidade de Nova York. Papa fina. E alguém produziu um comercial clássico que mostrava um negro tentando alugar um apartamento. O corretor de imóveis que estava mostrando o apê tenta puxar a descarga, mas ela não funciona. "Ah, um balde de dez centavos de dólar resolve a parada", diz ele. O lugar está caindo aos pedaços, e o corretor continua pressionando o negro: "E então, você vai ficar com ele ou não vai? Tem uma fila de gente querendo alugar esse apê, se você não quiser." Um anúncio espetacular e maravilhosamente bem-feito.

A propaganda começa a ficar difícil mesmo quando todos os produtos são praticamente iguais. Se você olhar bem, os preços cobrados por um monte de empresas de aluguel de carros são praticamente os mesmos. O valor da passagem de avião para Londres é o mesmo, seja pela Pan Am, pela TWA ou pela BOAC. Se você quiser ir a Londres em uma rota que passe pela Islândia, a passagem é mais barata; caso contrário, é o mesmo preço das outras. De modo que a propaganda tem de mostrar uma diferença qualquer. Quando você procura as diferenças, às vezes tem de apelar um pouco. A agência de George Lois — Lois, Holland, Callaway — fez uma série de comerciais para a Braniff com duas celebridades viajando em um avião da companhia e dizendo: "Se você se deu bem na vida, ostente."

Um dia, Shep Kurnit, o presidente da Delehanty, Kurnit & Geller, fez um comentário sobre essa campanha que foi bem acurado: "Você não vai querer viajar no mesmo avião que o Andy Warhol ou o Sonny Liston." A maioria do pessoal da propaganda não gosta da campanha atual da Braniff, mas pode ser só inveja do George Lois. Tenho a impressão de que o júri ainda está viajando na campanha. "Ostentar" é uma palavra difícil de as pessoas entenderem. Na verdade, quando você se dá bem na vida, em geral você não ostenta, não faz alarde. Acho que Mary Wells fez um trabalho muito melhor para a Braniff quando pintou os aviões, porque havia uma coisa real, uma coisa que dava para ver.

E o que fazer com a gasolina? Há muito pouca lealdade à marca quando se trata de gasolina, de modo que as companhias estão fazendo de tudo para vencer a concorrência. As companhias que vendem gasolina estão em apuros, e sabem disso. Sabem que o consumidor não está nem aí para o combustível que põe no carro. Você está ficando sem gasolina e entra em um posto. Para mostrar alguma diferença, elas vêm com a grana da sorte, os dólares da sorte, o lance dos presidentes, do carro antigo, os jogadores profissionais de futebol americano e tudo mais em que conseguirem pensar. Além dessas coisas serem obrigatórias, o governo vai tornar muito mais rigorosas as regras para todas elas. As pessoas sabem que não têm como ganhar, que as chances de ganhar são uma em um milhão.

A Mobil está com uma campanha muito boa em andamento agora, aquela que diz: "Queremos viver." A Shell está me falando que sou obrigado a ter um Platformate. A Esso, nem sei o que está me dizendo — talvez ainda esteja tentando pôr tigres no seu tanque de gasolina. Alguém mais está dizendo: "Visite um posto de gasolina esta semana", como se fosse uma experiência inusitada. Outros estão falando: "Nossos banheiros são imaculadamente limpos, você teria orgulho de tê-los na sua casa." Que loucura! Nove entre dez banheiros dos postos de gasolina dos Estados Unidos são verdadeiros chiqueiros e agora estão pondo cadeado neles para que você tenha de pagar para usá-los.

A Mobil é um pouco mais inteligente. Apelou para os jogos, mas também lhe pede para não mandar embrulhar um carro para presente. Ela quer que você viva tempo suficiente para participar

QUEM SUPRIMIU O SPEEDY DO ALKA-SELTZER? 55

do seu jogo, que é o melhor de dois mundos. A maioria das empresas que vende gasolina gosta de segurança e se atém às agências grandes, formais. As agências grandes têm dificuldade com produtos exóticos; mas, com algo como gasolina, são muito boas. Uma agência nova e brilhante pode se ver em apuros com a gasolina, mas ao menos vai abordar o produto de um jeito diferente. Uma agência pequena, a Smith/Greenland, fez uma experiência com a gasolina Flying A, que foi um trabalho muito bom. Seu argumento de venda era que a gasolina era fabricada especificamente para a sua forma de dirigir no trânsito da cidade, em vez de no trânsito do país. E mostrou um cara preso em um ponto qualquer da Long Island Expressway, tentando sair do engarrafamento. Na história dos comerciais de gasolina, ninguém nunca ficou preso em um engarrafamento. Você sempre vê os carros zunindo por estradas vazias a 150 por hora. Ninguém jamais sequer insinuou que você pode ficar preso no trânsito. A campanha foi boa: disse aos motoristas que dirigir na cidade é parar-e-andar e que a Flying A é a melhor gasolina para essas condições. Foi a primeira vez que uma agência pequena teve a chance de fazer alguma coisa com a gasolina e acho que ela fez um bom trabalho (em janeiro de 1970, a conta dessa gasolina mudou da Smith/Greenland para a Delehanty. Meu palpite é que a redatora que criou a campanha, Helen Nolan, havia se mudado ela mesma da Smith/Greenland para a Delehanty).

É claro que algumas campanhas melam pelos motivos errados. Há uma grande agência em Nova York prestes a perder uma conta muito polpuda do Meio Oeste. Ninguém toca no assunto, mas o que aconteceu foi que o cara da agência estava tendo um caso com a mulher do presidente da companhia que tinha essa conta publicitária polpuda. Foi pego em flagrante e sua agência afastou-o da cidade do Meio Oeste com uma promoção para o cargo de presidente do escritório de Nova York, que, na minha opinião, é a maior promoção a que ele poderia aspirar. Apesar de a agência ter expulsado o cara da cidade, vai perder a conta. Ser pego em flagrante delito quase sempre é motivo para perder uma conta.

CAPÍTULO TRÊS

O medo, o medo pequeno e o medo grande contagiam Abbott e Costello

Em uma noite de sexta-feira, um cara estava trabalhando até tarde na agência Marvin, Scott & Friml e resolveu dar o expediente por encerrado e ir para casa lá pelas 23h, 23h30. Saiu do escritório e, por sorte, havia um elevador parado no seu andar. Esse cara — era o responsável por uma conta — olhou em volta e, como não havia ninguém, entrou no elevador, fechou a porta e desceu até o andar térreo. Abriu a porta e saiu do elevador tropeçando de tão cansado que estava.

Na segunda-feira de manhã, alguém entra no escritório e lhe pergunta se ele ficou trabalhando até tarde da noite na sexta-feira. Ele responde que sim, na verdade havia ficado lá até as 23h30. "Você assinou o caderno de ponto quando saiu às 23h30?" O cara respondeu que foi mais ou menos nessa hora que ele assinou o ponto. "Bom", diz o outro, "não sei como lhe dar a notícia. Sinto muito, mas você está demitido." O homem da conta levou um choque e perguntou: "Mas por quê?" E o outro respondeu: "Sei que parece loucura e não sei como explicar a você, mas você roubou o elevador pessoal de Marvin L. Marvin na sexta-feira à noite. Aquele elevador que você pegou estava lá esperando por ele; era um elevador particular que levava Marvin L. Marvin para cima e para baixo." Marvin L. Marvin era o presidente da agência; aliás, essa história lhe está sendo contada por outro cara responsável por uma conta dessa mesma agência, um cara que nunca trabalha até tarde da noite, de modo que não tem problemas. Mesmo sendo mais ficção do que fato, não é difícil imaginar que o cara da conta dessa história provavelmente vai passar o resto da vida com um medo terrível de entrar em um elevador. A história também mostra os tipos de loucura que acontecem na Madison Avenue e mostra como o medo floresce. Em 1967 e 1968, quando uma agência grande estava passando por uma reorganização muito, muito radical para se salvar, ela deve ter demitido umas seiscentas pessoas. Muitas dessas seiscentas pessoas eram secretárias, escriturários e assim por diante, mas deve ter havido várias dúzias de peixes graúdos. Estavam todos em um único andar — e esse andar era chamado de "O Andar dos Esquecidos" pelo pessoal das outras agências da cidade. O andar era administrado só por uma moça, que ficava lá na frente atendendo o telefone para dar uma última gota de dignidade para aqueles caras, para eles mesmos não terem de atender as ligações. Eram Os Esquecidos. Todos tinham a sua sala e todos estavam cumprindo os contratos de trabalho que tinham com essa agência grande.

Esses eram caras da cúpula, supervisores de conta e pessoal da administração que ganhavam cinco, seis, sete mil dólares por mês — a nata do ramo da propaganda. Nenhum deles jamais admitiu ser um dos demitidos, mas você sabe como é, eles não tinham secretária nem nada. Era estranho; eles não sabiam mesmo que aquele era "O Andar dos Esquecidos", mas deviam desconfiar. Corriam para conseguir entrevistas e o telefone tocava, e chegavam mensagens e, no fim do dia, quando voltavam, aquela única recepcionista entrava em uma sala e dizia: "Há recados para

O MEDO, O MEDO PEQUENO E O MEDO GRANDE CONTAGIAM... 59

você." Eles ficavam andando para lá e para cá, eram zumbis. O que não consigo entender é eles nunca conversarem sobre o lance da demissão. Todos apareciam para trabalhar às 9h30 porque essa era a coisa certa a fazer, e depois tinham de ir a outro andar para usar a máquina de fazer café, pois não havia nenhuma no Andar dos Esquecidos. Ninguém nunca disse: "Olha, recebi uma dica sobre um lance que está rolando lá na Kenyon & Eckart." Um conhecido meu de agora estava nesse andar e topou recentemente com outro cara que também estava nesse andar na mesma época que ele. Começaram a falar disso e se deram conta, pela primeira vez, que haviam sido demitidos.

Exatamente no mesmo período, Marion Harper, o presidente, estava prestes a se tornar, ele próprio, um dos "Esquecidos". Tinha revolucionado o setor. Era chamado de "Marvel" Harper porque era mesmo uma maravilha. Adotou o princípio de que uma agência de propaganda devia ser uma instituição que prestava todo tipo de serviço e construiu uma companhia gigantesca sobre essa base. Tinha uma outra empresa para fazer relações públicas para seus clientes, e chegou a ter uma companhia de pesquisa para criar novos produtos que talvez ainda levassem quatro anos para ser fabricados. No entanto, um belo dia, foi ele quem levou na cabeça. O que aconteceu foi que seis caras se reuniram em uma das salas da diretoria e convidaram Harper a participar de sua própria execução. E o mais incrível de tudo é que todos esses caras tinham sido trazidos para a empresa por Harper. Sentaram-se em volta da mesa e um deles disse: "Marion, chegou a hora. Queremos fazer uma votação." Foi um choque porque, embora as coisas estivessem indo mal, Harper nunca tinha considerado a possibilidade de uma votação desse tipo. Sempre havia pensado que tinha força suficiente para se manter no cargo mesmo que houvesse uma votação. E eles votaram. Seis votos a favor de sua exclusão, uma abstenção. Harper absteve-se. Era como uma reunião da máfia em que os membros presentes tivessem levantado a mão, mas com o polegar para baixo. Era o beijo da morte do mundo dos negócios.

Sabe, eles ainda eram subalternos seus; mas, juntos, viraram um subalterno poderoso. Harper lhes dera força suficiente para ser morto por eles. O caso de Harper é muito raro, tão raro que ganhou a primeira página dos jornais. E, hoje em dia, Harper está tentando ressuscitar — ainda está tentando montar uma outra companhia (no dia 30 de janeiro de 1970, foi anunciado que Marion estava fundando uma nova agência, junto com Ron Rosenfeld, redator publicitário, e Len Sirowitz, diretor de arte).

E na Ted Bates, como é que lhe dizem que você foi despedido? Já tive caras que me procuraram para dizer: "Estou frito. Você tem alguma coisa para mim? Vou ser mandado embora, porque houve uma reunião hoje sobre a conta e não fui convidado. Fizeram uma reunião importante sem mim." Sabe, pode ser um engano, pode ser que uma secretária tenha esquecido de pôr o nome do cara em um memorando, pode ser qualquer coisa, mas o cara assume instantaneamente que é a morte, que é o fim. Pouco a pouco, gente que achava o cara incrível no novo setor para de cumprimentar o dito cujo. Há encontros no saguão e eles são muito rápidos. "Oi, como é que vai?" "E aí?" Esses caras que sentem de repente que estão marcados para morrer têm de batalhar muito para receber atenção de novo. Eles se esfalfam na esperança de conseguir uma nova conta e voltar a entrar em campo. Esperam uma nova chance.

Se existe uma lei da selva no ramo da publicidade, é esta — ela entra em vigor quando um cara está ferido e tentando sobreviver. Mas logo todo mundo fica sabendo e tem um monte de gente na

O MEDO, O MEDO PEQUENO E O MEDO GRANDE CONTAGIAM... 61

cidade que consegue sentir o cheiro de um cara que vai morrer. E pula em cima dele. Pulam em cima dele literalmente. Vale tudo. No minuto em que parece que o sujeito está morto, torna-se imediatamente alvo de um monte de piadas. "Ele nunca vai sair dessa; eu sempre soube que ele era um bosta."

Um presidente de agência conhecido meu tem um plano detalhado que compreende toda a empresa. Ele sabe exatamente quando chegará a vez de cada funcionário. Esse presidente acha que, se um subordinado fica poderoso demais, ou controla uma parte grande demais da companhia, então ele, o presidente, está em apuros. De modo que tem em mãos um gráfico com a data de partida escrita ao lado do nome de todos os seus funcionários. Certa vez conversei com o responsável por uma conta que trabalhava para esse presidente e lhe disse: "Você já está na rua porque, no tal plano detalhado, todo mundo é despedido, você inclusive." Ele riu. Na última vez em que nos encontramos, ele disse: "Sabe, você tinha razão. Ele tem *mesmo* um plano detalhadíssimo. Todo mundo dança. Um por um, todos dançam."

O tal plano detalhado funciona da seguinte maneira: "Este cara pode me fazer deixar de ser uma agência de propaganda que trabalha com moda e me levar para os bens de consumo empacotados, onde está a grana alta, mas não tem condições de me levar para além dos bens de consumo empacotados. E este outro cara aqui me conseguiu uma fatia do mercado de cosméticos, é o meu melhor amigo e me salvou, e me ajudou a fundar uma agência, eu o adoro, e ele é o máximo; mas, se algum dia eu chegar a ser uma agência de US$ 50 milhões, e o Henry Ford entrar por aquela porta com a sua conta, esse cara não vai segurar a onda."

Em geral, as agências grandes têm um carrasco para fazer as demissões. A maioria delas tem um carrasco; as maiores têm dois.

Na Ted Bates & Company, o carrasco da agência era um carinha que vou chamar de Billy, que começou na Ted Bates quando a agência foi fundada no começo da década de 1940. Ficou lá até se aposentar, há poucos anos. Demitiu centenas de pessoas ao longo de sua vida útil e foi literalmente a causa de mais infelicidade que qualquer outro homem que conheço. Olhando de fora, ninguém tinha a impressão de que ele possuía um cargo importante na agência, mas era o carrasco. E esse cara ferrou todo mundo. Era realmente poderoso, e adquiriu seu poder aproximando-se de Bates, do verdadeiro Ted Bates. Que, por falar nisso, existe de fato. A maioria das pessoas não sabe disso. O verdadeiro Ted Bates deve ser muito discreto e muito tímido, e não gosta de ver gente. É o Howard Hughes da propaganda. A maioria das pessoas acha que Ted Bates é um cara que atende pelo nome de Ted que conheceu outro cara que atende pelo nome de Bates e, quando se associaram, disseram: "Vamos batizar a companhia de Ted Bates."

Rosser Reeves era o gênio exuberante que estava na linha de frente. O cara que causou o problema todo foi o Billy. Quando se aposentou, ofereceram-lhe um banquete daqueles e lhe deram um estilete de ouro como presente de despedida. O estilete é brincadeira minha, mas todo mundo tinha medo dele. Dizem que o carrasco da Bates levou um milhão de dólares limpinho quando se aposentou. E ganhou mesmo um estilete de ouro (as pessoas não sacam que a propaganda é o maior Estado previdenciário que existe no mundo. Se você ficar bastante tempo em um mesmo lugar, acaba ganhando uma grana preta. Podem lhe dar 5% de seu salário anual e aplicá-lo em um plano de distribuição de lucros, além do salário alto e da ajuda de custo).

O carrasco da Bates podia dispensar qualquer um — e tinha colhão também. Havia chegado à conclusão de que sabia tanto sobre redação e direção de arte quanto qualquer pessoa da área de criação, e despedia funcionários de todas as áreas da agência. Muitos caras viveram anos com medo dele. Era considerado o máximo em termos de carrasco.

Quando trabalhei na Fuller & Smith & Ross, a agência tinha um carrasco que era uma combinação de carrasco com veado. Era mesmo. Era ele quem dava o beijo da morte. Está morto agora e, pelo que sei, não foi muita gente que ficou de luto, não. Bom, esse carrasco era também o contador da agência, o cara que controlava a entrada e a saída do dinheiro.

A certa altura, o pessoal da Fuller começou a insistir para eu fazer meus relatórios de horas trabalhadas — tantas horas para tal e tal cliente, esse tipo de coisa. Eu insistia em dizer que não ia perder tempo com relatórios de horas trabalhadas. Finalmente chegou o momento em que a ajuda de custo me devia US$ 115 e eu estava precisando muito dessa grana. E então procurei o veado-carrasco e disse:

— Joey, eu gostaria de receber o dinheiro que você me deve.

O carrasco respondeu:

— Bom, você ainda não entregou o relatório das horas trabalhadas.

E eu disse:

— Deixa pra lá. Amanhã lhe entrego o meu relatório. Mas me dá o dinheiro agora.

E Joey respondeu:

— Não, nem pensar. Você não vai ver a cor do seu dinheiro enquanto eu não estiver com todos os seus relatórios de horas trabalhadas na mão.

E então eu disse:

— Tudo bem. Vou sair e levantar a grana.

E ele:

— Como é que você pretende conseguir dinheiro se eu não o der a você?

— Vou pôr a minha máquina de escrever no prego.

E então peguei a minha máquina de escrever, coloquei embaixo do braço e me dirigi para a porta da rua. O veado-carrasco me viu e começou a gritar:

— Vou mandar prender você se você sair com essa máquina de escrever.

Bom, o diretor de arte escutou aquela gritaria toda — e ninguém grita tanto quanto um veado-carrasco —, saiu correndo da sua sala, e houve uma grande reunião. Resolveram me dar a grana, mas a história acabou em empate, porque dois dias depois eu tive de entregar meus relatórios de horas trabalhadas.

Acho que, na maioria das agências, são os próprios carrascos que escolhem assumir essa tarefa. Ninguém chega e diz para eles: "Olha, você parece ser um filho da puta nojento, então pode ser o carrasco daqui." Ele não precisa ter esse poder, essa é a parte interessante da história. Os carrascos fazem coisas que acabam por elegê-los para o cargo. Coisas como mostrar um zelo desnecessário na hora de extorquir uns centavos a mais de uma companhia quando vão cobrar uma dívida. De vez em quando, os carrascos dividem seu território. Um deles fica com a área das contas, digamos, ao passo que o outro se responsabiliza pela área de criação da agência. Muito eficientes os carrascos das agências. Às vezes, quando uma delas começa a degringolar, os carrascos ficam tão sobrecarregados de trabalho que mal dão conta do recado.

Em muitos aspectos, são parecidíssimos com os mafiosos. Sabe, os assassinos não são inteiramente maus. São bons para os cachorros e as crianças pequenas. Na verdade, são gente fina, exceto pelo

O MEDO, O MEDO PEQUENO E O MEDO GRANDE CONTAGIAM... 65

fato de matarem. Por algum motivo estranho, os carrascos em geral não fazem parte da cúpula administrativa. São responsáveis por uma parte do departamento de produção, do departamento de mídia ou, como o veado-carrasco, da contabilidade. São caras do escalão médio.

Não são os carrascos que tomam a decisão final de eliminar um funcionário, mas instigam alguém a tomá-la. São eles que dizem: "Sabe o Harry ali? Faz mais de seis meses que ele não produz um único anúncio decente. Não sei o que estamos fazendo com um cara feito ele aqui." Harry, que está na maior tensão sabe Deus por que, de repente ouve dizer que não produziu um único anúncio em seis meses, o que o deixa tão nervoso que ele não consegue criar nenhum outro anúncio durante outros seis meses. No fim do ano, Harry está no olho da rua.

Os redatores publicitários e os diretores de arte têm fases de falta de inspiração. Quando não adotam uma atitude profissional em relação ao problema, dão bandeira e a sua falta de inspiração fica gritante — quer dizer, todo mundo fica sabendo que estão em uma fase ruim. Simplesmente não conseguem produzir nada. Em vez de esfriar a cabeça e relaxar, trabalham sem inspiração mesmo e põem tudo a perder. É nessa hora que os carrascos colocam as manguinhas de fora. Farejam a situação melhor que ninguém. Sabem quando alguém está prestes a morrer. Os carrascos florescem melhor nas agências que estão degringolando, mas também naquelas que estão se desenvolvendo muito rápido e crescendo muito no momento. De modo que, no primeiro caso, os carrascos matam por medo, ao passo que, no segundo, talvez matem por impaciência. Querem que sua agência cresça mais depressa ainda que a de Mary Wells. E, se todo cara novo que aparece não começar a produzir horrores imediatamente, o carrasco quer que alguém dê um jeito nele. Hoje em dia, os carrascos são quase uma parte integrante da agência.

A situação lembra um pouco um faroeste. A reputação de um cara é a primeira coisa de que você tem notícia. Digamos que você foi levado para uma nova agência; em geral, na primeira semana alguém te aborda e diz: "Oi, eu sou Fulano e trabalho aqui." Invariavelmente, inevitavelmente, as conversas giram em torno de "Presta atenção naquele sujeito". E depois seu novo amigo acrescenta: "Este é um lugar legal, eu gosto daqui. Você não pode produzir muito, mas não há com o que se preocupar." Mas, em seguida, do nada, fica tudo parecendo um filme de prisão: "Aquele sujeito ali, aquele filho da puta, cuidado com ele." Esse é o jargão do setor. E aí você fica sabendo que o cara de quem ele está falando é o carrasco. Você sabe que ele é o sujeito que vai fazer o serviço em você se esse serviço tiver de ser feito algum dia.

Digamos que um supervisor do setor de criação tem ele mesmo um diretor de arte ruim que precisa ser mandado embora. Como foi o diretor do setor que contratou o diretor de arte, há muitas chances de *ele* estar com medo, de modo que não vai sair por aí dando com a língua nos dentes, dizendo que bateu um papo com o Joe e chegou à conclusão de que fez um mau negócio e que não devia tê-lo contratado. O supervisor do setor de criação está acima dessas coisas todas. O presidente da agência? Está tão distante de tudo que, na verdade, está fora da publicidade. Passa a maior parte do tempo com uns caras que administram a sala das caldeiras [local de operações ilegais, principalmente aquele onde charlatães vendem bens ou serviços por telefone] e ameaçam denunciar a sua agência e fazer picadinho de todo mundo. O supervisor da conta está com tanto medo de perder a conta que mal consegue falar, quanto mais pensar direito. De modo que a tarefa em si recai sobre os ombros de alguém que está entre o supervisor da conta e o supervisor do setor de criação. A maneira como isso acontece é o supervisor da criação resmungar para o carrasco algo do gênero: "Sabe, o Joe não anda se comportando muito bem ultimamente." Depois o supervisor da conta reúne toda a coragem de que é capaz e balbucia algumas palavras para o carrasco: "É, o Joe está fazendo o diabo, entrou às dez da manhã ontem e estava bêbado. Ele tem de ir para o olho da rua." O carrasco dá cabo dele.

Alguns carrascos matam tanta gente que a diretoria resolve introduzir mudanças na administração. E então é contratada toda uma nova série de caras, e esses caras novos não se dão conta de estar com um carrasco nas mãos. É quando o carrasco tem o que merece. Sempre que um deles é eliminado de uma agência, ou quando se aposenta, todo mundo comemora — é uma festa de verdade.

A festa de despedida dada para o carrasco da Bates quando ele se aposentou foi maravilhosa. Praticamente a agência toda compareceu. Em primeiro lugar, todos tinham o maior respeito pelo cara — sabe, aqui tínhamos um sobrevivente testado e devidamente comprovado. E, em segundo lugar, ninguém ia ficar dando mole por ali sem aparecer, porque nunca se sabe, vai que o cara fica muito entediado com a sua aposentadoria e volta a trabalhar na agência. Ninguém ia se arriscar a entrar numa fria dessas. Até aposentado o cara mete medo nas pessoas.

Quando eu trabalhava na Daniel & Charles, houve tantas festas de despedida para caras que foram demitidos que inventei uma forma de reduzir os encargos financeiros daqueles que tinham de comparecer com cinco ou dez dólares toda semana para a festa. Resolvi vender um seguro. Fui ao departamento de criação e disse: "Quero três dólares por semana do seu pagamento, que eu vou guardar. Da próxima vez que alguém for para o olho da rua, eu pago a festa de despedida."

Havia um redator chamado Marvin que estava se saindo muito bem com as suas contas. Certo dia ele puxou conversa com outras pessoas do departamento de criação, que lhe disseram: "Olha, Marvin, estão lhe pagando mal. Você está fazendo um trabalho incrível e eles te arrancam o couro quando chega a hora do pagamento. Francamente, cara, você vale muito mais."

Bom, essas pessoas não estavam querendo ferrar o cara, achavam honestamente que ele estava fazendo um bom trabalho e que merecia um salário melhor. Marvin responde: "Putz, vocês têm razão, vou lá dentro conversar com o Charlie." Charlie Goldsmith era um dos dois donos da agência e a figura de proa da diretoria. Bom, ele foi lá conversar com o Charlie e o Charlie lhe disse: "Marvin, que coisa engraçada, eu queria falar com você." E aí o Charlie demite o Marvin. Marvin ia ser despedido de qualquer maneira; se tivesse ficado de bico calado, teria durado mais algumas semanas no cargo.

Charlie estava mandando um monte de gente embora nessa época. Um belo dia ia ser feita a distribuição das tarefas das contas, e Charlie teve de definir as tarefas de todos. Marcou um monte de nomes e, quando chegou a um cara chamado Dennis, não anotou o nome dele. Em seu lugar, escreveu "Sr. X" para trabalhar com tais e tais contas. É claro que, na sua cabeça, ele estava prestes a demitir Dennis. O único problema é que, nessa lista, estavam as contas de Dennis e que, ao lado do seu nome, estava escrito "Sr. X". É claro que ele não saiu correndo para dizer a Dennis que ele estava na rua e que o "Sr. X" ia assumir o seu lugar. E é claro que a sua secretária, que não estava sabendo de nada, datilografou a lista inteira e a lista das contas começou a circular por toda a agência. Cena seguinte: Charlie corre por toda a agência tentando recuperar essa lista de todo mundo, inclusive de Dennis. Bom, não chegou a tempo — as notícias andam mais rápido que o presidente de uma agência — e, quando Charlie chega à sala de Dennis, lá está ele, branco, olhando para a lista. "Sinto muito", diz Charlie, "sinto muito você ficar sabendo desse jeito." Charlie não havia conseguido encontrar um substituto para Dennis e não queria demiti-lo enquanto não o achasse.

Charlie gostava de mim e, quando lhe disse que estava indo embora, ele ficou na dele durante duas semanas. No penúltimo dia, entrou na minha sala e disse: "Filho, não dá pra você mudar de ideia? Filho, o que posso fazer por você? Filho, esse lugar poderia ser seu um dia." No último dia, ele foi à minha sala de novo. Apertei-lhe a mão e disse: "Tchau, Charlie." "Tchau, filho", disse ele. "Desejo-lhe boa sorte, mas você está cometendo um erro."

Desci as escadas para um drinque de despedida com todo mundo. Um cara chegou correndo e disse: "Você tem de subir outra vez. O Charlie pirou. Está demitindo todo mundo. Dê uma força. Vá lá em cima."

Ele tinha pirado mesmo. Charlie simplesmente entrou na sala de um cara chamado Mike Lawlor e perguntou: "Mike, você vai seguir o exemplo do Jerry?" E Mike responde: "Não, Charlie, eu nunca faria nada do gênero." E Charlie disse: "Mike, você vai levar o seu book [referindo-se ao portfólio] para a Fuller & Smith & Ross?" "Quem sabe?" retrucou Mike. Mike achava que a Constituição garantia o direito de um cara mostrar seu currículo pela cidade. "Saia daqui", disse Charlie. "Você está despedido. Pegue as suas coisas e se mande." Depois ele entrou na sala de um cara chamado Bert Klein e disse: "Bert, você é amigo do Jerry, não é?" "Sim." "Vai seguir o exemplo dele?" "Putz, sei lá." "Você algum dia levou seu book para o pessoal daquela agência?" "É, eu levei o meu book lá." "Cai fora", respondeu Charlie, "você está despedido." Um outro amigo meu, um cara chamado Bob Tore, estava saindo do banheiro masculino. Estava tremendo um pouco porque ficara sabendo que Charlie estava entrando de sala em sala e demitindo as pessoas. Charlie agarrou esse Bob e disse: "Você é amigo do Jerry, não é?" Coitado do Bob. Começou a gaguejar: "É, pois é, sou, conheço o Jerry, sim..." Charlie teve dó: "Tudo bem. Você tem dois filhos. Não vou demitir você."

Charlie, que agora é um bom amigo meu, fez um serviço daqueles nesse dia. Não sei qual foi o número real de baixas, mas ele bem que podia se vangloriar de ter tido um bom dia de trabalho. No dia seguinte, ele estava com quatro frilas trabalhando a todo vapor lá para tirar o atraso. E os caras que ele pôs no olho da rua não eram de se jogar fora, longe disso: Mike Lawlor foi para a Doyle, Dane e Bert Klein foi para a Wells, Rich.

Um dos motivos de todo esse caos é que, de repente, uma agência perde uma conta. Os representantes de uma conta têm de dar um aviso prévio de 90 dias antes de cair fora. Juro que tem uns caras na Madison Avenue que se escondem no banheiro na sexta-feira. A sexta-feira é o dia da execução porque é o último dia da semana — as execuções são feitas na sexta-feira por razões contábeis. O triste é que são eliminados os caras errados. A diretoria manda chamar um pobre coitado e diz algo do gênero: "Como você sabe, acabamos de perder uma conta com um faturamento de US$ 15 milhões e os seus US$ 640 por mês estão entre nós e a sobrevivência." Quase hilário. As agências ganham 15% do faturamento líquido mais um extrazinho por coisas como despesas de produção. A agência perde um faturamento de US$ 15 milhões, o que representa US$ 2,5 milhões para ela e a diretoria procura o cara que está ganhando US$ 650 ou US$ 750 por mês e lhe diz: "Olha, as coisas estão indo de mal a pior e vamos ter de deixar você ir embora." Aliás, o cara que fala isso está ganhando entre US$ 3,5 mil e US$ 4,5 mil por mês e, em geral, tem mais segurança. Parece haver uma regra prática, escrita em algum lugar, segundo a qual o sujeito que ganha US$ 2,5 mil ou mais tem muito mais segurança do que outro que ganha US$ 900.

É um sistema terrível e uma das sequelas é que o cara que ganha US$ 2,5 mil ou US$ 3,5 por mês é um cara muito nervoso. Embora tenha de fato mais segurança, tem muito mais a perder. Ele grita um bocado à noite. Durante o dia, dá para vê-lo sair correndo para uma sessão de 50 minutos com o seu terapeuta para dar uma alavancada no astral. Só Deus sabe quantas pessoas da Madison Avenue fazem terapia, mas os números e as porcentagens devem ser enormes. Você vê todo mundo sair voando na quarta-feira de tarde, das duas às três, para receber um trato. Depois que volta, age novamente como uma pessoa normal. Está de bem com a vida.

Se você entrar em uma discussão com alguém a respeito de seu terapeuta, ele se fecha. Fazer terapia não é uma coisa que dá status. As pessoas são muito discretas quando se trata de terapia. Ah, alguém pode se lembrar casualmente de que, certa vez, há uns dez anos, fez uma consultazinha rápida a um terapeuta, mas isso foi tudo. O publicitário vai fazer terapia porque está com medo de perder uma conta. O terapeuta provavelmente também vai escondido ao *seu* terapeuta por estar com medo de perder todos aqueles publicitários que lhe enchem o bolso de grana. Por conseguinte, o terapeuta tem de segurar o cara da propaganda; e o cara da propaganda tem de segurar a conta. Todo mundo quer salvar a própria pele. Ainda vai chegar o dia em que um bando de terapeutas vai chegar à conclusão de que deve fundar uma agência de publicidade.

Não é preciso ser um gênio para descobrir por que há tanto medo na propaganda. Minha teoria é que a maior parte do medo começa muito, muito acidentalmente. Digamos que, um belo dia, a mulher do diretor-geral de uma empresa grande está embaixo do secador do salão de beleza e ouve algumas moças falarem a respeito de um comercial engraçado da Volkswagen. Naquela noite, na hora do jantar, ela começa a pegar no pé do marido. Aliás, ele já teve muita dor de cabeça por querer uma nova linha de crédito que não lhe custe os olhos da cara e, além disso, acha que está começando a ter problemas cardíacos. Seja como for, lá está a sua mulher se lamuriando: "Harry, ah, Harry, por que a sua companhia não tem uns comerciais bonitinhos como os da Volkswagen?" Ele sente uma dorzinha no peito e resmunga qualquer coisa como resposta.

No dia seguinte, ele está de mau humor e o presidente de sua companhia entra; ele, o diretor-geral, lhe diz: "Escuta, Fritz, por que não temos nenhuma visibilidade? Eu pago um monte de contas. Gastamos US$ 3 milhões por ano com propaganda. E o que ganhamos com isso?" O presidente tem um calafrio: "Meu Deus, Harry, você tem razão!" E vai correndo procurar o gerente responsável pela propaganda e diz: "Sabe, Don, estou me perguntando se não está na hora de reavaliarmos a nossa publicidade. Estamos com a Winthrop, Saltonstall, Epstein & Gambrelli já faz quatro anos. E ela ainda não apresentou uma campanha da qual a gente se orgulhe, ou com a qual estejamos satisfeitos." Bom, e quem é que vai interromper essa corrente? O gerente da propaganda, que talvez esteja ganhando US$ 1,5 mil ou US$ 1,6 mil por mês e está completamente endividado com

O MEDO, O MEDO PEQUENO E O MEDO GRANDE CONTAGIAM... 73

um financiamento de casa própria em Tenafly, não vai dizer ao presidente da companhia que ele está errado. E o presidente da companhia também não vai dizer ao diretor: "Escuta aqui, Harry, acho que você está errado em relação à nossa publicidade; por que não toma um calmantezinho e fica na sua?"

De modo que o telefonema fatal é dado. O gerente de propaganda liga para duas ou três agências nas quais andava de olho e diz, como quem não quer nada: "Estava pensando se não seria o caso de vocês passarem aqui para a gente conversar... Andamos reavaliando a nossa publicidade e... Bom, estamos muito satisfeitos com a Winthrope etc. e tal, não me entenda mal, só achamos que talvez fosse bom dar uma olhada em outras abordagens..."

Putz grila! Assim que duas ou três agências ficam sabendo desse lance, a notícia vaza. Não sei por que, mas em um instante a cidade inteira fica sabendo. Não houve uma única mudança de conta em anos que fosse uma surpresa. Finalmente a notícia chega a um dos periódicos especializados em propaganda. É verdade que a Ford está procurando outra agência? Bom, mas agora você está na Thompson, trabalhando na conta da Ford e sua vida acaba de repente. Você sabe que, passados dois, três meses, vai estar sem trabalho e, na propaganda, quando você está no banco dos reservas, em geral fica lá uns oito ou nove meses.

Para facilitar o raciocínio, digamos que a notícia não vaze. Talvez você só ache que o diretor-geral conversou com o presidente. Talvez — *talvez* — haja uma reunião e você teve uma sensação estranha: "Não gostei do jeito do Don sorrir para mim quando saiu daquela reunião." Já vi caras andando para lá e para cá depois de uma reunião e dizendo: "Você reparou que suas últimas palavras foram 'A gente se vê. Foi um prazer conhecê-lo'? O que ele queria dizer com isso?" E então um outro cara diz com uma voz esganiçada: "Tá na cara que ele está tentando assustar a gente." E um outro ainda arremata: "Ele que se foda, não tem como assustar a gente." Quer saber de uma coisa? O medo contagia todos eles. No dia seguinte, todo mundo está ali se perguntando por que a agência vai perder aquela conta. Um outro cara diz: "Você viu aquele sujeito da conta? Ele não sorriu durante a apresentação." E então começam a pegar no pé uns dos outros. "Você não acha que fala demais?" "Eu nem falo tanto assim; *você* é que passou tempo demais conversando com aquele cara que não sorriu." "Eu nem falo tanto; você é que fodeu o projetor de slides. Não é de surpreender que aquele cara não tenha sorrido."

Agora vamos ver o que acontece do outro lado. Digamos que o gerente de propaganda resolve dizer à sua agência que as coisas não andam bem. O oposto de quando a notícia não é dada oficialmente, isto é, o executivo da conta fica sabendo — sem sombra de dúvida — que está em apuros e que nem precisa passar por toda aquela complicação de descobrir quem é que não sorriu durante a reunião.

De forma que Don, o gerente de propaganda, reúne-se com o executivo da conta e diz: "Joe, tive uma sessãozinha com o presidente ontem e, olha, não quero que vocês fiquem nervosos, mas ele não está satisfeitíssimo com o andar da carruagem." O sangue começa a sumir do rosto de Joe, e seus dedos ficam dormentes. Ele começa a concordar com um gesto da cabeça e balbucia: "Bom, Don, não se preocupe, vamos mostrar serviço." Joe corre pela agência como se fosse o Paul Revere gritando: "Os ingleses estão chegando, os ingleses estão chegando!" Ele grita: "Estamos com problemas, estamos com problemas!" Todo mundo começa a correr de um lado para o outro. Há dezenas de reuniões. É esquisito assistir a essa história toda porque, quando o

O MEDO, O MEDO PEQUENO E O MEDO GRANDE CONTAGIAM... 75

responsável por aquela conta volta e eles fecham a porta e ele diz: "Olha, estamos com um problemão, o presidente da companhia falou que os nossos anúncios são contra dois adversários ao mesmo tempo horrorosos", este é o primeiro sinal de morte iminente.

Seja como for que a notícia corra — diretamente, do gerente de propaganda, ou indiretamente, das fofocas das revistas especializadas, ou de alguma coisa que você pesca em uma reunião —, ela se espalha imediatamente por toda a agência. Eu era um office-boy da Ruthrauff & Ryan — encarregado da correspondência — quando eles estavam prestes a perder a conta da Kentile. O pessoal que trabalhava na sala de correspondência e que ganhava US$ 240 por mês sabia, com um ano de antecedência, que a Ruthrauff & Ryan ia perder a conta, e estava morrendo de medo. Sabe, o pessoal tinha razão, a Kentile saiu de lá em dez meses. A Ruthrauff & Ryan está acabada hoje — nada — não existe mais. Uma das razões de sua morte foi a falta de comunicação. A sala de correspondência sabia que a agência ia perder contas antes da diretoria.

Era uma agência antiquada, da velha guarda, que foi definhando até não sobrar nada. Quando fui trabalhar lá, em 1955, a grande novidade é que tinha sido contratado um cara que "tinha uma lista imensa de nomes". Eu não sabia que porra significava aquilo, mas de repente entendi: eles foram lá e contrataram um sujeito que era mais um cafetão que um executivo de contas. Era o cara que tinha uma caderneta de endereços bem gorda que ia salvá-los. Quer dizer, esquece, esse cara conseguia resolver o problema de qualquer um da cidade. Filmes pornô? Ele conseguia. Loiras, morenas e ruivas, ele tinha. Sabe, eu estava impressionado pra burro. Esse cara devia ser o cafetão da agência. E a conversa sobre ele: "Ele vai nos trazer clientes." Achavam honestamente que um crápula como aquele ia salvá-los. E, hoje em dia, existem agências com uma atitude um pouco parecida. Faça-se de simpático para ganhar uma conta. Compre entradas para bons jogos de futebol. Grandes jantares em restaurantes de luxo. As agências fracas, quando estão com medo de perder uma conta, recorrem a qualquer coisa para mantê-la. As agências quentes, bom, elas não precisam disso. Para que a Doyle, Dane precisaria de um cafetão? Está fazendo um trabalho maravilhoso. Para que a Delehanty, Kurnit precisaria de um sujeito como esse? Ou a Wells, Rich, Greene? Esses são profissionais fazendo trabalho de gente grande.

Bom, às vezes uma conta se aproveita de todo esse medo de perder uma conta. A TWA é um exemplo clássico. Em 1967, a TWA estava na Foote, Cone & Belding, e esta agência estava fazendo um belo trabalho para essa conta. A maioria das linhas aéreas estava perdendo dinheiro a rodo, não porque sua propaganda fosse boa ou ruim, e sim porque o governo tinha ferrado esse setor. As linhas aéreas vivem de alocações e subsídios do governo, e de contratos com os correios. E o governo dita a rota para as linhas aéreas. Me dê uma linha aérea que o governo diz que *tem* de voar para Buffalo e eu lhe mostro uma linha aérea que está perdendo dinheiro. Quer dizer, ninguém vai para Buffalo. Seja como for, alguém fica tenso lá na TWA e a cúpula da empresa chega à conclusão de que talvez o que esteja faltando, além de algumas rotas para o Havaí, seja um pouco de sangue novo na propaganda. De modo que alguém liga para a Foote, Cone & Belding e diz: "Vocês são todos uns caras incríveis, mas não estamos satisfeitos..."

Acho que, nessa época, a TWA estava faturando US$ 22 milhões. Você entende o que isso significa para uma agência? Para qualquer agência? Algo como US$ 4 milhões de renda por ano. Bom, o pânico espalhou-se pela Foote, Cone como um rastilho

O MEDO, O MEDO PEQUENO E O MEDO GRANDE CONTAGIAM... 77

de pólvora. Eu era o supervisor do departamento de criação da Ted Bates nessa época e os telefones começaram a tocar. Redatores, diretores de arte, pessoal de criação — o pavor havia se instalado por ali. Naquela tarde eu me encontrei com uma moça da Foote, Cone em um restaurante e ela me disse: "É verdade, está acontecendo. Vamos perder — em um dia ou dois." Estava petrificada de medo. Estava ganhando quase US$ 3,5 mil por mês como redatora e a TWA era a única conta com a qual estava trabalhando; tinha de arranjar outro emprego rápido. Tinha uma lista enorme de pessoas que ia contatar em busca de trabalho.

O que aconteceu nas semanas seguintes foi o segundo estupro mais público de que se tem notícia desde o rapto das sabinas. Nunca antes na história da propaganda tantos caras foram ferrados ao mesmo tempo. A TWA fez um serviço de primeira. Um monte de caras muito inteligentes e muito sabidos se foderam. A história toda foi um grande disparate.

A TWA estava querendo amostras grátis — apresentação do trabalho das agências sem ela ter de pagar nada. Para conseguir amostras grátis, ela procurava agências nervosas — Dancer-Fitzgerald-Sample; Benton & Bowles; Ted Bates. E os caras da TWA eram tão legais que até deixaram os pobres coitados da Foote, Cone competirem por uma conta que era sua. A William Esty, a N.W.Ayer, a Sullivan Staufer e até a McCann-Erickson entraram nessa também. Procuravam agências da velha guarda que estavam começando a sentir a pressão das novas agências. Bom, esses caras das agências da velha guarda não são burros. São raposas.

Não sei quantos caras ligaram para a TWA e disseram: "Queremos entrar nesse lance de apresentação." E não sei quais foram chamados especificamente pela TWA, que lhes disse: "Gostaríamos que vocês fizessem isso e aquilo." A TWA também foi bem esperta. Ninguém de lá chegaria em você e falaria para você gastar US$ 40 mil ou US$ 50 mil em um comercial sem nenhum tipo de garantia. Não, um cara de lá dizia: "Gostaríamos de ver alguns exemplos do seu trabalho, o trabalho que você faria para nós." A TWA nunca disse: "Nada de gastar muito." Os caras que trabalhavam lá só sorriam e sugavam todo mundo.

Não obteve resposta de agências como a Doyle, Dane. Nem da Ogilvy. Nem da Mary Wells. Agências como essas mostram a possíveis novos clientes o que fizeram no passado, e pronto. Se alguém pedisse à Doyle, Dane uma amostra de campanha, o pessoal dessa agência diria: "Assim a gente não brinca." Esse pessoal faz um trabalho fantástico; todo ano eles ganham prêmio após prêmio de seus colegas. Eles são bons e sabem disso.

De repente esse negócio virou uma bola de neve gigante. Todo mundo começou a dizer: "Bem, vamos lhes apresentar algumas ideias, talvez alguns rascunhos." E depois um outro cara diria: "Olha, é o seguinte, vocês sabem que estamos enfrentando aqueles sujeitos da Bates. Vocês sabem que eles são umas raposas. Vamos apresentar alguma coisa mais que uma simples ideia. Vamos pensar em gravar alguma coisa." E um terceiro cara diz: "Bom, já que vamos gravar alguma coisa para um anúncio, não podemos chegar lá só com um roteiro. Vocês sabem como é difícil convencer alguém só com um roteiro." E mais um outro diz: "Conheço um sujeito que gravaria esse comercial por US$ 20 mil." E, de repente, os caras entraram no lance de trabalhar para a conta da TWA sem que ela fosse sua.

Muito tempo antes, um magricela cabeludo chamado Jim Webb estava lá na Costa Oeste batalhando a sua carreira de letrista. Se esse menino tivesse ideia do caos que provocou em Nova York, teria tido um treco. Uma das letras de música que escreveu era intitulada "Up, Up, and Away" [Para cima, para cima e para longe] e tinha versos como "Você não gostaria de voar/ no meu lindo balão?" e coisas do gênero. Bom, começou uma luta daquelas pelos direitos comerciais dessa música. Um grupo chamado Fifth Dimension a tinha gravado e estava se sentindo muito importante por causa disso. Ah, as lutas intestinas por causa dessa música! Além disso, vazou a notícia de que a TWA detestava a trilha sonora que seus comerciais tinham na época, e esta parecia perfeita. Seja como for, a Foote, Cone conseguiu esses direitos; mas, assim que as outras agências ficaram sabendo que a Foote, Cone tinha uma música, todas elas também precisavam ter uma música.

Você não vai acreditar no pandemônio que houve na Bates nesse momento. Não sei o que acontecia nas outras agências, mas na Bates era uma loucura o dia inteiro. Portas foram trancadas. Os entregadores que apareciam com pedidos de refeições da casa de frios não conseguiam entrar — a confusão era absurda. Eu me lembro de ver um dos figurões da agência chegar correndo com a capa de um disco na mão — este cara devia estar ganhando quase US$ 8,5 mil por mês — e dizer: "Achei a música, é esta música que vai nos conseguir a conta." Havia uma euforia no ar que quase fazia mal. Havia esse sentimento absolutamente positivo de que *nós* já estávamos com o contrato assinado.

Bom, todo mundo fez a sua apresentação. Quem sabe quanto dinheiro foi gasto nas apresentações todas? Mais de US$ 1 milhão seria o meu palpite aproximado. Seja como for, todos fizeram a sua apresentação, e lá estava a Foote, Cone com sua bela música, cujo título ela havia modificado para "Para cima, para cima e para longe — TWA", e lá estavam todas as outras agências com comerciais de verdade, anúncios impressos de verdade, a engrenagem toda. Esse menino Webb havia criado uma letra maravilhosa e, depois de assistir a todas essas apresentações, a TWA deixa todas as sabinas se foderem. "Belo trabalho", dizem seus representantes, e depois acrescentam: "Foote, Cone, seu pessoal fez um trabalho tão incrível que vamos manter a conta com vocês."

Na Bates, quando o pessoal soube do acontecido, o dia lembrou o momento da vitória aliada sobre os japas, com a diferença de que os caras eram como os japas que se jogavam em cima das espadas. Inacreditável.

Uns seis meses depois, houve uma espécie de comoção na TWA. Um novo cara muito influente tinha entrado lá e *ele* chegou à conclusão de que, apesar de "Para cima, para cima e para longe — TWA", a conta não deveria realmente ficar na Foote, Cone. De modo que a bela Mary Wells, que acabara de pintar todos os aviões da Braniff Airline de rosa-choque e cores afins, entra na parada — e fica com a conta. Nenhuma apresentação formal, nada. Talvez ela tenha mostrado um avião rosa-choque, nada mais. E ganhou a conta. Para ficar com a conta e evitar um conflito de interesses, ela teve de renunciar à conta da Braniff. E o presidente da Braniff é seu marido.

George Lois, que trabalhava na Papert, Koenig & Lois e que depois fundou a Lois, Holland, Callaway, está tratando dos seus negócios e logo chega a Braniff, com seus aviões rosa-choque e tudo. Não é que todo o ramo da propaganda seja biruta, mas há momentos em que... E é essa birutice que leva ao nervosismo, que leva ao medo genuíno na Madison Avenue. A história da TWA deve ter levado uns vinte caras ao alcoolismo, e essa situação está longe de ser única. Sempre vai haver nervosismo onde uma grana alta está em jogo. E a Madison Avenue é sobretudo grana alta.

CAPÍTULO QUATRO

Me dê seus bebuns, seus esquisitões...

A gente tem um grande número de pirados. Digamos que existem centenas — milhares, talvez — de caras nesse ramo que, se estivessem trabalhando para o Bankers Trust nesse momento, teriam sido internados. Sabe, os chefes deles teriam pensado bastante e chegado à conclusão de que "Esse cara tem de ser demitido", e ligariam para a esposa dele e diriam: "Acho que está na hora de internar seu marido, porque, você sabe, ele anda fazendo coisas estranhas."

Veja, por exemplo, o caso do meu amigo Ned Viseltear. É uma lenda, de verdade. E, apesar disso, conseguiu um bom emprego atrás do outro.

Certa vez, o Ned trabalhou três horas para a Grey Advertising. Tinha sido contratado como redator e chegou na agência às 9h da manhã pronto para pôr a mão na massa. Como a Grey é um lugar extremamente convencional, Ned apareceu na hora certa para trabalhar no primeiro dia — 9h. Ele conhece algumas pessoas, preenche todos os formulários que você tem de preencher no primeiro dia de um emprego e então, por volta de 12h15, sai para almoçar. Tinha um encontro com um cara da Daniel & Charles. Bom, tiveram um almoço ótimo e o cara da Daniel & Charles diz: "Por que você não vem trabalhar na minha agência como redator?" Os dois entram nos detalhes e Ned recebe uma proposta de trabalho — um emprego melhor que o que tem na Grey. De modo que ele vai até a Daniel & Charles, conhece Danny Karsch, o outro dono daquela agência e presidente do comitê executivo, e aceita a proposta por volta das 2h da tarde.

Mas não conseguiu resistir à tentação de pegar o telefone. Ainda está na Daniel & Charles; disca para a Grey e pede o número do departamento de pessoal, e diz:

— Meu nome é Ned Viseltear. Eu estava trabalhando para vocês hoje de manhã. Trabalhei umas três horas e meia.

A mulher do outro lado da linha responde:

— Sim, e em que posso ajudá-lo?

E Viseltear diz:

— Estou saindo da Grey. Estou indo embora para assumir um outro emprego.

A moça fica meio desconcertada com esse cara ao telefone, acha que talvez ele seja algum tarado e que logo ele vai começar a ofegar. E Viseltear diz:

— Bom, eu só queria saber se esse tempo conta no cálculo das férias. Sei que só trabalhei três horas e meia para a Grey, mas se houver alguma quantia devida a mim pelas férias, eu gostaria que vocês a enviassem para mim aos cuidados de Daniel & Charles.

Em 1961, Daniel & Charles parecia uma escola; a única diferença é que todos os alunos pareciam ser loucos. Foi meu primeiro emprego de verdade na propaganda, quer dizer, meu primeiro emprego legítimo. Fiquei sem trabalho por sete meses antes de ir para lá e, antes de ficar desempregado, eu tinha andado escrevendo anúncios sobre hérnia para uma agenciazinha chamada Advertising Exchange. Estava morando no Brooklin e não tinha o que comer. Meus parentes costumavam convidar a mim e à

ME DÊ SEUS BEBUNS, SEUS ESQUISITÕES...   83

minha mulher para jantar. Sentados em volta da mesa, um tio qualquer diria: "Escuta aqui, meu filho, eu li no *Chief* [o jornal dos funcionários públicos da cidade de Nova York] que vão abrir algumas vagas no Departamento de Saúde Pública. Por que você não esquece esse vírus da propaganda e não arranja um emprego de verdade?"

Mas eu realmente não tinha vocação — nem estômago — para o Departamento de Saúde Pública. De modo que eu voltava para o meu apartamento do Brooklin e tentava fazer alguma coisa. Tinha chegado à conclusão de que a Daniel & Charles era a agência certa pra mim. E andara lendo um livro intitulado *Advertising Agency Register* [Cadastro das Agências de Propaganda], que apresenta uma lista de todas as agências na ativa e tinha chegado à letra D. Comecei a mandar montes de amostras grátis de anúncios. Tinha acabado de enviá-las para Danny Karsch, um dos sócios-proprietários da agência, mas sem o meu nome, só com as iniciais J.D.F. Bom, continuei mandando esses anúncios e, um belo dia, liguei para a Daniel & Charles e pedi para falar com o Danny. Quando a secretária perguntou quem era, eu disse: "Sou J.D.F." Danny me convidou para ir lá fazer uma entrevista e me contratou por US$ 400 por mês.

Descobri que aquela agência estava cheia de caras jovens que descobriram de repente que alguém ia pagá-los pelo resto da vida para fazer esse negócio chamado propaganda, e todos nós fomos contaminados pela loucura e piramos. Um grupo inteiro de pessoas enlouqueceu de vez.

No meu primeiro dia de trabalho, estávamos sentados em volta de uma mesa na sala de um diretor de arte quando alguém entrou lá correndo e disse aos gritos: "Canal Oito, Canal Oito, tem um lance incrível lá no Canal Oito!"

Ao ouvir isso, a sala — que estava cheia de gente — esvaziou-se. Passaram literalmente por cima de mim. Entraram no corredor, eu atrás deles todos; e, quando chegaram ao fim do corredor, abriram uma porta que dava para a escada externa. A Daniel & Charles ficava na Thirty-fourth Street, a uns 30 centímetros de distância de um prédio de apartamentos. Era quase como se estivessem fazendo uma conexão entre os dois edifícios. Da escada externa, esses caras conseguiam enxergar direitinho lá dentro dos apartamentos do outro prédio, e tinham batizado as diversas residências de Canal Um, Canal Dois e assim por diante. O Canal Oito tinha uma moça bem cheinha que, naquele momento, estava andando para lá e para cá de sutiã — e só. E todo mundo estava ali, sabe como é, tecendo comentários sobre a mina, com pérolas do tipo "Não acho que ela seja tão bonita quanto a do Canal Cinco". Essa foi a minha iniciação na propaganda.

Havia caras na Daniel & Charles tão viciados naquelas janelas que passavam horas de olho nos canais. A visão mais engraçada e o som mais engraçado do mundo aconteciam quando a gente ficava trabalhando até tarde da noite, depois das 22h. Você escutava quando um redator, o Evan Stark, empurrava a mesinha em que ficava a sua máquina de escrever pelo corredor, até chegar à escada externa, onde ele se instalava e podia escrever e olhar para as janelas ao mesmo tempo. Bob Tore, o diretor de arte com quem Evan trabalhava, sentava-se nos degraus e os dois observavam as janelas e trabalhavam nos anúncios, mas ficavam sempre de olho nas janelas para ver se descobriam alguma coisa interessante. Evan ficava sentado ali, pensava em alguma coisa e datilografava, porque nunca conseguiria trabalhar com papel e lápis. Sentado ali, datilografava o título de um anúncio, sempre de olho nas janelas, até que, finalmente, um belo dia, o Charlie Goldsmith flagrou todo mundo.

Foi um confronto daqueles, e como Charlie me acusava da maioria das loucuras da agência, me chamou e disse:

— Bom, Jerry, você e a sua gangue finalmente aprontaram uma das boas. Os vizinhos chamaram a polícia e disseram que temos um bando de *voyeurs* aqui.

Eu respondi:

— Charlie, não sei do que você está falando.

E não estava entendendo nada, mesmo.

— Bom, você e sua turma finalmente aprontaram uma boa — retrucou ele.

— Charlie — disse eu —, você pirou de vez.

— É melhor você ir lá em cima dizer à sua gangue que vocês estão em uma enrascada daquelas.

Corri escadas acima e o primeiro cara que vi foi um diretor de arte chamado Bill Arzonetti, a quem disse:

— Bill, você se meteu numa encrenca. O Charlie disse que há um bando organizado de *voyeurs* na Daniel & Charles.

Bill olhou para mim impassível e respondeu:

— Putz, é a primeira vez na vida que faço parte de qualquer coisa organizada.

Bill era um cara diferente. Muito calado, muito bom diretor de arte. Um dia eu estava trabalhando com ele e, para falar a verdade, foi a primeira vez que realmente fizemos anúncios juntos. Seja como for, estávamos trabalhando e o telefone dele começou a tocar. Bill fica muito tenso quando está trabalhando e continuou trabalhando, ignorando o telefone. Alguns minutos se passam. O telefone ainda está tocando. Olho para o telefone; mas, como sou novo na casa, acho que talvez o Bill goste de ouvir o telefone tocar durante cinco minutos antes de atender a chamada. O telefone ainda está tocando e ele ainda não atendeu, mas dá para ver que ele está ficando cada vez mais tenso e que está prestes a explodir. Finalmente olha em volta, pega um par de tesouras e esfaqueia o telefone. Ele não corta a linha do telefone pura e simplesmente. Ele esfaqueia o telefone inteirinho, o fone e todo o resto.

— Acho que isso resolve a parada — disse ele.

Olhei pra ele e disse:

— Acho que ouvi alguém me chamar. Volto já.

Só voltei dali a dois dias. Ainda nos encontramos de vez em quando e rimos dessa história. Quantos caras esfaqueiam o telefone? Ele não estava brincando; quer dizer, ele queria mesmo *matar* aquele telefone. O engraçado é que, mesmo depois de esfaqueado, o telefone continuou tocando. E o Bill ficou muito mais calmo depois de esfaqueá-lo.

Tínhamos um outro diretor de arte na Daniel & Charles — vou chamá-lo de Jack. Certo dia, Jack resolve largar a mulher. Foi pra casa e disse a ela:

— Estou me separando de você. Tenho uma namorada.

— Você não pode fazer uma coisa dessas comigo! — exclamou a mulher.

E Jack responde:

— Tenho uma namorada.

A mulher joga-se numa cadeira e começa a bater no peito, gritando:

— Por quê? Por quê?

E ele:

— Mas o que há de errado com o fato de eu ter uma namorada? Olha, todos os outros caras da agência têm uma namorada. Por que eu também não posso ter?

ME DÊ SEUS BEBUNS, SEUS ESQUISITÕES...

Ela resolveu ferrar todo mundo da agência. Conseguiu de alguma forma uma lista dos funcionários da agência com os respectivos números de telefone, e decidiu ligar para todas as esposas e dizer-lhes que os maridos estavam pulando a cerca. Depois Jack nos contou que ela decidiu não fazer as ligações; achou que seria melhor sair e comprar um revólver e dar um tiro em cada funcionário da agência. Todos nós começamos a procurar um bom esconderijo para quando ela aparecesse. No fundo do departamento de criação havia um armário com uma parede falsa, e Bob Tore e eu resolvemos que, se ouvíssemos um disparo ou percebêssemos alguma confusão, iríamos pular dentro desse armário e ficar lá até o problema estar solucionado. Você pode achar que estou brincando, mas dizem que "Vou subir lá e acabar com a raça de todo mundo" foram palavras textuais dela.

Mas não dá pra comparar o Jack com um cara feito o George Lois, que usa sua loucura para conseguir um monte de coisas. Há literalmente centenas de histórias de George Lois circulando pela cidade. George é um grego grande e forte que tem um gênio do cão, além do fato de ser muito, muito criativo e um diretor de arte bom pra burro. Todos esses fatores levam a uma tendência de as coisas ficarem muito excitantes quando George está por perto.

Existem várias histórias clássicas sobre a Madison Avenue e sobre diretores de arte tentando jogar seus superiores imediatos pela janela. Do jeito que me contaram uma delas, certa vez um diretor de arte tentou jogar Norman B. Norman por uma janela do edifício Look, mas os batentes das janelas não permitiram, com a ajuda de outro diretor de arte, um cara chamado Onofrio Paccione.

Há um pirado incrível e maravilhoso na cidade que vou chamar de Riley. Era um redator muito talentoso da Doyle, Dane.

Um dia ele saiu para almoçar e ficou muito, muito bêbado e começou a sentir pena de si mesmo. Finalmente mandou tudo para o quinto dos infernos e, quando voltou do almoço, começou a quebrar tudo o que havia na sua sala. Sabe como é, jogou lâmpadas para todo lado, arrebentou a cadeira. Seu método de acabar com aquela história toda não foi sair da Doyle, Dane, e sim destruir tudo o que havia lá. A mesa era a última peça que ele queria moer.

Ergueu a vidraça e começou a enfiar a mesa na janela para atirá-la lá embaixo. Bom, essas mesas chegam a pesar até 50 quilos. Seja como for, a barulheira que Riley fez ao quebrar as cadeiras chamou a atenção. As pessoas saíram correndo para a sua sala e a primeira coisa que viram foi Riley, prestes a ter uma hérnia, com a mesa já pela metade para fora da janela e prestes a ir prédio abaixo. Alguns caras o seguraram, outros seguraram a mesa e conseguiram salvar algumas vidas. Durante anos, as pessoas falaram de Riley e de sua mesa, e certo dia lhe perguntei se essa história era verídica.

— Escuta aqui, Riley, você tentou mesmo fazer isso? Tentou realmente jogar sua mesa pela janela?

E ele respondeu:

— É, tentei, mas eu estava do lado do edifício que só dá para a Forty-third Street.

Quer dizer, como não adorar um cara que se dá conta de que, se a sua mesa cair no lado do prédio que dá para a Forty-second Street, ela vai causar um monte de dores de cabeça, mas tudo bem se ela cair no lado que dá para a Forty-third. Um cara muito racional.

Eu não gostaria de dar a impressão de que todos os caras de criação da cidade são loucos varridos. Só fiquei sabendo de um

ME DÊ SEUS BEBUNS, SEUS ESQUISITÕES...

único que andou distribuindo facadas, quer dizer, além daquele que esfaqueou o telefone. Um diretor de arte chamado Angie brigou certa vez com um supervisor de conta por causa de um anúncio e os dois começaram a berrar um com o outro, de modo que Angie simplesmente esfaqueou o cara da conta com uma caneta esferográfica. Olha, eu acho que jorrou sangue para todo lado, fora a gritaria, mas o homem da conta sobreviveu. A agência chegou à conclusão de que deveria tomar uma providência qualquer contra Angie, de modo que ele foi repreendido oficialmente em uma reunião da diretoria de planejamento, composta pelos caras mais influentes da agência. O homem da conta recuperou-se por completo e depois fez um seguro-saúde. Eu me encontro com Angie de vez em quando. Topei com ele outro dia na Fifty-ninth Street, e ele estava muito estranho. Carregava o casaco no braço, a camisa estava para fora das calças e parecia não fazer a barba há três dias. Achei que ele não ia para casa havia um bom tempo.

Em geral, não há essa violência toda. Mas, certa vez, na Central de Nova York, o presidente de uma agência começou uma discussão sobre política com um homem que estava sentado a seu lado, o que logo virou uma briga e terminou com o presidente agredindo o sujeito com um bom murro na cara.

George Lois envolveu-se em uma rixa com um amigo meu, o Bill Casey. Nessa época, Casey trabalhava na Papert, Koenig, Lois e estava indo embora. Houve algum tipo de problema em relação à sua saída e foi marcada uma reunião de reconciliação Casey era o tipo do cara que tomava uns drinques em um bar e, de repente, havia uma briga perto dele. Alguma coisa deu errado na reunião de reconciliação e tudo quanto eu soube foi que Lois pulou em cima da mesa e tentou dar um soco em Casey. As secretárias gritaram, o caos habitual. Não é o melhor exemplo de saída de um cara de uma agência. Depois Casey processou Lois, Julian Koenig, a turma toda, afirmando que "uma atmosfera de violência física" o impedia de realizar seu trabalho naquela agência.

Ele deve ter conseguido alguma coisa, pois nos idos de 1965 houve uma briga espetacular na PKL, durante a qual um supervisor de conta chamado Bert Sugar deu um tiro em outro cara, e foi sangue para todo lado. A PKL era chamada de "Stillman's East", em homenagem a uma antiga academia de luta.

Se eu tivesse de escolher, diria que os redatores são os mais loucos entre toda a fauna da criação. Certa vez tive um cara chamado Herb trabalhando para mim na Delehanty, um puta louco. Usava tudo quanto era droga em que você puder pensar — pó, ácido, maconha, Deus sabe o que mais. Entrava na minha sala com uma aparência muito estranha. Cheguei a um ponto em que, se tivesse de olhar mais uma única vez para as suas pupilas dilatadas, eu iria pirar. Quer dizer, ele era sinônimo de encrenca. Mas, por ser um redator muito bom, resolvi mantê-lo.

O verdadeiro problema de Herb não era o estado em que ele chegava, mas a hora. Costumava entrar na sua sala às 4h da tarde. Falava para mim que tinha medo das manhãs, que detestava as manhãs, por isso ficava na cama até as 3h ou 4h da tarde, e depois vinha trabalhar. Não é que estivesse fugindo de suas responsabilidades ou algo do gênero — ele trabalhava até meia-noite ou 1h da manhã —, a questão era que ele trabalhava em um horário diferente dos outros.

Bom, os problemas começaram a aparecer. Os diretores de arte estavam sempre atrás dele e ele, evidentemente, estava na cama. Os caras das contas estavam sempre tentando localizá-lo, e lá estava ele, entrando às 4h da tarde, em geral viajando com alguma droga, e os caras das contas nunca sabiam o que fazer com alguém que estava viajando. E logo os outros redatores viram Herb e os horários em que ele chegava e também quiseram trabalhar à noite e dormir de manhã.

Eu falava com ele:

— Herb, você tem de chegar um pouco antes. As pessoas começam a procurar você depois das 10h da manhã, você sabe disso, não sabe?

— Não tenho como evitar isso — respondia Herb —, eu simplesmente tenho de entrar às 4h ou 5h da tarde.

— Herb, escuta — retrucava eu —, você vai ser demitido se continuar desse jeito.

Mas ele não me dava ouvidos.

Finalmente tivemos de nos livrar do cara porque ele estava causando problemas demais. Justo no dia em que resolvi despedi-lo, ele entra na minha sala e diz:

— Achei um jeito de conseguir levantar cedo. Quero um aumento.

Isso me surpreendeu um pouco, de modo que lhe perguntei o que queria dizer com isso.

— Arranjei uma namorada e preciso do aumento para ela poder sair de casa e vir morar comigo. Se ela vier morar comigo, ela me acorda de manhã porque ela não tem medo das manhãs como eu, e aí eu vou conseguir chegar aqui no começo do expediente. Não vou perder a hora.

— Herb, você precisa de mais dinheiro meu para a sua namorada ter condições de se mudar e fazer você levantar, certo?

— Sim.

— Herb, você já ouviu falar em despertador?

— Você já tentou trepar com um despertador? — ele respondeu.

Herb saiu da Delehanty e foi para várias outras agências, nos quais fazia um bom trabalho e sempre era despedido, e agora está em alguma outra, prestes a ser demitido. Foi mandado embora de algumas das melhores agências da cidade. Um cara, de outra agência ainda, demitiu-o com o método tradicional da Máfia. Saiu e comprou um peixe bem grande, voltou ao escritório e colocou-o em cima da mesa de Herb. Foi o jeito de esse cara dizer a Herb que estava de saco cheio.

Muitos, muitos redatores publicitários são paranoicos. Herb achava que as pessoas e as coisas sempre o estavam rejeitando. Um dia ele colocou uma folha de papel em uma máquina de xerox da Delehanty para fazer uma cópia. Todo mundo ia até a máquina de xerox e colocava suas folhas de papel para fazer cópias; mas, quando Herb tentou fazer isso, sons estranhos se fizeram ouvir e o original saiu da máquina todo rasgado. Ele o pegou, ergueu os olhos e disse:

— Até a máquina de xerox me rejeita.

Há centenas de pessoas assim circulando em Nova York. Uma delas, um cara chamado Wilder, trabalhou para praticamente todas as agências da cidade. Você contrata o Wilder e no dia seguinte ele passa pelo saguão correndo descalço, gritando e causando uma verdadeira comoção. Aparece nas horas mais estranhas, fazendo as coisas mais esquisitas. Continua conseguindo emprego porque é muito bom.

Há um outro cara chamado Harry — um cara legal, calado, bem-educado; só que tem a mania de processar as pessoas. Em geral processa duas ou três pessoas por dia, juro por Deus. É um fato conhecido de todos na cidade que, se você contratar o Harry, ele vai passar a maior parte do tempo nos tribunais. Ele simplesmente adora processar alguém e passar o tempo com advogados.

O que ele faz é, por exemplo, sair pela rua e esperar em um ponto de ônibus. Digamos que o ônibus pare a meio metro da calçada e ele tenha de pular uma poça d'água para chegar ao ônibus. A primeira coisa que ele diz ao motorista é: "O que que é isso, parar longe da calçada desse jeito?" Os motoristas de ônibus, que tratam com loucos o dia inteiro, em geral lhe dizem para ir para o fundo do ônibus e, naturalmente, no dia seguinte ele manda uma carta para as autoridades responsáveis pelo trânsito, informando que vai processá-las por qualquer motivo biruta que Harry achar que vai colar.

Um dia, quando estava trabalhando na Delehanty, ele pegou um avião da American Airlines e fez péssima viagem. Ele também é piloto de corridas e estava a caminho de uma delas. O voo atrasou e ele perdeu a corrida. Quando voltou, escreveu para a American dizendo que ia processar a companhia. Deixou preocupados dois belos vice-presidentes da American com essa carta. Um deles telefonou para Harry e disse:

— Como resolver esse problema?

— Acho que a única maneira de resolvê-lo é no meu escritório; por que vocês não tentam chegar aqui às 9h30 da manhã? — respondeu ele.

Não sabia o que estava acontecendo, mas naquela segunda-feira de manhã eu precisava da sala de reuniões. Olhei lá dentro e vi o Harry sentado, conversando com dois caras com jeito de mandachuva, os dois muito irritados. Ele estava lá sentado ditando alguma coisa, e a secretária também estava lá sentada tomando notas. Eu não tinha a menor ideia do que estava acontecendo, então procurei uma secretária fora da sala de reuniões e lhe disse que eu precisava da sala para tratar de negócios com um cliente.

Ela respondeu que Harry estava lá há um tempão e que não havia indícios de que a reunião dele estivesse para terminar.

Fiquei um pouco irritado, mas achei que ele estava lá com um cliente, embora não tivéssemos clientes que parecessem tão importantes assim naquela época. Levei meu cliente para uma salinha minúscula.

Mais tarde, naquela mesma manhã, perguntei a Harry com que cliente ele estava conversando na sala de reuniões.

— Não era um cliente — respondeu ele. — Aqueles eram uns caras da American Airlines e eu estava ditando meus termos a eles. Acho que vão aceitá-los, então provavelmente não vou processá-los.

— Quer dizer que você estava usando o tempo de serviço, além da sala de reuniões? — perguntei.

— Bom, Jerry, é muito importante para mim resolver essa parada.

Nós o demitimos no dia seguinte.

Harry me ligou outro dia pedindo para ajudá-lo a conseguir um apartamento semiprofissional.

— Harry — disse-lhe eu —, vou ter o maior prazer em escrever para qualquer um, em qualquer lugar, em qualquer hora, dizendo que você é realmente um semiprofissional.

— Obrigado, Jerry — respondeu ele, e desligou, provavelmente para processar alguém.

A loucura não está toda no lado criativo. O lado das contas, que é a ligação direta entre a agência e o cliente, também tem a sua loucura. A principal diferença é que o lado criativo tira proveito da sua suposta fama de gênio incompreendido e, nas agências mais novas, os caras deixam a barba crescer, usam calças e camisas transparentes e dilatam as pupilas. O lado das contas tem de ficar

ME DÊ SEUS BEBUNS, SEUS ESQUISITÕES... 95

sóbrio e andar na linha, e comprar roupas Paul Stuart e usar Ban, ou Secret, ou Right Guard, e tomar banho todo dia.

Mas, às vezes, a pressão atinge os caras das contas e, quando eles piram, é um espetáculo digno de se ver. Conheço uns caras que certa vez tiveram de fazer uma viagem a Batavia, Illinois, para visitar os administradores da Campana Company. Acontece que a Campana Company é muito forte no ramo menstrual: fabrica um produtozinho chamado Pursettes. E então esse grupo de raposas de uma agência de Nova York voou para Batavia que, juro a você, fica a um pulinho de Des Moines. As raposas passaram a manhã conversando sobre os planos de comercialização das Pursettes e depois todos saíram para almoçar. Os caras de Nova York tinham ouvido falar dos martínis de Batavia e enxugaram muitos deles — na verdade, passaram da conta.

Depois do almoço, o presidente diz que gostaria que todos em volta da mesa se sentassem um pouco e fizessem uma sessão de *brainstorming* sobre outros usos que as Pursettes poderiam ter. Expandir os negócios, explorar novos mercados, abrir novos horizontes, esse tipo de coisa. Os caras de Nova York estão ali sentados meio de fogo e um deles solta essa: "Ei, que tal usar as Pursettes como tochas para anões?" Em Batavia, se você é mandado embora da Campana Company, não tem muitos outros lugares onde possa conseguir um emprego, então, em Batavia, a tendência é minimizar os problemas das Pursettes. Os caras de Nova York animaram-se todos com a ideia de anões usando as Pursettes como tochas, mas o presidente da Campana fechou a cara e todo mundo calou a boca.

Fizeram a tal sessão de *brainstorming*, e o próximo item da agenda foi conhecer a fábrica. Você não consegue sair de Batavia sem conhecer a fábrica. Com o presidente dirigindo a tropa, eles perambularam pela fábrica e, de repente, o grupo topou com uma coisa muito estranha, mas *muito estranha* mesmo. O presidente explica com orgulho que essa *coisa* é uma vagina artificial, na verdade seu nome é singina e, naturalmente, ela testa a qualidade das Pursettes. Os caras de Nova York estão olhando para essas singinas e estão quase explodindo de vontade de rir. O presidente continua falando sobre o quanto essas singinas são boas e, por fim, um nova-iorquino diz: "Se você for realmente incrível, eles deixam você levar a singina para jantar." E ali estavam os caras rolando de rir no chão de uma fábrica de Batavia, o presidente branco de raiva, o gerente de propaganda petrificado de medo, os caras da agência ainda de cara cheia demais para se preocupar.

Certa vez trabalhei para um vice-presidente de uma agência que vamos chamar de The Klutz [O Desastrado]. The Klutz sempre conseguia fazer uma apresentação até o fim e estragar tudo. A gente fazia apostas sobre o momento em que o cara ia abrir a boca e pôr tudo a perder. Estávamos sempre dando um toque — o nome dele era David:

— Por favor, fique longe das apresentações se você não consegue deixar de insultar as pessoas.

— Vou me comportar, vou ser um bom menino, de verdade — respondia David.

Ele tinha essa tendência horrível de insultar o cliente e era realmente um cara perigoso de se ter por perto.

Um dia estávamos vendendo o nosso peixe para a conta do Ministério do Turismo do México e o homem da grana do presidente mexicano Aleman aparece para a nossa apresentação. Achávamos que, se conseguíssemos convencer o homem da grana, convenceríamos o próprio tamale-mor [tamale é o nome de um prato mexicano típico, uma espécie de pamonha salgada e recheada com carne moída e muita pimenta]. A apresentação levou um tempo enorme, algo em torno de duas horas, e David foi maravilhoso. Ficou lá sentadinho, sem dizer uma única palavra, e eu estava começando a me arrepender do jeito com que gritamos com ele. "Ele está perfeito", eu disse a mim mesmo, "está se comportando como um verdadeiro gentleman. Lamento a gente ter espinafrado o cara antes dessa reunião por causa do seu comportamento."

Durante duas horas ele foi sensacional. A reunião termina e eu penso: "Graças a Deus, conseguimos, a reunião acabou e ele não estragou tudo, não insultou o cara, não fez nada." E então David põe o braço em volta dos ombros do homem da grana, cujo nome era Pedro, ou José, ou algo que o valha e, ao passar pela porta — *ao passar pela porta* — David diz:

— Pedro, você é um cara legal. Vamos trabalhar juntos, tenho certeza, e você vai ver que também somos legais. Se você continuar com essa simpatia toda, José, talvez a gente lhe devolva o Texas.

Eu soube na hora que estávamos ferrados.

Como há toda essa loucura na propaganda, você vive de frases inesquecíveis. E uma frase inesquecível e engraçada alavanca o seu dia. Uma das melhores que já ouvi foi dita quando eu estava na Delehanty, Kurnit & Geller. Estávamos vendendo o nosso peixe para a American Enka Company, que era administrada por um belo loiro do tipo de George Macready, aquele tipo que estava do outro lado na Segunda Guerra Mundial. Quem estava fazendo a apresentação era Shep Kurnit, o presidente da agência, Marvin Davis, um vice-presidente, um cara chamado Tully Plesser, que é um cara de pesquisa de mercado, e alguns outros, eu inclusive. Sem ficar étnico demais, os rostos eram basicamente judeus e italianos. A apresentação correu bem, o desempenho de Kurnit e Davis foi ótimo e aí o loiro saiu da sala para discutir a agência com alguns membros da sua empresa. Depois voltou e disse:

— A conta é sua se vocês conseguirem fazer uma produção igualzinha à da Delehanty.

CAPÍTULO CINCO

Dançando no escuro

As pessoas com quem mais simpatizo no ramo da propaganda são os caras das contas — os sujeitos que são os intermediários entre as tropas de criação e o cliente. Os caras das contas têm de driblar a loucura do pessoal de criação, trabalhar nos planos de marketing e definição de campanhas e depois vender o pacote ao cliente. Nas melhores circunstâncias, não é nada fácil. Ali está o seu cara da conta, um cara legal, inteiramente endividado até com o financiamento da casa própria em Chappaqua, tentando conviver com um menino drogado que ocupa o cargo de redator e que tem uns 23, 24 anos e mora em um galpão de East Village com outros doze consumidores de ácido. O cara da conta tem de conseguir que o menino escreva o anúncio e depois tem de vendê-lo ao cliente, que é também um osso duro de roer. Há um monte de caras loucos, eles também, para dormir em Chappaqua, pois estão presos nesse ambiente pirado.

O mercador de ilusões é um filme que não está tão longe assim da verdade. Alguém escreveu que a conta de Lucky Strike, quando George Washington Hill estava representando tão mal quanto Sidney Greenstreet, tinha algo como 21 supervisores trabalhando nela durante um período de dois anos. E, nesse período, uns seis ou sete caras tiveram ataques cardíacos, fora os vários casos de esgotamento nervoso, e o último deles teve um colapso total. E então chega o Fairfax Cone, jovem, durão, brilhante, e assume, mantém e consolida a conta, tornando-se O Mandachuva, sabe como é? E depois Frederick Wakeman escreve um livro a respeito dessas coisas, só que no livro o cara se interessa por Sulka e gasta seus últimos 20 dólares em um amor sincero. Garanto a você que um amor sincero jamais causou qualquer impressão em George Washington Hill.

O que os caras das contas têm de fazer hoje em dia para sobreviver é dançar. Dançar significa ser ágil, com um movimento de pés muito, muito bom, de modo que eles não são atingidos com facilidade. Sabe como é, eles não têm nada para vender. Seu redator, por mais jovem ou ruim que seja, tem o seu currículo — seu portfólio — para mostrar. Um diretor de arte também tem um portfólio. Ou então tem rolos de filmes, apresentações resumidas de todos os comerciais que já fez. Mas o que o homem da conta tem para mostrar? Nada...

O que está acontecendo na propaganda hoje em dia — a verdadeira revolução — é que as agências mais novas, as Mary Wellses, as Doyle, Danes, as Carl Allys, eliminam empregos. É isso que está causando a revolução de Madison Avenue. Toda vez que você fica sabendo que uma conta passou de uma agência mais antiga como a Foote, Cone & Belding, Compton ou Lennen & Newell para agências mais novas, empregos são eliminados. E os homens das contas são os mais afetados de todos com essas mudanças.

Vamos tomar o exemplo da TWA quando ela estava na Foote, Cone. Ali estava uma conta cujo faturamento era de US$ 22 milhões por ano e, embora eu não conheça os números exatos, sou capaz de apostar que havia umas 75 pessoas com alguma relação com essa conta. Repetindo: não sei quantas pessoas a Mary Wells

DANÇANDO NO ESCURO

põe para trabalhar em uma conta, mas sou capaz de apostar que é um número muitíssimo menor — talvez não mais que 50. E está fazendo um bom trabalho. A questão é: você não precisa de doze caras para receber a TWA, apertar as mãos de seus representantes, nem de outros 15 correndo para lá e para cá e se perguntando se o café está quente e o que podem fazer para ajudar. Uma Mary Wells elimina empregos. Produz boa propaganda, que é o que interessa, portanto não precisa de supervisores de contas sobressaltados toda vez que alguém da TWA liga para a agência. Vamos levar o exemplo da TWA um pouco mais adiante. Como hipótese, digamos que a TWA se mude da Wells para a Daniel & Charles. Não acho que o Danny Karsch teria cinquenta pessoas trabalhando na conta. Estimo que ele se viraria bem com umas trinta, 35: quatro para redação e arte, duas para promover a redação e a arte, três ou quatro na mídia, duas ou três na pesquisa, três no marketing, três na produção, e mais secretárias e pessoal da contabilidade. Portanto, de uma centena original, você está reduzido a 35. E há 65 pessoas desempregadas. O que estou querendo dizer é que o número de pessoas que trabalha em uma conta tem uma relação direta com a qualidade do trabalho que está sendo feito. Se você conseguir encontrar quatro redatores maravilhosos e quatro diretores de arte fantásticos, pode ter uma campanha espetacular. E deixar a TWA se preocupar com a temperatura do próprio café.

Há uma conta muito boa na cidade em termos do prestígio que ela traz. O faturamento não é nada, mas o prestígio é inacreditável. Essa conta esteve em uma agência da velha guarda durante quase cinquenta anos. Bem, o neto do fundador da empresa é relativamente jovem, deve ter uns 42, 43 anos, e chegou à conclusão de que talvez o pessoal dessa agência da velha guarda não compreenda seus problemas. Bem, depois de cinquenta anos, é o equivalente a um cara procurar sua mulher e dizer: "Tootsie, quero o divórcio."

A mulher, sentada na poltrona com suas veias varicosas de 50 anos, pergunta:

— O divórcio?

E o cara responde:

— É, é muito estranho. Quero o divórcio para me casar com uma mocinha que deve ter uns 17 anos e que está fazendo furor. Nesse exato momento, está para ser presa por correr nua pela Madison Avenue. Sabe, eu sei que vivemos juntos durante muito tempo e que você fez muitíssimo por mim, e que crescemos juntos, mas quero o divórcio. Quer dizer, vi uma coisa lá fora que é realmente maravilhosa. Quero fazer uma experiência.

Dá para imaginar o desespero que toma conta das agências mais velhas. Elas arrancam os cabelos e vociferam contra agências como a minha, como a Leber, Katz Paccione, a Carl Ally, a Delehanty, contra todas as agências mais novas, e até mesmo contra a Doyle, Dane, que tem só vinte, vinte e poucos anos. De certa forma, os caras estão procurando as agências mais velhas e pedindo o divórcio, e logo estão envolvidos com as mocinhas. E tudo quanto as agências mais antigas fazem é agir como uma mulher que está tentando segurar o marido. Como uma mulher de 50 anos tentando segurar o seu provedor. As agências mais velhas saem e compram um caminhão de cosméticos e sombras para os olhos e põem essas coisas todas e vão à cabeleireira — é isso que elas estão fazendo quando começam a contratar meninos esquisitos com salários astronômicos. Dão um trato na fachada, usam todos esses artifícios e dizem: "Bem, se é disso que preciso para segurar o meu homem, eu vou tapar o nariz e mandar ver." Mas acabam parecendo uma senhora de 50 anos usando minissaia e se vestindo como uma menina. Não vão conseguir o que querem desse jeito, mas tentam, e a tentativa lhes custa os olhos da cara.

O presidente da agência que acabou de perder uma conta que vale um milhão de dólares para a sua empresa não é o mesmo cara simpático e afável que, na véspera, achava que tinha um milhão de dólares trancado no cofre, e vai transmitir seus sentimentos ao pessoal da criação e, depois, ao pessoal responsável pela conta. O pessoal da conta sabe o que fazer — tranquilizantes ou aspirina. Há grandes consumidores de aspirina no ramo da propaganda. A propaganda é uma fonte de renda fantástica para o ramo das aspirinas. Librium, Miltown — mas com muita aspirina na cabeça.

Trabalhei com caras que tomam aspirina como se fossem pirar sem ela. Têm dor de cabeça, têm aquela sensação horrorosa — eles não sabem do que se trata — e sentam-se à mesa de trabalho e tomam aspirina o dia todo. Por outro lado, eles vendem aspirina. Quando eu estava lá na Bates, provavelmente vendemos mais aspirina para a conta da Anacin do que qualquer outra agência dos Estados Unidos no ramo dos comprimidos; e também consumimos mais Anacin do que qualquer outra agência.

Um bom exemplo de ter aquela sensação desagradável está acontecendo agora na Foote, Cone. Bom, ela é uma agência muito competente e muito grande que tem tido um azar enorme, e todo mundo está apreensivo naquele lugar. Eu sei porque tenho conversado com executivos de lá. As portas ficam trancadas o dia inteiro. Todo mundo fecha a porta. Os caras da conta não saem das suas salas. É aí que está o pepino. Caras sentados na sua sala. Começa a ficar tedioso e cansativo. Para as suas pernas também. O fator tédio instala-se em qualquer agência grande em épocas de vacas magras, quando tudo tem um gosto de coisa meio estragada.

Há muitos bocejos e as pessoas não sabem conviver bem com a situação. Os caras começam a andar pela agência dizendo: "Ai, que inferno, esse ramo é horroroso e acho que vou partir para outro." Há uma mudança palpável em uma agência quando os negócios começam a dar com os burros n'água. Vi uma dessas mudanças na Fuller & Smith & Ross, quando eles começaram a perder contas. Os caras não começam só a ficar lerdos — começam a ficar doentes. Deixam de ir trabalhar por causa de uma dor nas costas. Começam a andar mais devagar. Às vezes você não sabe direito o que há de errado com eles, mas eles perderam a saúde. Na Bates, os caras tomam Anacin.

Que coisa maravilhosa para os economistas brincarem quando acontece o caso incrível de uma agência levar seus produtos a sério!

Alguns dos maiores consumidores de aspirina que já conheci na propaganda são os supervisores de contas que têm um bolso na parte de trás das calças. Os caras de contas com um bolso atrás são uma espécie em extinção; mas, enquanto estiverem por aí, são um espetáculo digno de ser visto. Um cara com um bolso atrás é quem tem uma conta no bolso. Os caras das contas conseguem emprego nas agências quando chegam com um negócio no bolso. Um cara com um negócio no bolso pode entregar a conta — ele está muito seguro em relação a essa conta pelo simples motivo de ela ser sua, de ninguém poder tocar nela. Em algum momento de sua carreira, ele impressionou tanto uma empresa qualquer que ela vai manter a conta em suas mãos a vida inteira, ele só precisa continuar no ramo. Há um cara na cidade que representa um setor inteiro — digamos que seja o setor de penas de pavão. Todos os criadores de pavão se reuniram e fundaram uma Associação dos Criadores de Pavão para fazer propaganda em âmbito nacional, para fazer lobby e o que mais for preciso.

DANÇANDO NO ESCURO 105

Esse sujeito, o Al, trabalha com a Associação de Criadores de Pavão há anos. A Associação de Criadores de Pavão não faria mudança alguma na sua propaganda sem que Al estivesse envolvido. Quando Al começou a trabalhar com a conta dos Criadores de Pavão, ela tinha um faturamento anual de US$ 1 milhão. Corno a demanda por penas de pavão já não era mais o que havia sido antes — as mulheres deixaram de usar chapéus e coisas assim —, a conta fatura hoje só US$ 300 mil por ano. E Al andou mudando a conta de agência. Pelo que sei, foram no mínimo três agências. Bom, parece que a conta está desaparecendo bem diante dos seus olhos, mas dê uma olhada nas questões econômicas em pauta. A conta ainda é atraente para as agências da cidade, logo, se Al dá a entender que ele — e a Associação dos Criadores de Pavão — está dando sopa, recebe cinquenta telefonemas, acredite. Onde quer que vá, sempre pode dizer: "Tenho um negócio no valor de US$ 300 mil." Imagine que uma agência média poderia ganhar US$ 45 mil de comissão com essa conta, mais outros US$ 15 mil relativos às despesas de produção. De forma que seriam US$ 60 mil por ano graças a um cara que atende pelo nome de Al. Digamos que Al ganhe um salário de uns US$ 3 mil por mês [US$ 35 mil por ano], e agora a agência tem o Al pagando o próprio salário e ainda lhe sobram uns US$ 20 mil, US$ 25 mil. Além disso, a agência faz o Al estar presente a maior parte do seu tempo para trabalhar com outras três ou quatro contas, o que também lhe sai de graça, além daquilo que ele pode conseguir trazer lá de fora. Tudo perfeito. Para a agência, vale a pena ter o Al. Só que ela não percebe que ele lhe custa a sua imagem de agência criativa, que tem um valor considerável. Porque, seja o que for que o presidente da Associação dos Criadores de Pavão quiser, Al tem de fazer. Caso contrário, não sobrevive, não consegue manter a conta. E então ele fode com a imagem da agência e é isso, basicamente, o que há de errado com um cara que tem uma conta no bolso. Como é que um cliente fica amarrado a um cara como o Al? O cliente vai ao teatro várias vezes com o Al. Ganha uma partida de golfe de Al com muita frequência. Começa a acreditar que Al é realmente um bom publicitário. Em algum momento entre os escargôs e o Baked Alaska (um bolo coberto de merengue e recheado com sorvete), o cliente passa a considerar Al um deus. O cliente não é inteligentíssimo em alguns desses casos. Em outros, é como se fosse um administrador ausente. Muito interessante. É como se a verdadeira cúpula administrativa não estivesse trabalhando, como se o cara que *está* com o poder de ganhar dinheiro fosse para a cama com outro cara. E aqui também eu não acho que seja um caso de coerção. Só de falta de discernimento.

Há uma conta de queijos na cidade — vamos chamá-la de Queijos Franceses — e ela deve faturar US$ 1 milhão por ano. A cúpula administrativa dos Queijos Franceses está sediada em Paris. Não sabe de nada. As pessoas que administram os Queijos Franceses em Nova York não sabem muito mais que os franceses sobre propaganda, mas confiam em um cara que trabalha com contas chamado Jimmy. Na verdade, Jimmy está com a conta dos Queijos Franceses muito bem guardada no bolso. Já mudou essa conta de quatro agências no mínimo. É claro que Jimmy tem de manter relações muito, muito cordiais com o representante dos Queijos Franceses nos Estados Unidos. Vão muito ao teatro juntos. As respectivas esposas são amigas — e é bom mesmo que sejam, pois Jimmy é capaz de matar e morrer por essa conta. Essa conta significa US$ 80 mil por ano para Jimmy e a Sra. Jimmy, além de um carrão e mais alguns badulaques. De modo que, todo ano, desde que mantenha relações cordiais com o cara dos

Queijos Franceses em Nova York, Jimmy ganha os seus US$ 80 mil. Mas ele tem de mostrar serviço, quanto a isso não há dúvida. Enquanto mostrar serviço, a conta está no seu bolso. Nenhuma agência poderia fazer propaganda dessa conta sem ter o Jimmy na sua folha de pagamentos.

Eu gostaria de deixar uma coisa bem clara — as empresas guardadas no bolso vão muito além de Jimmy e de seus Queijos Franceses. Houve caras que chegaram a ser presidentes de agências por terem empresas no bolso. Você controla certo número de companhias e fica forte. Você tem mais cacife que os outros. Em uma agência em que trabalhei, as coisas eram muito simples. Um cara jogava golfe com outro que controlava a propaganda de uma conta muito alta de fabricantes de automóveis. Outro tinha no bolso uma parcela enorme do setor de cigarros — *mas não era uma conta tão grande quanto a do fabricante de carros.* Muito simples. O cara que controlava a conta dos automóveis disse ao cara que controlava os cigarros que queria ser o diretor-geral da agência. E foi. O outro se candidatou à presidência.

Quando fui trabalhar na Ted Bates, disseram-me que eu podia foder com qualquer um de toda a agência, mas que não tocasse nesse cara em particular. Ele era tão chegado ao pessoal da Fleischmann que, se ele se irritasse, estaríamos em apuros. A agência inteira tinha medo desse cara. Ele tinha uma sala só para ele, uma secretária particular e nunca tinha muito o que fazer. Estava ganhando US$ 50 mil por ano e todos diziam: "Ele está com a Fleischmann no bolso." Dizem que jogava golfe com o gerente de propaganda e os boatos eram: "Ele é o cara que vai levar a conta consigo se algum dia sair da Bates." Todo mundo se sentia intimidado por esse sujeito, e o engraçado é que ele era um cara incrível, um cara maravilhoso que nunca passava por cima de ninguém, nunca levantava a voz.

Devia haver bem umas duzentas pessoas — executivos de contas, redatores, diretores de arte e assim por diante — andando sobre ovos perto desse cara. Todos nós, da cúpula administrativa às faxineiras, sabíamos que não devíamos mexer com esse cara. Além de estar ganhando muito bem, todo ano ele apresentava uma conta de ajuda de custo bem salgada. Fazia o que bem entendia, decidia quem contratar, quem demitir, fazia o diabo. Bom, essa história durou mais ou menos um ano e meio. E, enquanto durou, ele sempre teve a maior classe.

Mas os caras da agência finalmente disseram a si mesmos que a conta de ajuda de custos ia levá-los à falência. Para você ver a que ponto ele havia chegado — estava literalmente tirando tanto dinheiro da agência que a conta ia deixar de ser lucrativa se eles não dessem um fim naquilo. Então a cúpula assumiu um risco calculado, com medo e tudo, e resolveu demitir o cara.

No dia em que o demitiu, o pessoal da agência descobriu uma coisa — que aquela história toda era um mito. Ele não tinha controle sobre a conta coisa nenhuma, não tinha empresa alguma no bolso. O cara conseguiu seu emprego com base em um boato de que a agência ia perder a conta, mas que se contratasse esse cara, a conta ficava. De modo que a agência o contratou — e depois o demitiu. É uma bela história porque, se o cara não tivesse apresentado uma conta de ajuda de custo tão astronômica, ainda estaria lá. Aliás, a conta ainda está na agência. O cara saiu de lá e fundou a sua própria agência. Durante semanas, correu na Bates o boato de que ele ia levar a conta da Fleischmann consigo. Não levou.

O triste no ramo da propaganda é que eu poderia pegar qualquer pessoa com o número certo de orelhas, olhos, braços etc.

e arranjar-lhe um emprego em qualquer agência da cidade de acordo com a teoria da empresa no bolso. Eu diria que sua avó é parente de alguém que controla um monte de companhias, e pronto, você está empregado por um ano no mínimo, talvez mais. Quando a Bates perdeu a Mobil Gas para a Doyle, Dane, Bernbach, sua primeira declaração foi: "Vamos manter os graúdos que trabalhavam com essa conta simplesmente porque vamos atrair outra companhia do setor petrolífero. Podemos conseguir outra conta de petróleo se esses caras estiverem por aqui. Mas os outros caras [a arraia-miúda] vão ter de ser demitidos porque não significam nada — não podemos exibi-los."

Um dos caras da conta do petróleo foi transferido e passou a trabalhar com os refrigerantes Wink. A piada que circulou na agência foi que talvez os refrigerantes Wink não tivessem um gosto muito diferente da gasolina. A agência tinha um outro cara que era o seu verdadeiro *especialista* em petróleo. Ninguém sabia realmente o que ele estava fazendo até ele ir embora. Durante anos a agência manteve esse cara em sua sala, e ele estava sempre cheio de planos grandiosos. Estava sempre fazendo propaganda de uma conta à qual era muito chegado porque tinha sido colega de escola de alguém. Se eu quisesse começar tudo de novo e as pessoas não soubessem como é a minha aparência, eu poderia entrar em praticamente qualquer agência e insinuar que sou muito chegado e íntimo de um monte de empresas e viver ali por dois ou três anos. Ninguém te demite quando acha que você é íntimo de uma empresa.

Certa vez, há muitos anos, fui procurar trabalho na Sullivan, Stauffer, Colwell & Bayles. Naquela época, ela era uma agência muito, muito nervosa. Pedi para fazer um teste e me encontrei com o chefe de um grupo de redatores. A conversa foi mais ou menos assim:

— Eu gostaria de fazer um teste só para mostrar que tenho condições de trabalhar pra você. É óbvio que não tenho amostra nenhuma no meu portfólio.

— Bom — disse ele —, eu gosto dos esboços que você tem e vou lhe dar um teste para fazer. Quero que você escreva alguma coisa sobre o sabão Rinso. Ai, não, espera um minuto. O pessoal da Rinso pode ficar sabendo que estamos fazendo um teste e alguém pode dizer que estamos com problemas com a Rinso. Por que você não escreve alguma coisa sobre os relógios Bulova? Não, a Bulova anda muito sensível agora, e há uma questãozinha política.

E ele estava conversando com um cara que queria ganhar US$ 360 por mês, um cara que não conhecia ninguém no mundo dos negócios. Bom, ele acabou não me deixando fazer o teste.

O presidente de uma agência me disse certa vez que começava a se preocupar com a perda de uma conta no minuto em que a conseguia. No minuto em que assinava o contrato, estava um passo mais perto de perdê-la. A essa altura ele ficava preocupado e sua contribuição para a propaganda é o medo. Ele contamina as pessoas abaixo dele: "Temos de segurá-la, temos de segurá-la!" Um bom exemplo disso é a Yardley, uma conta que foi para a Bates na época em que eu estava lá e, na primeira reunião, a frase era: "Queremos um trabalho maravilhoso, queremos um trabalho criativo." Beleza! Todo mundo apertou a mão de todo mundo, abrimos um champanhe para ocasiões especiais e demos uma festa.

No dia seguinte — juro, no dia *seguinte* — a frase era: "Estamos correndo o risco de perder a conta da Yardley. Temos de ter muito cuidado com a maneira de trabalhar com ela." De modo que foi feito um trabalho que nunca foi mostrado ao cliente. Por quê? "Não podemos nos dar ao luxo de lhe mostrar coisas como essa agora." Passo Um: medo. Ficaram com medo até de mostrar um trabalho. De modo que mostram o que consideram seguro. E não foi por uma questão de segurança que essa conta foi para a agência.

Eu me senti um vigarista na campanha da Yardley. Fui posto para fora e mostraram ao pessoal da Yardley uns trabalhos que eu tinha feito para a Pretty Feet quando eu estava na Delehanty, Kurnit & Geller. E a Yardley foi levada a acreditar que eu ia ser o responsável pela sua conta. Tudo quanto fiz foi trabalhar em um comercial dessa conta e depois a agência nunca quis mostrar esse trabalho ao cliente. As pessoas ficaram com medo desse trabalho e não quiseram sequer deixar o cliente rejeitá-lo. De modo que fizeram uma porcaria qualquer e mostraram ao cliente, que recusou indignado. Quer dizer, era porcaria mesmo. E eles foram executados. A conta mudou da Bates para a Delehanty. A Delehanty renunciou a ela quando pegou a conta da Coty, porque havia conflito de interesses com a Yardley. Depois a Yardley fundou a sua própria agência de propaganda e, há pouco tempo, desistiu dela e passou para a Benton & Bowles e para a Davis, Parker & Valenti.

As contas migram muito hoje em dia porque não estão conseguindo o que querem. Cabe à agência expressar o que elas querem. É o trabalho da agência. O cliente sabe onde colocar seu produto no mercado. Minha agência tinha acabado de pegar uma conta nova e o cliente disse:

— Trabalhei com duas agências, uma que insistia em dizer que tudo o que ela fazia era divino, e me livrei dela, e outra, que me procurava toda semana e perguntava: "O que o senhor gostaria de ver nos jornais esta semana?"

Ron Travisano, o meu sócio, diz o mesmo com outras palavras:

— O que o senhor gostaria de ver em uma campanha de sandálias?

Uma conta não deve ser tratada desse jeito. A empresa deve ser orientada, mas não deve ser obrigada a fazer alguma coisa que, no fundo, não quer.

A maioria dos caras de contas vive com um medo lascado. Conheço um na cidade chamado Coolidge. Houve uma época em que tinha muito poder em uma agência chamada Cunningham & Walsh. Grana alta. Talvez uns US$ 90 mil por ano. Foi demitido de lá e, graças a seu amigo, o Beautiful Jim, da Fuller & Smith & Ross, logo entrou na Fuller & Smith como supervisor de criação. Coolidge mora em Westport, conhece as pessoas certas, tem uma lábia espantosa e não faz nada que as pessoas supõem que um publicitário deve fazer. Mas não vive como um ser humano. Foi contaminado por aquele medo, que cresce devagar dentro dele todos os dias. A maioria desse tipo de caras começa o dia tentando adivinhar qual conta vai telefonar e deixá-los apavorados. Tudo quanto uma empresa tem de fazer para aterrorizar o cara de uma conta é ligar e dizer: "Escuta, daria para você nos mandar algumas cópias dos últimos cinco anúncios que a sua agência fez para nós?" E o pânico logo se espalha.

Mas isso não acontece na Doyle, Dane. O pessoal dessa agência nunca acha que vai perder uma conta. Tem um currículo maravilhoso e confiança no seu taco. A Mary Wells não está ali preocupada com a possibilidade de perder alguma coisa. E, em geral, não perde. Tenho certeza.

Às vezes, o pessoal da criação insiste em ser vigarista. Digamos que um cara esteja fazendo um trabalho maravilhoso com uma conta de cosméticos para uma agência pequena. Digamos

DANÇANDO NO ESCURO

também que uma agência da velha guarda tem uma conta de cosméticos que está com problemas. Portanto, há muito medo por aqui. A agência grande resolve apelar. Sai na batalha e oferece mundos e fundos aos redatores que conhece. Quem conseguiria resistir? Talvez o redator brilhante sonhe em se mudar para o East Village e respirar um pouco daquele ar puro de Westport. Portanto, não vai resistir. Aparece na agência da velha guarda e trabalha na campanha para salvar a conta. Mas a agência estava condenada a perder essa conta. A conta vai embora, o cara vai embora. Ele foi atraído para uma armadilha e se ferrou. Já houve muitos casos desse tipo e eles são um péssimo negócio.

O pessoal de criação não tem muito tino comercial quando se trata deles mesmos. Quando fui trabalhar na Bates, assinei um dos primeiros contratos da história do departamento de criação dessa agência. Ninguém nunca havia exigido um contrato. E foram centenas de pessoas que entraram e saíram daquele departamento. O pessoal de criação não pensa no futuro. A maioria dos caras de criação não conhece o seu modo de produção e não tem a inteligência — falando sem rodeios — de chegar lá e dizer: "Quero um contrato." Exigi um contrato e assinei um documento bem específico. Eu queria que ele vigorasse por um ano e meio — e não por dois anos, nem um ano, e sim um ano e meio. Eu disse ao pessoal da agência que em quatro meses eu seria odiado ali e queria dizer com isso que seria *desprezado* ali. "Vocês não vão me aguentar", disse eu aos caras. "E, nos oito meses seguintes, vocês vão gostar de mim à sua revelia, mas teriam me despedido há meses se eu não tivesse um contrato. E, depois desse período, vou ganhar pontos. Se conseguir ficar aqui durante um ano e meio, fico o resto da vida. Se não conseguir, caio fora." E foi o que fiz. Quando eu estava na Delehanty só há quatro meses, Shep Kurnit já estava procurando um novo diretor para o departamento de criação. Fiquei lá dois anos e meio.

Acho fácil contratar um diretor de arte ou um redator, mas quando um executivo de conta me procura, não sei nem o que lhe perguntar. Faço uma entrevista com o cara e passo a maior parte do tempo examinando os cadarços dos meus sapatos. Não tenho nada a dizer ao cara, nada a lhe perguntar. Será que devia lhe perguntar como é que ele sorri? Será que eu devia lhe perguntar como é que ele faz com os clientes? "Ah, eu me relaciono muito bem com eles." "Garçom, como é que está o fígado hoje?" "Ah, hoje o fígado está maravilhoso." Como é que o garçom sabe disso? Como é que vou saber se o cara da conta é bom no que faz?

— Com que contas você já trabalhou?

— Bom, quando eu estava com a General Foods, atrasei a perda da conta por nove meses.

A General Foods tem centenas de caras trabalhando com a sua conta. E este cara segurou a conta por nove meses! Talvez seja verdade. Não sei. Não faz muito tempo, tive dois caras na minha sala que eram da mesma agência e tinham trabalhado com a mesma conta. O primeiro cara entrou e disse: "Quando estava trabalhando com essa conta, ajudei a introduzir o 'gim sem álcool'." Duas horas depois, juro por Deus, entra um outro cara que me diz: "Fui o cara que introduziu o 'gim sem álcool'." Bom, se nenhum desses dois estava mentindo, então eram gêmeos idênticos. E ambos disseram ser o supervisor da conta.

Quando conversei com os dois caras do "gim sem álcool", estava procurando dois caras de conta. Talvez eu tenha entrevistado uns 35 caras, e vinte deles estavam desempregados. Tudo bem, havia vinte caras procurando serviço, e eu só tinha vagas para dois. Todos tinham experiência. Já haviam sido importantes em uma agência qualquer. Já haviam sido os caras que tinham realmente traçado os planos para lançar o "gim sem álcool". Perderam o emprego e, de repente, não valiam mais nada, exceto para alguém que estivesse precisando de um cara de conta para uma conta de bebidas alcoólicas. Bom, eu estava procurando um cara para cuidar de uma conta de vinhos, e os dois caras de "gim sem álcool" só conheciam gim, não conheciam vinhos. É muito mais fácil uma agência contratar um homem de conta que conhece o ramo. Ele pode entrar e começar a trabalhar na mesma hora; não é preciso ensinar-lhe coisa alguma. Quando você tem condições de optar, vai preferir um cara tarimbado.

Encontro esses caras de conta na rua, e encontro mais gente desempregada do que gente trabalhando. Muitos deles simplesmente não se mantêm no ramo. Um monte deles simplesmente não consegue decolar. São especializados demais. Os empregos estão desaparecendo e o setor está mudando. Alguns deles vão para o setor imobiliário; outros vão para o setor das artes gráficas. Talvez outros ainda comprem um barco e saiam por aí. Simplesmente não conseguem se dar bem. Não conseguem levar em conta o aspecto banquete-ou-fome do setor. Não é romântico, nem glamoroso: é trágico.

A idade média de um executivo de conta é 32, 33 anos; depois disso, a maioria começa a mentir sobre a idade. Eu tinha um cara no meu escritório que era grisalho. Meu Deus, eu praticamente tinha de ajudá-lo a chegar até a porta. Ele afirmava ter 38 anos. Bom, se ele tinha 38 anos, tinha levado uma vida daquelas, pois realmente parecia ter 50 e poucos anos. Isto é, o cara era um velho.

Os caras ficam muito tempo desempregados e começam a mentir sobre a idade e isso também faz parte do medo. Tem muita gente boa desempregada, não há só fracassados nessa situação. Este é um dos poucos setores onde você pode ficar desempregado e não fazer segredo do fato. Na maioria dos outros setores econômicos, em geral você esconde essa realidade e não sai por aí gritando aos quatro ventos que está na pior. Quando um cara é demitido, ele pega o telefone e liga para as primeiras vinte pessoas das quais se lembra. E a cidade inteira fica sabendo que ele foi demitido. Os meninos também estão eliminando um monte de caras de conta. Um monte de meninos trabalhadores agora está a fim de fazer uma experiência com o trabalho de uma conta. As agências que empregavam os meninos na sala de correspondência agora estão se arriscando mais e dando contas a esses meninos depois de alguns anos na agência. Antigamente essa passagem da sala de correspondência para o trabalho com as contas era um processo lento.

Quando um cara está desempregado, faz qualquer negócio. Torna-se consultor — esse é o primeiro passo. Ele tenta fazer com que todos os seus amigos lhe passem algum trabalho de consultoria. Pode tentar as revistas para ver se consegue vender espaço para anúncios. Pode acabar trabalhando para uma gráfica. Em geral, o homem de conta começa a fazer planos de fundar sua própria agência depois que for demitido. Ele diz: "Bem, eles todos que se fodam. Eu ia fundar a minha própria agência de qualquer jeito." Mas não dá certo. Não consegue ganhar o seu pão. A conta que ele considerava ponto pacífico não era ponto pacífico coisa nenhuma. Ele não tem conexões em parte alguma e, aos poucos, começa a perceber que acumulou dívidas para os próximos nove ou doze meses. O cara vai procurar um novo emprego durante um ano, no mínimo. Não é de surpreender que um homem de conta sinta medo, sabendo que, se for posto no olho da rua, vai ficar na rua por muito tempo. É natural. Você tem de ter medo. Você passa todos os dias sabendo que, se as coisas derem errado,

DANÇANDO NO ESCURO 117

você vai estar na rua da amargura por um ano. O encolhimento do mercado de trabalho está tornando cada vez mais difícil as pessoas acharem um novo emprego logo.

E ninguém tem uma grande reserva no banco. A pior história que já ouvi nesse sentido não foi sobre um homem de conta, e sim sobre um redator. Ele tinha sido um astro e veio me procurar em busca de trabalho. Estava com cinquenta e tantos anos. Seu currículo era incrível, com muitas amostras de trabalho, mas elas tinham no mínimo oito anos de idade.

— Há quanto tempo está desempregado?

Ele respondeu que há uns seis ou sete anos, não tinha muita certeza.

E eu perguntei:

— Meu Deus, como é que você sobreviveu?

— Bom, vendi a casa de Darien. Vendi todas as minhas ações — e eu tinha uma boa quantidade delas. Vendi imóveis por um tempo e minha mulher e eu nos mudamos para um apezinho no Brooklyn.

Ele estava regredindo. Seis ou sete anos se passaram sem um emprego permanente, sem uma sala onde pudesse trabalhar. O cara não teve uma renda de verdade durante todo esse tempo. Estava me implorando algum trabalho de frila. Queria um dia de trabalho. Ali estava um cara que já havia ganho US$ 2,5 mil, US$ 3,5 mil por mês. Quando um cara desses cai, cai das nuvens e todo mundo — homens de conta e caras de criação — sabe que a queda é terrível. Estamos em um setor muito ligado em moda. Quer dizer, o que está na moda este ano pode não ser vendável no ano seguinte. O cara com talento em uma determinada era passa por maus bocados na hora de se adaptar ao novo estilo.

Um dos caras do "gim sem álcool" que veio falar comigo disse que estava desempregado só há alguns dias; mas, na verdade, ele estava desempregado há seis meses. Ele sabia que sua agência ia perder a conta seis meses antes. Portanto, ele tinha seis meses para procurar um novo emprego. Cinquenta e dois anos de idade. As chances? Nenhuma. Quem é que vai contratá-lo? Ele dá a entender que tem algumas empresas no bolso. Não tem. Ele as teria usado para manter seu emprego.

Como os caras de criação estão ficando mais importantes, os caras de conta estão enfrentando mais dificuldades. Toda a estrutura da propaganda está sendo remodelada. Eu consigo uma conta e alguém perde o emprego em algum lugar. Nas agências grandes de antigamente, muitos executivos trabalhavam para uma única conta. Nas agências menores, um único executivo é responsável por várias contas. Temos um punhado de executivos responsáveis por um monte de contas. Isso significa que há um monte de executivos de conta desempregados por nossa causa. Para algumas pessoas, esse setor pode ser terrível, e com razão.

Nunca senti medo porque sempre tive alguma coisa para mostrar. Eu tinha uma coisa que sabia fazer — redação publicitária. E sei o que é ser pobre. Sei muito bem o que é estar a zero. Não é tão medonho assim. Não é tão ruim assim, não é o fim do mundo. Nasci no Brooklyn e vivi lá até poucos anos atrás. Sei pegar o trem e voltar para lá. As autoridades responsáveis pelo trânsito instalaram uma sinalização muito boa para mostrar como chegar ao Brooklyn.

Parte do problema, principalmente com os caras de conta, é que eles vivem acima de suas possibilidades. A propaganda é um setor que viaja de primeira classe o tempo todo. Quando você se acostuma ao modo de vida da ajuda de custo, há uma

DANÇANDO NO ESCURO 119

tendência a viver fora da agência como você vive dentro dela. Faz parte. O pessoal tem barcos, é sócio de clubes de iatismo, vive em casas dispendiosas. Um monte desses caras vive no fio da navalha. Aposto como a maioria deles não tem dinheiro no banco. Nenhuma grana guardada. Eles ganham bem, só isso. E vivem como nababos.

Bom, vivem de empréstimos. Pagam contas salgadas de bebidas alcoólicas. Pagam contas salgadas de bufês. Contas salgadas da escola das crianças. Contas salgadas de roupas. Contas salgadas de tudo. As despesas desses caras são altíssimas. Aquela casa em Rye — eles têm de morar em Rye — chegou a lhes custar US$ 75 mil. E quando você compra uma casa de US$ 75 mil, com um financiamento do mesmo tamanho, não responde ao cliente tão rápido assim. Sabe como é, você não tem pressa de sair por aí e se meter com qualquer um. Não está muito a fim de nada, exceto mandar um monte de comprimidos goela abaixo e talvez arrumar uma conta bem salgada com o terapeuta...

O homem da conta está na única atividade econômica onde é contratado, ganha um monte de dinheiro durante quatro ou cinco anos e depois, a certa altura, dizem a ele que não vale mais nada porque perdeu a conta. Sabe, se você entrar em qualquer outro ramo deste mundo e ficar lá durante mais ou menos cinco anos, vai ficar ali para sempre. Mas, se você vai trabalhar na propaganda e fica nesse ramo por cinco anos, tem toda a probabilidade de ser demitido no dia seguinte. Experiência não significa nada. Este não é o ramo das ferrovias. Há muita grana em jogo. Esses caras sabem o que acontece quando perdem o emprego. Não vão ter trabalho algum durante mais ou menos um ano. Quer dizer, eles não podem mandar a esposa trabalhar, estão acima desse tipo de coisa.

O problema atinge todo mundo do ramo, e não só os executivos de conta. Conheço um diretor de arte muito bom que ficou desempregado durante onze meses. E ele é bom; na verdade acabou de ganhar um prêmio em um show. O cara é fantástico. Estava ganhando US$ 40 mil por ano, mas agora diz que pode "negociar". Isso significa US$ 25 mil por ano. Está ganhando muito. Eu poderia contratar algum menino biruta e começar pagando-lhe US$ 7 mil por ano e ir aumentando o salário dele aos poucos e então, depois de cinco ou seis anos, se eu conseguir aguentá-lo esse tempo todo, não contrataria um diretor de arte equivalente por US$ 50 mil. Tenho um diretor de arte de 22 anos, e acabo de contratar outro de 18 anos. O cara de 22 parece um velho perto do outro de 18, que é realmente esquisito. Esses meninos são mais baratos, trabalham mais, criam menos problemas. É uma simples questão de economia. E eles aparecem: vindos das escolas, das ruas, das minas de carvão. Deus sabe de onde eles vêm. São os meninos que estão realmente revolucionando o ramo da propaganda hoje em dia. Não têm nada a perder. Estão fazendo carreira, principalmente porque se comunicam com os consumidores como nunca conseguimos antes. Daqui a alguns anos, 50% da população vai ter menos de 25 anos. Quando chegarmos a esse ponto, os meninos da propaganda vão assumir o controle absoluto da situação.

CAPÍTULO SEIS

A vida criativa

Tem gente talentosa espalhada por toda a cidade de Nova York hoje em dia, gente capaz de fazer propaganda que não enlouquece as pessoas e vende realmente o produto. O problema é essa gente talentosa conseguir vender sua propaganda para suas agências e para suas contas. Em toda agência grande há um bolsão de gente boa que, por um motivo ou outro, consegue salvar a situação, fazer a propaganda e trabalhar bem. Em toda agência. Quando fui para a Bates, minha equipe era, modéstia à parte, o bolsão de qualidade da propaganda. Fizemos algumas campanhas excelentes na Bates. Em um ano, literalmente fizemos a conta da Panasonic Eletronics dar a volta por cima.

Deu um certo trabalho. Meu título era de supervisor de criação quando fui para a Bates. Mas eu fazia parte da fauna. A Bates teve de construir um zoológico para poder levar seus clientes até a agência e me mostrar para eles: "Olha, ele é criativo, ganha prêmios, veste-se de um jeito bizarro, faz todas aquelas coisas místicas de que vocês ouvem falar." O que estavam realmente dizendo era: "Como somos do ramo, sabemos exatamente o que fazer. Não se preocupem, meus queridos, vocês vão ter exatamente o mesmo tipo de trabalho sobre o qual ficaram sabendo pela mídia que outras pessoas estão tendo." Alguém uma vez descreveu esse processo como Operação Cabra Traidora — em inglês, *Judas goat*, uma cabra treinada para levar as outras para o matadouro. Eu devia chegar lá trazendo um monte de gente de fora. A ideia era os outros redatores e diretores de arte olharem para mim e um deles dizer: "Putz, se o Della Femina está nessa, talvez valha a pena. Talvez eu devesse fazer uma experiência com ele e esquecer tudo sobre aqueles martelos dentro do crânio das pessoas investindo contra uma aspirina." Eu tinha fama entre o pessoal de criação da cidade de fazer um bom trabalho. Àquela altura, talvez quisessem fazer uma experiência em um lugar como a Bates. De modo que a ideia era me contratar para melhorar a sua imagem. O plano deles era esse. Não o meu. A primeira coisa que decidi fazer foi uma declaração das minhas intenções, algo do tipo: "Olha, é assim que as coisas vão ser e não vou tolerar a maior parte da merda pomposa que tomou conta da agência."

No primeiro dia, houve uma reunião na Panasonic, a companhia eletrônica japonesa, e devia ter uns seis ou sete caras lá: o supervisor da conta, o executivo da conta, o diretor-executivo de arte e uns outros. Achei que devia ficar de bico calado durante alguns minutos, já que era o dia de minha estreia na empresa. Um cara perguntou: "Bom, o que vamos fazer com a Panasonic?" E todo mundo ficou ali sentado, franzindo a testa e pensando na Panasonic. Por fim, me decidi: bom, vou dar uma força para eles — quer dizer, eles estavam me pagando US$ 4.200 por mês, mais uma ajuda de custo anual de US$ 5 mil, e achei que mereciam alguma coisa em troca do meu ganha-pão. E então falei: "Ó, já entendi, já entendi." Todo mundo pulou da cadeira.

— Estou vendo um slogan... É, estou vendo esse slogan.

— Qual? — perguntaram aos gritos.

A VIDA CRIATIVA 123

— Agora estou entendendo tudo — disse eu —, estou vendo uma campanha inteirinha construída em torno desse slogan. Estavam todos olhando para mim.

— O slogan é: Daquele povo maravilhoso que lhe deu Pearl Harbor.

Silêncio absoluto. Silêncio mortal. Até que o diretor de arte teve um ataque histérico, começou a bater os pés no chão. Para ele, era engraçado. Um dos caras da conta estava fumando um cachimbo — bem, a boca do sujeito abriu na altura em que estava o cachimbo e o cachimbo caiu em cima dele, que passou os cinco minutos seguintes tentando apagar as faíscas. O resto dos caras olhava para mim como se quisesse dizer: "Meu Deus, onde estamos, o que foi que fizemos?" Pareciam muito deprimidos. Eu estava satisfeitíssimo. Eu achava que o slogan não era nada mau. Mais tarde, naquele mesmo dia, repeti o slogan para o cara que havia me contratado, e o efeito sobre ele foi igualzinho. Não houve muita espontaneidade, pois já era a segunda vez, mas serviu ao seu propósito. Sei por que faço essas coisas: é uma forma de dar o diapasão, de dizer francamente às pessoas quem eu sou, o que sinto.

Bem, a propaganda é um setor pequeno, com muita fofoca, e tem um monte de caras sentados nas respectivas salas sem muito o que fazer. Portanto, quando ficam sabendo de uma história engraçada ou de um slogan biruta, pegam o telefone e ligam uns para os outros para dar a notícia. Fiquei conhecido como o cara Pearl Harbor da Panasonic.

Eu diria que as coisas despencaram morro abaixo para mim na agência depois daquela primeira reunião. E a Bates começou a virar um inferno depois da minha primeira reunião com a banca de examinadores para discutir as minhas propostas. Uma das razões pelas quais os redatores e os diretores de arte enlouquecem é a banca de examinadores da criação. As bancas de examinadores de criação são, em primeiro lugar, um recurso de uma agência muito grande e muito antiquada. É composta de tal forma que os caras com mais de 60 anos podem sentir que fazem parte da agência. Um monte desses caras não tem nada para fazer e assume essa função. São advogados do diabo profissionais e ficam ali esperando a chance de criticar o produto da criação. Se alguém me perguntasse quais são as características físicas dos membros da banca de examinadores da criação, eu diria que ela é constituída por homens com nariz vermelho e veias azuis. E eles ficam sentados ali parecendo prestes a ter uma parada cardíaca. Eles têm esse belo narigão vermelho, a maioria tem cabelos brancos e talvez uns 10 a 15 quilos de excesso de peso. São os caras que sobreviveram a ponto de agora estarem ganhando US$ 75 mil, US$ 80 mil, US$ 100 mil por ano sem ter de suar muito. Aparecem na agência às 10h da manhã. Quando aparecem. Passam horas folheando jornais espalhados por toda a mesa e mandando chamar pessoas e marcando almoços. Preocupam-se muito com suas reuniões na hora do almoço. Deus não permita que algum dia aconteça de eles serem surpreendidos sem uma reunião marcada para a hora do almoço. Não saberiam o que fazer. Tudo o que eles fazem é marcar de almoçar com alguém. Frequentam o "21", que é o lugar aonde todos eles vão, e passam umas duas ou três horas por dia almoçando ali.

Nunca falam de propaganda. Isso é que é engraçado. Esses caras *só* falam de propaganda nas reuniões da banca de examinadores da criação. Voltam para suas salas por volta das 15h e talvez convoquem uma reunião sem nenhum bom motivo, mas, quando dá 16h45, eles pegam o trem e voltam para Rye, ou Chappaqua,

onde moram. Todos eles moram no mesmo vale, pelo que sei —
o Vale da Morte. Cá entre nós: as bancas de examinadores da
criação são responsáveis por mais desperdício na propaganda que
qualquer outra coisa. As Comptons da vida têm essas bancas, e as
Thompsons, e as Bateses, e as Foote, Cones e as Fuller, Smiths e
praticamente todas as agências da velha guarda, gordas, pesadonas,
com excesso de gente. A piada do setor é uma agência como a
Compton ter uma banca de examinadores de criação. Assim os
seus membros, esses carrascos, se reúnem uma vez por mês.

Por que uma Mary Wells haveria de ter uma banca de examinadores da criação, ou uma Doyle, Dane, ou uma Delehanty?
Eles *sabem* que são bons, não precisam de uma banca para lhes
dizer isso. Prova disso é o seu crescimento astronômico e o fato de
todo ano ganharem algum prêmio por seu trabalho. Não acredito
na necessidade de criticar os textos dos outros.

Bom, a banca de examinadores de criação da Bates era uma
novidade. A Bates não tinha nenhuma antes. Foi a sua estreia. E,
verdade seja dita, havia um pessoal mais jovem lá. Essa não era
composta só de narizes vermelhos e veias azuis. Com uma ou
duas exceções, a agência tinha alguns funcionários muito jovens e
com muito pouco talento, e eles foram postos na banca. É incrível
alguém ser tão jovem e ter tão pouco talento assim.

Eu estava na Bates havia cinco ou seis meses quando correu
a notícia de que eu seria o primeiro a enfrentar a nova banca de
examinadores da criação. Aquilo me deixou furioso. Depois que
me confirmaram esse lance, eu disse: "Tudo bem. Aqui estão as
minhas regras de ouro. Não vou defender nada que eu tenha
feito. Tudo quanto vou fazer é mostrar o que fiz e responder às
suas perguntas. Não estou aqui para me defender."

Eu tinha o que mostrar. Tinha a Panasonic, tinha a Global Insurance, que estava indo muito bem, e tinha outras coisas que o meu grupo havia produzido. O comercial televisivo da Royal Globe que fizemos foi muito dramático. O telespectador era posto no banco do motorista — à noite — e, durante 60 segundos, tudo quanto você via era faróis ofuscantes. Éramos um grupo. Éramos usados como um esquadrão especial a ser convocado sempre que alguma coisa dava errado. Sempre que alguém estava prestes a perder uma conta, sempre que havia uma apresentação de um trabalho para um novo cliente, meu grupo — Ron Travisano, Frank Siebke, Ned Tolmach e eu — era chamado. Mas a Bates estava ficando um pouco tensa por causa desse grupo e na maior expectativa em relação à sessão da banca de examinadores.

Na véspera da reunião, à noite, eu não sabia realmente o que fazer. Estava sentado em casa, dizendo a mim mesmo: "Tenho de fazer alguma coisa, tenho de descobrir um jeito de lhes mostrar o que exatamente penso da reunião." E então, tive uma luz. Eu iria entrar com um gravador na mão e gravaria tudo.

Apareci no dia seguinte para enfrentar a banca, constituída de uns sete caras cujo salário médio talvez girasse em torno de US$ 80 mil por ano. Um cara da banca, o Diretor de Criação do Mundo — esse era o seu título, e queria dizer Diretor de Criação do Mundo Bates — talvez estivesse ganhando uns US$ 120 mil por ano. Os outros caras deviam tirar os seus US$ 80 mil, US$ 90 mil, e havia alguns caras de escalão inferior que só conseguiam ganhar uns US$ 70 mil por ano. Eu era de longe o cara que ganhava menos naquela sala. Quer dizer, devia haver quase meio milhão de dólares em salários ali.

Quando entrei, um cara se meteu a engraçadinho e fez uma piada: "Bem, a coroa de espinhos dele já está pronta?" E todos eles riram. Aí eu pus o gravadorzinho em cima da mesa. Eles pararam de rir e imediatamente todos os olhos se voltaram para aquele objeto. Eu disse:

— Eu mandei pendurar os meus anúncios e, como disse antes, se vocês tiverem alguma pergunta sobre a qualidade ou tipo de propaganda vou ter o maior prazer em responder, seja sobre o que for. Mas, antes de fazermos isso, eu gostaria de ligar a maquininha e gravar essa sessão.

Antes de ligar o gravador, eu disse:

— Se houver alguém nesta sala que não queira que sua voz seja gravada, terei o maior prazer em lhe dar licença para se retirar.

E todo mundo só mudou de posição na cadeira e ninguém disse nada. De modo que liguei o gravador e disse:

— Tudo bem, vamos ouvir as perguntas.

Nada. Um cara limpou a garganta, engoliu em seco e disse:

— Bom, eu notei que você usou um fundo preto naquele anúncio da Royal Globe.

E o tempo todo ele está olhando aquele gravador Concord trabalhar. Nem era um Panasonic. Eu respondi:

— Certo, achamos que um fundo escuro ficaria melhor.

Nada outra vez. E depois balbucios, puros balbucios, tudo balbucios. Duas horas inteiras de balbucios. Eles ficaram apavorados, e eu sabia disso, e foi lindo, eu sentado ali conversando, para responder qualquer pergunta que eles quisessem fazer, mas eles não me faziam perguntas. Um deles fala de futebol profissional. Os caras começam a falar de qualquer coisa que lhes viesse à cabeça e o tempo todo eles olhavam para o gravador, não conseguiam tirar os olhos da máquina. Ned Tolmach, que estava sentado a meu lado durante a reunião toda, assistia perplexo a essa bela cena.

Por fim, depois de duas horas de disparates, eu disse:

— Meus senhores, acho que não há mais nada que queiram me perguntar, há?

Eles ainda estavam olhando para o gravador e um deles diz:

— Não.

Eu desligo o gravador e digo:

— Bom, obrigado.

E saio da sala. Enquanto Ned e eu saíamos da sala, virei para ele e disse:

— Ned, você acha que deu certo?

— Não sei se deu certo — respondeu Ned —, mas tem uns caras muito burros aqui.

— Você acha que é só uma questão de burrice? — perguntei.

— Não sei — respondeu ele. — Não tenho a menor ideia.

Enquanto ia pelo corredor em direção à minha sala, ouvi o telefone tocar. Saí correndo e agarrei o telefone; era o Diretor de Criação do Mundo, que ganhava US$ 120 mil por ano.

— Jerry — disse ele ao telefone —, você poderia vir à minha sala e trazer aquele gravador?

Fiquei surpreso:

— Levar o meu gravador?

— E a fita também.

— Mas não tem nada na fita. Agora ela não serve para nada para mim. Mas vou pô-la para tocar de novo, se você quiser.

— Traga a fita, Jerry, só isso.

A caminho da sala do Diretor de Criação do Mundo, encontrei quatro dos caras no corredor que estavam naquela reunião da banca de examinadores. Um dos graúdos de US$ 75 mil por ano — vamos chamá-lo de Kent — estava bem ali no corredor, bloqueando meu caminho, e pareceu mais nervoso que de costume; aliás, ele já era bem nervoso.

A VIDA CRIATIVA 129

—Jerry — perguntou Kent —, por que você levou aquele gravador para a reunião?

— Ah — respondi —, é porque eu gosto de ouvir minha voz.

Kent está contra a parede, pois não sabe direito o que está fazendo no ramo da propaganda.

— Você provavelmente não vai ouvir a minha voz naquele gravador — diz ele.

— Que que é isso, Kent? — disse eu. — Eu sei quando era você quem estava falando.

Ele não conseguia engolir a história nem como piada.

— Ah, não — respondeu ele —, eu conheço a minha voz. Eu sei quando falo e posso dizer com certeza se a minha voz foi gravada ou não.

Passei na frente de outra sala, de um cara chamado Marks. Ele pulou uma mesinha de centro de mármore que tinha lá e correu para o corredor.

— Por que você fez isso, Jerry? — perguntou Marks.

— Para ouvir a minha voz — respondi, e eu já estava ficando um pouco cansado de repetir isso.

— Esse ramo é péssimo — disse ele. E virou-me as costas.

Finalmente cheguei à sala do Diretor de Criação do Mundo e lá estava o resto da banca de examinadores.

— Aquele negócio me desviou a atenção — disse um cara.

— Por que que você fez isso? — perguntou outro.

O Diretor de Criação do mundo dirigiu-se a mim:

— Poderia entregá-la, por favor?

Eles estavam muito preocupados. Ao sair da sala, não resisti e disse:

— Putz, acho que essa devia ser a norma em todas as nossas reuniões com a banca de examinadores. Sabe, acho que seria maravilhoso se você instalasse um set de gravação de vídeos que pudesse registrar essas coisas e depois passar o filme para o resto do pessoal da agência. Seria muito útil. Um cara, amigo meu, disse: "Vai demorar muito até que gravemos outra reunião de banca de examinadores, e vai demorar mais ainda até que você volte à banca de examinadores da criação."

Bem, qual é a moral da história? Medo. Basicamente, esses caras nunca, nunca tinham tido a voz gravada antes. O pessoal que não é de criação e trabalha nesse departamento está tão acostumado a mentir para si mesmo que gosta mesmo é de escrever — esses caras têm medo do gravador. Ele representava a verdade. Esses caras ludibriaram uns aos outros a vida toda, e parece que esse gravador representava alguma coisa. O gravador poderia acabar com a raça deles. O gravador era a verdade; não poderiam negar a verdade, nem conviver com ela. Podiam seguir em frente, mas não conseguiam encarar um gravadorzinho de US$ 30. Alguns deles estão tão viciados em mentir para si e para o resto do mundo que se tornaram profissionais.

Nunca mais houve uma reunião da banca de examinadores da criação na Bates — ao menos enquanto eu estava lá. Aquela sessão comigo deu um fim às atividades da banca. E a notícia vazou da agência:

— Você fez isso mesmo?

— É claro que fiz.

Todo mundo do departamento de criação vibrou — fizemos alguma coisa acontecer ali dentro. Foi uma espécie de vitória para um monte de caras ferrados pelos especialistas em criação — aqueles especialistas sem nenhum talento para criar.

Às vezes a pressão sobre o pessoal da criação não é tão óbvia quanto aquela gerada por uma banca de examinadores. Pode ser sutil, muito sutil. Do tipo marcação homem a homem. Trabalhei em uma agência em que havia um cara que vou chamar de Monte Evereste do Medo. Ele trabalhava para um vice-presidente, aquele sujeito chamado David a quem demos o apelido de O Desastrado: até hoje ainda não conheci um cara que sentisse mais medo que esse Monte Evereste. Nessa época eu não passava de um menino punk, não devia ter mais de 25 anos, e David usava esse cara como o Green Hornet usava o seu braço direito Cato. Eu entrava na sala de David para lhe mostrar um anúncio e David sempre me deixava fora de mim porque sempre saía algo do gênero: "Não gostei." Ele nunca dizia: "Não gostei porque..." Era só: "Não gostei." E eu respondia:

— Como assim, David? Você deve ter um motivo para não ter gostado. Tem de haver algum erro ali que você pode me apontar.

O velho e bom David sacudia a cabeça e dizia:

— Jerry, esse negócio aqui não vai dar certo.

Depois ele declarava:

— Tudo bem, vamos fazer um teste. Vou chamar o Cato e ver se ele gosta.

Ele confiava no Cato. Cato entrava na sala e ficava ali, como uma ave de rapina de olho no anúncio. David sempre tinha um jeito estranho de olhar para o Cato que lhe dizia se gostara realmente do anúncio ou não. David dizia:

— Cato, o que acha desse anúncio?

Nunca consegui descobrir a palavra-chave, mas Cato sempre adivinhava o que David queria. Cato olhava para David, decifrava a expressão do seu rosto e respondia:

— Você tem razão, David, isso aqui não vai dar certo.

Ou então David o chamava e dizia:

— Cato, que tal esse?

Rápido como um raio, Cato decifrava a insinuação e dizia:

— Puxa, David, este aqui está maravilhoso.

E aí David se virava para mim e dizia:

— Está vendo, Jerry, eu falei que este anúncio estava maravilhoso.

Um dia eu mostrei um anúncio a David, e ele detestou, então chamou o Cato, mas é evidente que se esqueceu de enviar a mensagem cifrada certa. Talvez David devesse ter franzido a testa; mas, dessa vez, ele se esqueceu. David perguntou ao Cato o que ele achava e pá! O Cato não percebeu o sinal. O David estava ali de pé, e Cato tentando captar o sinal. Mas nada de sinal.

— Bom, David — Cato começou a dizer, e então parou.

David estava ficando impaciente e não parava de perguntar:

— Que tal esse, Cato?

Cato ficou nervoso.

— Deixe-me ler esse título de novo — disse ele.

Ele leu o título do anúncio e olhou para David, tentando captar algum tipo de sinal, mas David ficou ali de pé e nenhum sinal foi dado. Toda a vida do cara passou diante de seus olhos. Nunca vi nada parecido antes, nem depois.

Como não aguentava mais ficar olhando aquele cara, finalmente eu disse:

— Olha aqui, Cato, o David detestou o anúncio. Achou péssimo.

Foi como salvar um náufrago. Cato, então, pôde fazer o seu papel.

— Claro — disse ele. — Bom, o problema com esse anúncio é o layout e...

Tudo quanto ele precisava saber era o que David achava do anúncio; depois disso, tinha condições de soltar a imaginação.

Não acho que o pessoal de criação tenha medo de perder o emprego por causa de meros caprichos da agência, mas há uma coisa que encosta todo esse pessoal na parede: o medo de perder o talento, a capacidade. Todo mundo que conheço sente essa pressão. Será que essa capacidade é alguma coisa mágica? Será que algum dia vai desaparecer pura e simplesmente? Será que vai chegar o dia em que você se sentará e, de repente, não sentirá mais a mesma engrenagem funcionando como sempre funcionou? Você não consegue escrever mais nada. As palavras não combinam umas com as outras.

Uma das formas que Charlie Goldsmith, da Daniel & Charles, usa para torturar as suas tropas é manipular esse medo que os redatores têm: ele me infernizava com isso, e infernizava todos os outros também.

— E aí, filho — dizia ele —, o que você acha? Você não teve uma única ideia que preste em três semanas. Está começando a tapear, não está? Está tentando ficar na enganação porque isso acontece de vez em quando, um belo dia você está inspirado, no outro não está.

E ele fazia isso, pressionava seu pessoal dessa forma na esperança de lhe dar uma boa sacudida e fazê-lo sair da calmaria e da deprê.

Olha, alguém está lhe pagando US$ 35 mil, US$ 40 mil por ano para fazer esse troço, escrever o texto dos anúncios, ou para ser diretor de arte, e você está fadado a ter esse medo de sua fonte de inspiração secar. Um diretor de arte fantástico chamado Bob Gage, da Doyle, Dane, certa vez fez um discurso sobre o medo, o que é e como combatê-lo. Descreveu o medo de sua fonte secar e depois descobriu que você nunca seca, que não há mágica alguma, mistério algum, você não pode ser desligado sem mais nem menos. Gage disse que, quando achava que sua fonte de inspiração estava secando, era uma questão de enfrentar um problema que tinha de ser resolvido, e que ele sempre poderia resolver aquele problema da mesma forma de sempre, da mesma maneira com que o resolveu anos atrás. Ele disse que secar era simplesmente sinônimo de ficar impaciente com a resolução de problemas da mesma forma de sempre.

A maioria dos redatores e diretores de arte fica impaciente quando enfrenta um problema muito difícil, e é aí que eles se metem em encrenca. Eles tocam, dançam, fazem de tudo para dar a impressão de estarem produzindo propaganda. Mas, no minuto em que um deles entra na sua sala, você sabe que ele está fingindo. Está frio e seco e sabe disso, e você também sabe e ele sabe que você sabe.

Já vi caras que não conseguiram produzir um único anúncio durante seis, oito meses, tamanha a ansiedade que sentiam. Durante esse período, esses caras deviam dançar conforme a música. Charlie Goldsmith era um cara que começou como redator e se tornou um brilhante presidente de agência. É um cara fantástico que entra na sala, aperta a sua mão e lhe diz quais são os seus problemas enquanto lhe aperta a mão. Ele sempre me deixou pasmo com isso, pois sempre conhecia os pontos fracos das pessoas, os botões que disparavam o seu pânico e sabia exatamente o que fazer para apertá-los e acordar você.

Quando eu estava trabalhando com Charlie, passei por um período horrível de falta de inspiração e, durante três ou quatro meses, não fiz absolutamente nada. Nada. Eu ficava sentado na sala e nada acontecia. E você sabe quando vai produzir anúncios e quando não vai. Eu fingia que estava trabalhando. Aparecia com soluções medíocres para os problemas. E você começa a pensar

A VIDA CRIATIVA 135

no assunto, e ele começa a importunar e você não sabe bem o que fazer. De modo que, para tocar em frente, você começa a enrolar um pouco. Mas Charlie sacou tudo. Ele sabia. E ele entrava na minha sala e perguntava:

— Já parou para pensar que é isso? Que talvez você tenha simplesmente secado? Não teve nenhuma ideia brilhante. Bom, filho, relaxa.

Essas foram exatamente as suas palavras. Primeiro um tapinha nas costas e depois: "Bom, filho, relaxa." Eu não ficava exatamente relaxado depois que ele saía; no entanto, mais cedo ou mais tarde — em geral mais cedo — a gente sai dessa.

Outro problema que aflige os redatores e diretores de arte é o problema do reconhecimento. Há um monte de redatores que fica achando que é o Faulkner ou o Hemingway. O cara fica lá na sua sala, trabalha, molda e brinca e, quando termina, escreveu algo absolutamente maravilhoso, só que se esqueceu de uma coisa: é o que está dentro dos limites das páginas que é comprado por um diretor de mídia. O que acaba com a maioria dos redatores é que as pessoas não compram a revista *Life* para ler seus anúncios. As pessoas não compram a *Gourmet* para ler o anúncio sobre o Bombay Gin. As pessoas compram a *Gourmet* por causa das receitas culinárias, os anúncios são apenas um sequestro do tempo do leitor. É por isso que cabe a você fazer seu trabalho para chamar mais a atenção do que qualquer outra coisa. Ninguém compra uma revista para ler um anúncio. Mas um monte de caras age como se fosse isso o que acontecesse. Um desses caras fica lá sentado, escreve esse texto e, na sua opinião, o texto é o máximo. E aí ele conhece alguém em uma festa e diz com muito orgulho que ele é redator e a pessoa responde: "Ah, você põe as legendas embaixo das imagens."

Já tive executivos de conta que me procuram quase chorando e me pedem que mude alguma coisa, pois o cliente vai reclamar. "Vamos perder a conta." Essa é a frase que os executivos de conta recitam o tempo todo para os redatores e diretores de arte.

Uma vez por ano, os redatores de Nova York dão uma festa. No último ano, a festa foi no estúdio de um fotógrafo com umas quinhentas pessoas se acotovelando em um salão onde só cabiam umas duzentas. Com uma banda de rock-and-roll tão barulhenta que você não conseguia ouvir nem os próprios pensamentos. Os redatores não são aquele tipo de gente que em geral vai a festas. Mas essa é uma festa à qual todos eles vão, pois é lá que podem conseguir aquele emprego, ou onde vão conhecer aquele sujeito, ou vão fazer alguma coisa que vai mudar a vida deles.

Tentam fazer seus contatos. Qualquer diretor de criação que vá de um lado da sala até o outro encontra no mínimo oito pessoas que lhe perguntam: "Será que eu poderia levar meu portfólio para você dar uma olhada na segunda-feira?" Uma atrás da outra. "Oi, tudo bem? Ouvi dizer que as coisas estão indo muito bem. Será que eu poderia levar o meu currículo para você ver na segunda-feira? O lugar em que estou é horrível; não aguento mais, não aguento ficar lá nem mais um dia."

Uma vez encontrei um cara em uma dessas festas, um cara que eu conhecia bem. É um bom redator e um tipo estranho, muito calado, mas não há nada de bizarro nele. Estava ganhando uns US$ 30 mil por ano. Naquela festa ele estava muito tenso. Ele tinha sido demitido naquela manhã. E me disse:

— Tenho US$ 500 no banco, ganho US$ 2,5 mil por mês e pago US$ 284 de aluguel por mês.

Quem sabe com que é que ele gastou o dinheiro? Roupas, apartamento, mulheres, não sei. Mas ele torrou a grana toda e lá estava, com 31 ou 32 anos, e digo que era um menino desesperado, desesperado mesmo. Eu nunca o tinha visto daquele jeito.

— O que eu faço? — perguntou ele.

— Que tal algum trabalho de frila? — respondi.

Ele sacudiu a cabeça. Devia ter feito umas vinte ligações naquele dia, porque toda vez que eu dizia "Liga para o Ned, você telefonou para o Ron, falou com o Ed?" ele sacudia a cabeça e dizia que sim. Tinha ligado para todo mundo para quem valia a pena ligar. Não tinha mais para quem telefonar e só estava no seu primeiro dia de desemprego. Começou, então, a abordar os caçadores de cabeças e pedir-lhes para começar a marcar entrevistas para ele.

É um bom escritor. Essa é a parte aterrorizante. Perdeu o último emprego basicamente porque é um cara muito orgulhoso. Não pega qualquer lixo. Estava trabalhando na Leber, Katz & Paccione, e Patch finalmente não conseguiu tirar mais nada dele. Então foi demitido.

Antes de entrar na Paccione, havia trabalhado na Daniel & Charles e foi despedido porque não se dava com o Larry Dunst, que, na época, era o diretor de criação e agora é o presidente. O emprego que conseguiu depois da Daniel & Charles deu com os burros n'água pelo mesmo motivo.

Em relação ao quarto emprego que apareceu, ele não vai se meter a sebo. Disse para mim que havia ligado para uma agenciazinha que não é de fato uma agência de propaganda, e sim uma confecção; lá são feitos todos aqueles anúncios da Seventh Avenue que você vê na *Women's Wear Daily* e na revista de domingo do *Times*. Muito influente nos anúncios de cintas e sutiãs. Seja como for, o dono da agência lhe disse para passar por lá na segunda-feira, isto é, o sujeito disse: "Falo com você na segunda-feira se você quiser aparecer para dar um oi." Bom, essa agência é um dos piores lugares de todos os tempos — talvez seja a pior agência dos Estados Unidos. E nosso redator está pensando em trabalhar lá para garantir o leite das crianças — se o aceitarem. Está apavorado, tem um fim de semana inteiro pela frente e, quando me despedi dele, ele estava tremendo de medo.

Paccione já tinha substituído esse cara. Conheceu uma menina de 22 anos que achava a propaganda o máximo e contratou-a por US$ 8 mil por ano. Eu já tinha conversado com ela algumas vezes sobre a possibilidade de ela vir trabalhar conosco. Assim que terminei de falar com o cara que está desempregado, topei com essa criatura.

— Oi — disse ela cheia de vida. — Consegui um emprego. Estou trabalhando. Vou começar na Leber, Katz Paccione na segunda-feira.

— Que maravilha — respondi, e comecei a pensar. Patch contratara essa menina por US$ 8 mil por ano, quer dizer, já está economizando US$ 22 mil por ano e ainda por cima se livrou de um cara de mais de 30 anos. Além disso, livrou-se de um cara que era um pé no saco para ele. E agora essa menininha estava prestes a ganhar um monte de dinheiro. No próximo emprego, ela vai ter condições de abocanhar US$ 10 mil, no seguinte vai ganhar US$ 15 mil, depois US$ 21 e depois mais de US$ 30 mil por ano. E aí vai estar exatamente na mesma situação que o cara que acabou de ser despedido. E ela vai começar a ficar meio nervosa porque alguém quente vai aparecer para ocupar o seu posto.

Na verdade, não é muito diferente do beisebol. Você não dispõe de muito tempo para brilhar nesse campo. Tem uns sete, oito ou talvez nove anos durante os quais você arrasa e tudo o que você faz dá certo, todo mundo lhe oferece um emprego e os caçadores de talentos não largam do seu pé; mas, depois, vem aquela longa queda morro abaixo. É por isso que os terapeutas ganham tanto dinheiro. E todo mundo sabe que esse dia vai chegar. Eu ficava pasmo de nunca ver um redator com mais de 40 anos. Eles são poucos, muito poucos. Há um ou dois caras que vale a pena citar, mas é tudo. Não consigo imaginar para onde é que eles vão depois dos 40. Mas que vão embora, eles vão. Deve haver uma ilha em algum lugar habitada somente por elefantes, redatores e diretores de arte. Uma ilha minúscula apinhada de elefantes velhos e redatores e diretores de arte que já deram o que tinham que dar. Deve ser para lá que eles vão.

Pergunto-me o que terá acontecido com a maioria dos caras que começaram a trabalhar na mesma época que eu. Comecei na sala de correspondência da Ruthrauff & Ryan e o único cara daquela época que sei que ainda está na propaganda é o Evan Stark, que agora está na Doyle, Dane. Esqueça onde os caras estão. Como estão as agências? A Ruthrauff & Ryan fechou. Uma vez fui procurar trabalho na Biow Agency. Fechada. Donahue & Coe. Fechada. Cecil & Presby, idem. Você ouviu falar nessa algum dia? A Lennen & Newell era Lennen & Mitchell. Seria melhor fazer uma emenda naquele lance da ilha com elefantes e ex-redatores: também se encontra nessa ilha um montão de agências fechadas.

Como a moda, a propaganda muda. A aparência física da propaganda muda a cada ano. No ano passado, os anúncios não pareciam tão bons quanto os deste ano. Sinto a maior canseira ao olhar para meus anúncios antigos. Eles me enchem o saco. Os meninos estão mudando tudo — a linguagem, as roupas, o estilo, as artes visuais.

As escolas estão gerando crianças como nenhum outro setor. Você não acha que, quando Patch se livrou daquele cara de 32 anos, um monte de outros sentiu um calafrio na espinha? É claro que sim. Conheço um diretor de arte que ganha US$ 40 mil por ano trabalhando para Patch, e que está pensando naquela redatora de US$ 8 mil e dizendo a si mesmo: "E se o Patch sair por aí e encontrar um diretor de arte de US$ 8 mil por ano — onde é que eu vou parar com os meus US$ 40 mil?" Os telefones estão tocando na cidade inteira. Todo mundo está trocando de emprego. É como a dança das cadeiras quando a música para — você não pode ficar de pé. Os meninos são a morte para os diretores de arte e redatores que ganham US$ 40 mil por ano. Morte mesmo.

Talvez a gente esteja no meio de uma recessão e não saiba. Em geral, os profissionais da propaganda conseguem prever uma recessão um pouco antes do resto dos habitantes dos Estados Unidos. Sei quando a economia vai estagnar um pouco; sei porque os publicitários começam a recuar lentamente. Os presidentes das agências começam a ficar um pouco mais nervosos que de costume e o retrocesso todo abre caminho até os redatores que não vão ser contratados.

Naquela festa anual dos redatores à qual fui no ano passado, havia muito medo e o salão todo estava meio nervoso. O que estava acontecendo era apenas o fato de que não havia emprego para todo mundo. Já houve épocas nesse setor em que os telefones tocavam o tempo todo e você não dava conta de todos os clientes novos. Hoje não — e me pergunto se as coisas não vão piorar. É interessante que, em um salão com quinhentas pessoas — a maioria redatores — haja só quatro ou cinco pessoas que eu contrataria. Esquece a festa; na cidade de Nova York inteira talvez só haja 25 redatores que vale a pena citar. Na cidade inteira.

A VIDA CRIATIVA 141

Estou falando de uma agência como a J. Walter Thompson, que só teve um redator cujo trabalho eu admiro — Ron Rosenfeld — e ele acaba de sair, depois de trabalhar lá só durante um ano. Esquece isso depois dessa. Uma agência como a Compton deve ter cinquenta ou sessenta redatores. O único cara cujo trabalho eu considero é o do meu ex-sócio, o Ned Tolmach. Há quatro anos, fui a essa festa e havia lá um grupo de pessoas inteiramente diferente. Encontrei uns 10 ou 15 infalíveis que sempre aparecem, mas o resto, você sabe como é, são meninos altos e desajeitados com espinhas e meninas que chegaram à conclusão de que a propaganda é o ramo mais glamoroso do mundo e estão a fim de arrebentar a boca do balão.

O mesmo tipo de medo que os redatores mostram em público — como naquela festa — os corrói na intimidade. Por exemplo: quando a campanha de um redator dá com os burros n'água, esquece, o cara está ferrado por alguns meses. E essas campanhas são como bebês. Esses caras ficam sentados em estado de adoração por suas campanhas, olhando os seus anúncios, depois os levam para fora e os montam. Você está conversando sobre um pedaço de papel, e o redator o coloca em um painel, embrulha com celofane e carrega por aí para mostrar às pessoas.

O dilema é que os bons redatores de Nova York são aqueles que não sentem medo. Você tem de estar relaxado. É o único ramo em que você tem de estar tão relaxado quando se senta para trabalhar que não consegue ficar ali se preocupando com o que está acontecendo na sala ao lado, nem se vai perder o emprego. E há muito pouca gente assim no lado da criação da propaganda. Praticamente ninguém. A maioria dos redatores tem a mesma origem: classe média e classe média baixa. Todos os redatores da cidade leram *O complexo de Portnoy* e todos dizem:

"É a minha vida. Eu era Portnoy, só que eu nunca faria uma coisa daquelas com um fígado."

Todo mundo na propaganda é confuso — em particular o pessoal de criação. Toda a sua vida está fodida. Você não é mais o mesmo cara depois que entra na propaganda. É difícil encontrar um setor que lhe entra no sangue como a propaganda. Depois de trabalhar na propaganda por um tempo, você não é mais a pessoa que seria normalmente. Eu me pergunto muitas vezes como eu seria e como me comportaria se eu tivesse entrado no ramo do alumínio.

O que acontece com alguns caras — bom, vou apelar para a analogia dos esportes outra vez. O beisebol tem seus jogadores quentíssimos e, no ano seguinte, os jogadores esfriam, o salário deles cai e eles são vendidos para o Toledo.

Havia um diretor de arte bom à beça em Nova York há alguns anos que foi demitido, ou mandou tudo pro raio que o parta, só Deus sabe o que aconteceu. Seja como for, de repente você fica sabendo que ele está em Chicago trabalhando em uma agência. Quando você vai para Chicago, é como ser vendido para o Newark quando você é jogador dos Yankees e os Yankees são a única coisa que presta no beisebol. Ele está ganhando uma grana preta, mas isso não quer dizer nada. Continua sendo Chicago, a roça. Alguns caras vão para Pittsburgh, outra roça. Você vai para Cleveland, também uma roça. Quando você fala sobre os principais times, está falando de Nova York, com Los Angeles em segundo lugar. Entre Nova York e Los Angeles, você tem muito pouca coisa que preste, exceto Leo Burnett em Chicago.

É muito estranho estar fora da cidade, principalmente quando um cara de Nova York é convidado pelos habitantes locais de algum fim de mundo para fazer uma conferência. É um verda-

A VIDA CRIATIVA   143

deiro culto ao herói. Todos querem crescer e ir para Nova York e, quando você aparece na cidade deles, eles esperam que você transforme o refrigerador de água em refrigerador de vinho. Olham pra você e dizem: "Jesus está aqui. Ele vai nos dizer o que fazer." E aí você descobre que eles sabem tudo a seu respeito. Certa vez eu estava lá em Charlotte, Carolina do Norte, onde fui fazer uma conferência, e me sentei ao lado de um cara que disse: "Lembra quando você fez aquele anúncio para a Esquire Sox?" Eu sequer me lembrava de ter trabalhado para a Esquire Sox algum dia, quanto mais o anúncio ao qual o cara estava se referindo, mas ele não desistia: "Não se lembra do anúncio? Havia um homem no anúncio que está conversando, e a moça está de pé ao fundo...." Então me lembrei direitinho do anúncio. Mas este cara tinha literalmente coletado esses dados e estava me acompanhando, e é uma loucura, mas estou em um livro de recortes em algum lugar de Charlotte, Carolina do Norte.

Um amigo meu foi certa vez a Cleveland fazer uma conferência e, quando voltou, me ligou e disse: "Tem um cara em Cleveland que sabe mais a seu respeito que a sua mulher." Mencionou o nome do cara e é claro que eu nunca o tinha ouvido antes, e o meu amigo diz que o cara de Cleveland tem um livro de recortes sobre mim com todos os meus anúncios, com todas as conferências que fiz e com todas as colunas que escrevi para o *Marketing/Communications*. Isso é que é uma história de fora da cidade.

O que em geral se diz em Madison Avenue é que os caras de fora adoram ser humilhados. Se você quer fazer uma conferência fora de Nova York, você tem de dizer aos habitantes das outras cidades que eles não prestam. Se você algum dia lhes disser que eles são legais, eles vão te odiar por isso. Eles estão ali sentados esperando que você chegue e diga: "Olha, vocês não prestam. Quer dizer, vocês são *péssimos*. Sabem como é, em Nova York nenhum de vocês jamais arranjaria um emprego." E eles continuam ali sentados e dizem: "É, isso sim é papo de Nova York." Uma loucura.

Em Los Angeles, o cara promovido à santidade foi Gene Case. Case é um redator incrível, maravilhoso, que fundou recentemente a sua própria agência com outro cara maravilhoso, Helmut Crone, um diretor de arte. Case trabalhou na Jack Tinker & Partners quando o Crone era da Doyle, Dane.

Case foi convidado para a Costa para fazer uma conferência e foram buscá-lo no aeroporto. Estavam saindo do aeroporto para ir a algum lugar tomar um drinque ou algo que o valha e Case ficou olhando pela janela do carro durante o trajeto. Se você algum dia passou pelo Sepulveda Boulevard, sabe que não há muito o que olhar. Seja como for, Case faz a conferência e diz imediatamente: "Tenho de sair daqui. Tenho de sair voando desta cidade, detesto esse lugar." Os caras de Los Angeles estão olhando para Case como se ele estivesse louco. Querem levá-lo para jantar, que dê uma olhada em L.A. e ele já está que não se aguenta mais. E diz a eles:

— Conheço este lugar. Eu fazia apresentação dos nossos comerciais para a Carnation Milk quando trabalhava na Jack Tinker, e eles sempre foram grosseiros comigo. Não suporto esta cidade. Vocês têm de me levar de volta ao aeroporto.

De modo que eles trocaram apertos de mão, enfiaram Case em um avião que o levaria de volta a Nova York e hoje ele é uma lenda lá. "Gene Case, ele não era fantástico?", dizem eles. É evidente que Case os fez passar pela humilhação suprema.

É legal — fora da cidade. Um tipo diferente de propaganda. É uma vida mais devagar e muito mais fácil porque, vamos

A VIDA CRIATIVA 145

encarar os fatos: para onde você poderia ser banido se estivesse trabalhando em Cleveland? Quer dizer, para onde poderiam mandá-lo? Akron? De Nova York, você sempre poderia aterrissar em Cleveland, mas não há nada pior que Cleveland. De modo que as pessoas não têm os mesmos medos. Também não têm os mesmos salários. Não têm as mesmas relações com os clientes. Não é propaganda como eu a conheço. Em Nova York, você tem verdadeiros astros — redatores, diretores de arte, pessoal de criação, diretores de TV — que são bons e sabem disso. Alguns desses caras de criação ganham mais que o presidente de uma agência de Cleveland tem condições de sonhar em ganhar. Há uma ênfase no cara de criação em Nova York. As agências toleram a loucura para ter criatividade. Não há criatividade em Cleveland, a originalidade é muito pouca.

É um lance completamente diferente. Talvez seja a propaganda como ela costumava ser em 1942. O presidente da agência ainda vai fazer um curso de golfe e joga com o cliente, o presidente da Acme Steel. O presidente da agência vive muito bem e o resto do pessoal da agência não passa de operários. Não ganham bem. Não há pessoas glamorosas em Cleveland, por exemplo. Não há ninguém em Cleveland dizendo: "Eu gostaria de ser igual a um outro cara de Cleveland." Vivem por meio dos outros e todo o seu glamour vem de Nova York.

Cleveland vai acabar mudando. A revolução criativa vai acabar chegando lá. Em Nova York, a propaganda está mudando drástica e rapidamente. O pessoal de criação está tendo mais influência. É um fato comprovado que as agências consideradas criativas são as que estão crescendo mais depressa. Mas também tenho a impressão de que a vida do departamento de criação de uma agência sempre vai ser difícil. Agora você tem bancas de examinadores constituídas de narizes vermelhos e veias azuis. Daqui a vinte anos talvez a maconha já esteja legalizada. Me deprime pensar que daqui a vinte anos ainda vai haver bancas de examinadores de criação, só que a banca não vai ser constituída de narizes vermelhos. Em seu lugar, você vai ter um bando de velhos com pupilas esquisitas examinando o seu trabalho. Um bando de pupilas dilatadas te sabatinando. Esse tipo de absurdo nunca vai mudar.

CAPÍTULO SETE

O alegre gigante verde e outras histórias

Eu não gostaria de dar a impressão de que as novas agências criativas nunca fazem nada de errado. Elas fazem um monte de coisas erradas. Na verdade, fazem tanta coisa errada que podem pôr todo o negócio a perder. Criativas ou não. Há muitos anos, dois caras se juntaram para fundar uma nova agência. Planejaram a empresa inspirados nos moldes da William Esty. Bom, a William Esty é uma agência muito bem-sucedida. Deve faturar algo perto de US$ 140 milhões por ano, o que é um bom faturamento. E a William Esty tem um conceito muito inteligente: nada de pegar um monte de contas, só umas poucas bem graúdas e lucrativas. Acho que a Esty tem a conta da Sun Oil, da Colgate, da National Biscuit, da American Home Products, da Hunt-Wesson e só mais algumas. Essa agência não pode ter mais de 10 ou 15 contas, mas todas elas faturam alto. Parece que a proporção entre o número de funcionários e o número de contas é menor que qualquer outra agência de Nova York. Em geral você tem algo em torno de oito funcionários para cada US$ 1 milhão de faturamento. A Esty administra suas contas com uns seis empregados para cada US$ 1 milhão. É uma agência muito bem administrada e não pode perder. Ela só faz dinheiro. A Esty não se importa muito com a publicidade em torno do seu nome; tudo quanto ela quer é fazer seu trabalho — e contar os lucros.

Ela mantém as suas contas porque, com uma quantidade tão pequena delas, você pode lhes dar muita atenção. Veja só: o presidente talvez tenha uns 10, 12 caras com que se preocupar todo dia — os supervisores dos grupos responsáveis por cada conta. Ele pode fazer 10 ou 11 ligações por dia, pode almoçar com todos os supervisores de conta a cada duas semanas. A Esty dá muita atenção às suas contas e faz de tudo para elas ficarem satisfeitas. E elas ficam, pode crer.

Seja como for, vamos voltar aos dois caras que fundaram aquela outra agência há alguns anos, e vamos dar a essa agência o nome de Manny & Moe. A Manny & Moe começa do zero, está no seu primeiro ano de atividades e, de repente, faz sucesso. No final desse primeiro ano, estava com um faturamento de US$ 6 milhões, que aumentou um pouco no segundo ano. No terceiro ano, estourou pra valer — teve tanto sucesso que seu faturamento chegou aos US$ 20 milhões. No quarto ano, atingiu os US$ 40 milhões, e aí faliu, faliu completamente. Conseguiu perder mais negócios do que qualquer outra empresa que eu tenha conhecido na minha vida. As coisas chegaram a tal ponto que você não podia mais ler a coluna do Phil Dougherty no *The Times* sem ficar sabendo que mais um cliente estava abandonando a Manny & Moe.

Quando Manny e Moe fundaram a agência de acordo com os moldes da Esty, disseram a si mesmos: "Vamos nos entupir de contas graúdas e ganhar rios de dinheiro." Mas se esqueceram de uma coisa. Essas empresas vêm e vão. É muito difícil manter uma relação duradoura com uma conta quando você fica de saco cheio dela. E eles puseram tudo a perder porque ficaram de saco cheio. Manny chegou à conclusão de que ia salvar o mundo, o que não tem nada de mais se o seu negócio for quente. Já Moe chegou à conclusão de que *ele* ia quebrar a banca com suas apostas em cavalos, o que é mais difícil ainda que salvar o mundo. Manny ficou muito interessado em controle de armas e campanhas políticas. Tudo bem. Mas você tem de tomar cuidado. Há caras em volta da Madison Avenue que também têm armas e estão sempre tentando acabar com a sua raça. Você pode ser o representante de uma conta que está sentado na sala de espera com um puta problema, e está querendo falar com Manny. Quando entregaram a conta para essa agência, os donos da empresa achavam que Manny em pessoa se responsabilizaria por ela. E onde está Manny? Bom, nesse exato minuto, Manny está lá em Jackson Hole, Wyoming, trabalhando em uma campanha política para um cara que é candidato para o cargo de diretor do departamento de águas e esgotos de Jackson Hole. Manny acha que esse cara tem futuro na política, e está tentando fazer dele algo muito maior que diretor do departamento de águas e esgotos. Maravilha, exceto se você for um cliente, pois, se quiser falar com Manny, vai ter de descobrir como é que se chega ao Wyoming.

E onde está Moe? Bem, Moe está estudando o formulário de apostas em cavalos e, quando começa a pôr dinheiro em um cavalo que chega em quinto lugar em Belmont, as coisas ficam um pouco confusas. Moe talvez tenha sido o único presidente de agência de propaganda dos Estados Unidos a aparecer em reuniões com binóculos em volta do pescoço. Ficou tão obcecado com as corridas que não sabia mais o que estava acontecendo em sua própria agência. Um cara da mídia aparecia procurando o Moe e lhe perguntava: "Com o que você vai gastar esses milhões de dólares que ganhou com a clientela?" E Moe respondia: "Quantas apostas dá para fazer em cavalos?"

E não havia administração. Contrataram um cara para ser presidente, mas ele não passava de uma espécie de babá da agência. Manny estava fora salvando o mundo com a propaganda, e Moe estava fora no turfe perdendo as calças. Os clientes ficavam nos corredores esperando para falar com alguém. Horas a fio. O pessoal da criação levava esses clientes para sua sala e lhes servia café enquanto os caras esperavam. Os clientes são humanos e finalmente chegaram ao ponto de começar a dizer a Manny e a Moe: "Fodam-se. Quer dizer, a sua propaganda nem é mais tão boa, e ninguém merece ser tratado desse jeito." A agência faliu há alguns anos.

Todas as agências mais novas fazem uma besteira grande de vez em quando. Até os caras da Doyle, Dane. Há alguns anos, essa agência fez uma campanha para uma nova cerveja fabricada pelo pessoal da Rheingold Brewery — o novo produto se chamava Gablinger Beer. O diferencial da Gablinger era o seu baixo teor de calorias e a ideia era vendê-la para todo aquele pessoal que toma cerveja e quer perder peso.

Em algum momento, de alguma forma, a agência pôs tudo a perder. Alguém da pesquisa cometeu o primeiro erro, que foi pensar que os consumidores de cerveja queriam perder peso tomando cerveja. Não era verdade. Vinte por cento dos habitantes dos Estados Unidos que compram cerveja bebem cerca de 80% de toda a cerveja consumida. Tenho na cabeça uma imagem do típico consumidor de cerveja de nosso país: o homem está sempre sem camisa. Está sempre de camiseta, uma daquelas camisetas antiquadas, não uma camiseta transada de hoje em dia. Posso estar errado, mas sou capaz de jurar que o típico consumidor de cerveja dos Estados Unidos se orgulha de sua barriga de chope.

O ALEGRE GIGANTE VERDE E OUTRAS HISTÓRIAS   151

Lá está ele, tomando cerveja o tempo todo, e a única coisa que ele tem para mostrar é a barriga. É um sinal de sua masculinidade. Bem, você tem aqui um ótimo exemplo de um erro levando a outro e depois a outro mais. De modo que o primeiro erro — pensar que esses caras querem perder peso — leva ao segundo, que é pensar que você pode bolar toda uma campanha com base nessa suposição e gastar US$ 5 milhões e perder todo o mercado de cerveja porque acha que todo esse pessoal que toma cerveja quer perder peso. As campanhas só dão certo quando partem de uma premissa verdadeira. É como a Torre de Pisa: o primeiro tijolo não foi bem assentado e, depois disso, tudo começou a se inclinar e você acaba tendo uma porra de um edifício idiota, ou então acaba fazendo uma porra de uma campanha horrorosa. Como a primeira premissa do caso Gablinger estava errada, a coisa foi de mal a pior. Os consumidores de cerveja querem ser gordos. Adoram contemplar a própria barriga. Veja só: eles gostam de olhar para a própria barriga porque nunca enxergam os pés. Entre em um bar qualquer a qualquer hora do dia ou da noite. Esses caras começam a beber às 9h da manhã — e já tomaram mais de uma às 9h05. Bebem, bebem, bebem — esse é o mercado da cerveja.

A única coisa com a qual você tem de se preocupar quando quer vender cerveja é dar a esses caras tempo bastante para eles jogarem fora. Quer dizer, você não pode dar a esses caras nada para fazer com que tenham de usar as mãos, nada além do boliche. Jogar boliche não é problema porque tudo quanto eles têm de fazer é se levantar a cada sete minutos mais ou menos e fazer uma bola rolar, e depois se sentar o mais depressa possível para voltar a tomar cerveja.

Os fabricantes de cerveja não patrocinam jogos de golfe porque o golfe é a morte para um consumidor de cerveja. Se você está perto do buraco número 14, não pode tomar uma cerveja, a menos que jogue os tacos no chão e carregue a cerveja no lugar deles. Descobrir momentos de lazer para os consumidores de cerveja é a sua única preocupação. Na cabeça de um consumidor de cerveja, momentos de lazer significam que tudo quanto ele tem a fazer é estender a mão para pegar um copo de cerveja, ou uma garrafa. Talvez ele tenha de se levantar da frente da televisão e ir até a geladeira, mas é tudo. Seu verdadeiro consumidor de cerveja pode muito bem ficar em casa e enxugar uma dúzia de latinhas de cerveja toda noite. Quando tem sede, ou quando sente calor, talvez mais ainda. Sua mulher vai tomar só quatro ou cinco latas porque, de repente, chegou à conclusão de que não deve tomar mais que seis por noite — não pega bem. De modo que você tem um consumo de cerca de 18 latinhas por família toda noite. E pode contar com o filho do casal, se ele tiver mais de 10 anos de idade.

Observe essas pessoas no supermercado. Estão empurrando carrinhos com pilhas de cerveja, alguns pacotes de cachorro-quente, e é tudo. Dezoito latas de cerveja por noite, menos às sextas-feiras, que é uma noite de festa e eles trocam a camiseta por outra limpa. Nas sextas-feiras, você pode apostar que o cara vai dobrar o seu consumo semanal.

Fui a um jogo dos Yankees certa noite no ano passado e havia um verdadeiro consumidor de cerveja na minha frente, daqueles genuínos. Fiquei observando: ele fez a noite do carinha que estava vendendo cerveja. Parou uma vez para comer amendoim, mas foi um erro, porque não comeu todos. Tomava cerveja como se fosse água — juro que ele deve ter tomado de 10 a 12 latas durante aquele jogo de nove turnos. Não se levantou para assistir ao sétimo turno, o que não quer dizer que não era um fã dos Yankees.

O ALEGRE GIGANTE VERDE E OUTRAS HISTÓRIAS   153

Foi só porque as pernas não o sustentavam perfeitamente bem naquele momento.

Lá estava ele, sentado, bebendo; e, quando o jogo terminou, mostrou que era um verdadeiro fã dos Yankees. Eu me levantei para ir embora, mas ele continuava ali sentado. Sentado de frente para o campo, mas olhando bem à sua frente. Um autêntico consumidor de cerveja, com uma autêntica barriga de cerveja. Bom, você sabe que, se eu tivesse abordado esse cara depois do jogo e dito: "Escuta aqui, companheiro, você sabe que acabou de enxugar três mil calorias com aquela cerveja? Por que não muda para alguma coisa que não engorda?" Sabe o que ele teria feito? Teria me dado um murro na cara — isto é, se conseguisse liberar as mãos.

Bom, é teoricamente possível vender a Gablinger Beer. É uma boa ideia, mas não para a Bohack, ou para a A & P, ou para a Piggy Wiggly. Você vai ao Gristede's porque este é um supermercado que se tornou sinônimo de qualidade em Nova York. A mulher que faz compras no Gristede's pode comprar um pacote de seis latinhas de cerveja porque gosta da ideia de uma cerveja com poucas calorias.

O ramo das cervejas é muito estranho. Vá ao Costello, que é um bar antiquado da Third Avenue de Nova York — entre ali uma noite qualquer e observe o cara que acabou de sair tropeçando do banheiro masculino e está tentando subir no banco em frente ao balcão. Aproxime-se desse cara e pergunte o que ele acha da cerveja Rheingold. Ele não sabe absolutamente nada a respeito dessa cerveja, mas vai focar os olhos e jurar para você que a Maureen Harrington perdeu o concurso para Miss Rheingold nos idos de 1961 porque um monte de votos para a moça chamada Beverly chegou do Brooklyn no último dia do concurso. Você acha que estou brincando? Há caras em Nova York que ficaram de luto no dia em que encerraram o concurso em 1965.

Uma coisa interessante sobre esse concurso: dizem que um dos gênios marqueteiros por trás da campanha estava tentando transar com quase todas as moças que ganhavam o concurso de Miss Rheingold. Isto é, uma porrada de Misses Rheingold. Mas com praticamente todas. E esse gênio do marketing acordou um belo dia e não conseguia sentir as pernas. Então foi para a Europa fazer um tratamento. Quer dizer, ele provavelmente tem uns 33, 34 anos agora, mas não consegue andar. Fica ali sentado na sua cadeira de rodas com um xale cinza em cima das pernas e uma porrada de lembranças. Enjoou do concurso. Ficou cheio daquilo. Pode acontecer; ele tinha o direito. De modo que a Rheingold foi para a Doyle, Dane, que fez aqueles comerciais étnicos; mas é preciso encarar os fatos — a Doyle, Dane não tem uma ficha espetacular de venda de cerveja em Nova York.

Os comerciais étnicos foram muito bem-feitos. Além de vender cerveja, fizeram muitos inimigos. Digamos que o nosso consumidor de cerveja é um italiano. Essa agência fez um comercial italiano com um monte de gente correndo, dançando e dizendo *Mamma mia!* e coisas do gênero e, durante o comercial, aquele consumidor italiano de cerveja estava felicíssimo. Tinha um sentimento muito cordial pela Rheingold. E aí, certo dia, ele está assistindo a TV e aparece um grupo de poloneses dançando uma polca e ele acha aquilo ridículo. Só que o italiano ficou mal. Ele diz: "Não vou tomar a mesma cerveja que esses poloneses nojentos estão tomando." E havia um comercial judeu, um comercial alemão, um comercial irlandês e até um comercial com um cantor negro de blues cercado por um bando de caras que hoje seriam identificados como Panteras Negras. Tinham um comercial para

O ALEGRE GIGANTE VERDE E OUTRAS HISTÓRIAS 155

todas as etnias, menos para os anglo-saxões protestantes, e todo mundo sabe que os anglo-saxões protestantes não distinguem uma marca de cerveja da outra. Em vez de reunir todo mundo em torno de um espírito de camaradagem e de todo aquele jazz, eles arruinaram a campanha porque, na verdade, todos aqueles grupos se detestavam.

A propaganda de cerveja é muito traiçoeira. A Young & Rubicam fez alguns anúncios incríveis com Bert & Harry Piel, os Piel Brothers. Todo mundo gostava de Bert e Harry, todos os intelectuais os adoravam. Aqueles queridos Bert e Harry: eles riam do produto, eles se divertiam. O grande erro dessa campanha é que ela levou as pessoas a experimentar a cerveja Piel. Um cara tomava um golinho e dizia: "Fodam-se Bert e Harry, eles eram muito engraçados e eu gosto de vê-los no último noticiário, mas eles não vão me fazer beber esse troço." É um daqueles casos em que se poderia dizer que "Você leva o cavalo até a água, mas não tem condições de obrigá-lo a beber", principalmente se ele já provou desse córrego antes e achou o gosto horrível. E foi exatamente isso. Bert e Harry nunca mais voltaram.

No que me diz respeito, a melhor propaganda de cerveja de nossos dias é a da Schaefer. Ela toca realmente os consumidores de cerveja; tem uma mensagem muito simples, muito significativa para quem bebe para valer. "A única cerveja que dá para tomar quando se toma mais de uma." Eles entendem mesmo do riscado. Uau! E o cara pega outra lata de cerveja. E aqui estou eu, pegando mais uma. Aliás, ando tomando 17 de uma vez, e meus olhos estão ficando turvos. E a Schaefer é a única cerveja que vai me fazer me sentir ótimo depois que essa orgia toda acabar.

A propaganda da Schaefer é feita por Batten, Barton, Durstine & Osborne. Eles são uma agência que não se distinguiu por muitas outras marcas além da Schaefer, da Pepsi-Cola, da Dodge e da Chiquita Banana (mas foram brilhantes com a Chiquita Banana. Venderam bananas sem fazer rir. Deram à banana uma identidade e, sabe como é, fizeram literalmente a história da banana. Quer dizer, você nunca viu nenhum outro comercial de banana, viu?) É uma coisa interessante quando uma campanha é lançada — em geral, há uma centena de caras que vão querer o crédito. Conheço ao menos nove caras que dizem modestamente que foram eles que tiveram a ideia do slogan sobre a única cerveja que dá pra tomar quando você toma mais de uma. Um grande número de amigos meus da BBDO me disse que um cara chamado Jim Jordan, que é diretor de criação, foi quem bolou a campanha.

Compare a campanha da Schaefer com a da cerveja Ballantine criada por Stan Freberg — a campanha que usa uma caricatura de *O complexo de Portnoy* —: a única diferença é o nome, "Complexo de Ballantine". Muito lindo, mas cai na armadilha da premissa inicial errada: quantos consumidores de cerveja leram *O complexo de Portnoy*? Esquece o livro. Quantos consumidores de cerveja leem? Um dos comerciais mostra um cara chamado Ballantine deitado no divã de um psicanalista queixando-se por ter deixado a cervejaria nas mãos da família quando saiu de viagem, e que a família estragou a cerveja. Quantos consumidores de cerveja ficam abalados com o fato de Ballantine ter um problema com a família? Quantos consumidores de cerveja já foram algum dia ao psicanalista? Quantos deles já ouviram falar de Philip Roth? No que lhes diz respeito, aquela cerveja é desconhecida. Podem ter tomado uma lata de Ballantine durante um jogo de beisebol, e é tudo. Não vão mais beber Ballantine brindando à saúde de ninguém. Esses caras sabem quem é que os conhece e ama — isso mesmo, *ama*: a Schaefer.

O ALEGRE GIGANTE VERDE E OUTRAS HISTÓRIAS

Hoje em dia, a Rheingold está fazendo anúncios-cabeça. Besteira. Não há um consumidor de cerveja que se preze que vá ficar sentado dez minutos — aliás, dez minutos contados no relógio — assistindo a uma cabeça desaparecer na cerveja. O seu consumidor de cerveja acha que pode enxugar duas cervejas e meia em dez minutos, esquece a cabeça.

A Pabst Blue Ribbon faz belos comerciais com um toque nostálgico — em geral um bando de gente com chapéus de palha em um piquenique. Mas estou convencido de que o único tipo de nostalgia que vai vender cerveja é um cara em um bar dizendo: "Ei, vamos tomar uma cerveja e brindar à saúde do nosso querido Joe DiMaggio. Ei, e o Dixie Walker, que tal? E agora vamos brindar a Carl Furillo." Nostalgia não é um bando de caras dando uma de palhaço em um piquenique retrô. Nostalgia é o Joe DiMaggio fazendo seus lançamentos no campo central. É isso que significa nostalgia para o consumidor de cerveja.

Os últimos números que vi relativos às vendas de cerveja mostravam a Schaefer crescendo vertiginosamente. A Budweiser ainda é a cerveja que mais vende nos Estados Unidos. Mas suas vendas não estão crescendo tanto quanto as da Schaefer. Ela já tentou um monte de campanhas e uma pilha de comerciais. Puseram os cavalos no papel principal, e não vejo problema nisso se você gosta de cavalos, o que não é o meu caso. O melhor comercial da Budweiser que vi ultimamente tem o Ed McMahon, que é um grande cara quando se trata de vender cerveja, dizendo: "Gente, chegou a hora tão esperada... Está na hora de pegar dois pacotes de Bud." Não há uma razão particular pela qual um cara deveria pegar *dois* em vez de um, mas esse slogan dá muita inspiração a quem toma cerveja. E, em geral, todos esses caras que tomam cerveja padecem de falta de inspiração. De modo que dizem a si mesmos: "Putz, você tem razão, Ed, eu devia ter pego dois em vez de um." E as pessoas compram em dobro. Não economizam seu dinheiro. Só lhes foi dito que deveriam comprar dois pacotes em vez de um.

A Bud vende muito bem — e a Schaefer também —, mas isso é tudo. Não faz muito tempo, a Jack Tinker fez uma campanha para a Carling's Black Label, que dizia que temos nossas cervejarias perto de toda cidade, de modo que nossa cerveja é sempre fresca. Está tentando vender quantidade a esses caras. Fresca em contraposição a choca. Os caras que tomam cerveja conhecem a diferença de qualidade. Sabem o que é uma cerveja choca: é o gosto que ela deixa na boca na manhã seguinte quando eles acordam. Eles conhecem muito bem esse gosto, mas não vão comprar a Carling's porque ela é fresca. De modo que a campanha deu com os burros n'água.

Embora a Doyle, Dane seja mais ou menos com cerveja, é espetacular com os destilados. Não sei por quê. Talvez seja porque a maioria dos caras que está trabalhando agora na Doyle, Dane só beba destilados e não esteja nem aí para a cerveja. Eles pegam um uísque absolutamente comum, o Chivas Regal, e lhe dão o maior trato, dão a ele um toque esnobe. Convenceram as pessoas a pagar mais pelo seu destilado, de modo que quando alguém gasta US$ 7,50 por um quinto de garrafa de Chivas Regal, está convencido de que o destilado vale isso. Os anúncios que essa agência fez para o Chivas foram maravilhosos — elegantes. Outra campanha incrível que ela fez para um destilado foi aquela criada por Ron Rosenfeld para a linha Calvert de "uísque com baixos teores de álcool". Até hoje não sei o que significa "uísque com baixos teores de álcool", mas é evidente que queria dizer alguma coisa para os caras que estavam despejando bebida barata de má qualidade goela abaixo, pois o "uísque com baixos teores de álcool" estava vendendo horrores.

A pior ideia para uma campanha de destilados de que consigo me lembrar foi uma apresentada há vários anos pela Schenley. Um executivo de marketing da Schenley insistia em dizer que essa sua agência tinha um mascote, e o nome desse mascote era Sunny the Rooster [Ensolarado, o Galo]. Sunny the Rooster deveria ser sinônimo daquele gosto de manhã ensolarada. O executivo de marketing estava convencido de que, se ele dissesse às pessoas que elas não teriam ressaca e não se sentiriam as últimas do planeta no dia seguinte, ele venderia um monte de destilados. O que ele estava tentando dizer era: "Olha aqui, se você tomar o nosso destilado, nunca vai acordar tendo de olhar na carteira para descobrir quem você é, esse tipo de besteira. Você bebe o nosso produto e fica perfeitamente bem."

O que aconteceu foi que sete agências se envolveram com Sunny the Rooster. De modo que você tem sete agências tentando criar uma campanha em torno daquele gosto e daquela sensação de manhã ensolarada. E surgiram muitos Sunny the Rooster. Graças a Deus, a campanha nunca viu a luz do dia. Ninguém apresentou nada que fosse minimamente decente. Ninguém sabia se as agências contratadas eram ruins ou se Sunny the Rooster era só mais um conceito impraticável que deveria ter tido a cabeça cortada bem no começo da história. Um monte de caras gastou um monte de dinheiro com o Sunny.

Às vezes, campanhas incríveis dão certo, angariam clientes, mas há outras coisas acontecendo que arruínam você. Ed McCabe, que agora tem sua própria agência em Scali, a McCabe, Sloves, trabalhava na Carl Ally. Ed McCabe talvez seja um dos cinco melhores redatores publicitários de Nova York. Fez a campanha da Horn & Hardart quando estava na Ally, e esta foi uma campanha maravilhosa. Tão maravilhosa que atingia todos os tipos de gente — inclusive uma beldade à qual vamos dar o nome de Betty-Sue. Betty-Sue chegou em Nova York vinda de Kneejerk, Carolina do Norte, e foi trabalhar na Delehanty, Kurnit & Geller quando eu estava empregado lá. Betty-Sue era uma menina fantástica, só que tinha um probleminha com a língua inglesa — não falava inglês. Isto é, falar ela falava, mas ninguém entendia. Numa manhã de segunda-feira, ela me procura e diz:

— Eu fico lendo aqueles anúncios da Horn & Hardart, aqueles que dizem "Pode não ser o seu preferido, mas é bom".

— O que foi que você disse, Betty-Sue? — perguntei.

— Fico lendo os anúncios da Horn & Hardart: "Pode não ser."

— Ah! — disse eu —, você fica lendo os anúncios da Horn & Hardart.

— E resolvi — acrescentou ela — ir lá na Horn & Hardart, e já experimentei o feijão de lá, e ele é óóóóótimo; experimentei uma torta de limão, e ela é óóóóótima; e depois provei o café, e ele é óóóóótimo. Mas aí o homem que estava na minha frente pôs o pau para fora.

Infelizmente, esse era um dos problemas que Ed McCabe enfrentava. Criava uma linha de campanha que atingia uma Betty-Sue, mas não conseguia atingir o cliente ocasional que entra na Horn & Hardart usando uma capa de chuva e que só entra e sai. Mas escreveu um slogan clássico que vendeu bem e levou um monte de gente a entrar na Horn & Hardart.

Há muita propaganda que é muito melhor que o produto. Quando isso acontece, tudo quanto essa propaganda de qualidade vai fazer é pôr você pra fora do mercado mais depressa... Houve casos em que o produto teve de ser melhorado para estar à altura

O ALEGRE GIGANTE VERDE E OUTRAS HISTÓRIAS   161

da propaganda; mas, quando o produto não consegue isso, o anunciante vai acabar tendo um monte de dores de cabeça. Vamos tomar novamente o exemplo das linhas aéreas. Elas fazem uma propaganda de primeira, mas o problema é que os aviões ficam lotados, os controladores do tráfego aéreo fazem greve ou ameaçam pedir demissão, você pode ficar sentado no chão do aeroporto La Guardia por duas horas tentando sair da cidade e o que às vezes acontece com a bagagem ninguém merece. As linhas aéreas que não têm um serviço à altura da propaganda têm problemas. O comercial da Mohawk Airlines, por mais fantástico que seja, não vai me convencer a entrar em um avião dessa empresa. Vamos passar para uma linha aérea muito maior: o melhor comercial que a United Airlines fizer nessa vida não vai conseguir me convencer a voar com ela. Só entro em um avião da United se for a única linha aérea que estiver funcionando no momento; não gosto de viajar com a United porque uma vez me aprontaram uma simplesmente inacreditável com a minha bagagem. Por sorte, esse tipo de desorganização acontece em terra.

Por mais maravilhosa que seja, nenhuma propaganda do mundo vai resolver o problema da aeromoça que acorda de mau humor certa manhã. Não há nada no mundo que uma agência possa fazer pelo frentista de um posto de gasolina de One Horse Stand, Nebrasca, que está de ressaca. Uma agência pode ajudar a criar programas de vendas melhores. Pode. Pense na TWA. O seu pessoal sentiu obviamente que esse problema de relação com o cliente era uma encrenca federal, tanto que foi lá e fez uma campanha que oferecia milhões de dólares em bônus a seus empregados para eles serem simpáticos e bem educados.

A campanha da TWA foi excelente. Em primeiro lugar, os milhões em prêmios para o pessoal da TWA ser simpático saíram do orçamento publicitário. E não representam absolutamente nada quando você está gastando algo próximo de US$ 20 milhões. Em segundo lugar, a campanha provavelmente anima aquele pessoal que trabalha na TWA; me dá a impressão de que as pessoas vão trabalhar mais.

A agência responsável por essa campanha é a Wells, Rich, Greene, o que é interessante, pois a mesma campanha devia ser apresentada à Avis, mas isso não aconteceu. Um diretor de arte da Doyle, Dane teve a ideia da campanha, que seria gastar menos dinheiro com propaganda e mais com a possibilidade de levar o pessoal da Avis a trabalhar. Ofereceram bônus e outras coisas do gênero. Mas a campanha nunca saiu da agência para ser mostrada à Avis. O diretor de arte que teve a ideia não era o diretor de arte responsável pela conta, de modo que a proposta meio que foi posta de lado. Mary Wells teve a mesma ideia e transformou-a em uma campanha multimilionária.

A ideia tinha de dar certo. Era boa demais para não dar. Tinha todos os elementos de uma boa campanha: é divertida, tem uma boa situação comercial à sua volta e dá às pessoas um motivo para esperarem bons serviços por parte da TWA. Você não tem como evitar pensar que algo bom vai acontecer na TWA da próxima vez que você viajar com ela. E você tem o melhor dos mundos possíveis quando consegue que os seus funcionários assumam a sua campanha. Esquece toda aquela besteira de usar brochinhos. Aqui o seu empregado está realmente participando da campanha e, quando os funcionários de uma empresa que presta serviços *sentem* que são importantes, você não precisa de mais nada. Se você consegue que alguém da TWA sorria e seja simpático só porque faz parte dessa história toda, e ele sente que faz parte de alguma coisa, você vai ter uma campanha publicitária imbatível.

O ALEGRE GIGANTE VERDE E OUTRAS HISTÓRIAS   163

As campanhas de primeira que envolvem os empregados de uma companhia são muito raras. "Queremos que você viva", da Mobil, envolve todo mundo. A Avis e a Hertz também conseguiram realizar essa façanha. Quando a Avis disse: "Somos a número dois, batalhamos mais", as pessoas que trabalhavam na empresa reagiram muito bem. Foi feita pesquisa o tempo todo e ela mostrou que o pessoal da Hertz foi realmente afetado pela campanha da Avis. Descobriu-se que os empregados da Hertz estavam se sentindo deprimidos e humilhados. Ali estava a Avis alfinetando todos eles, e a companhia para a qual trabalham está mostrando comerciais que mostram um maluco que chega voando ao banco da frente de um conversível. Norman, Craig & Kummel foram os inventores daquele pirado voador e, quando a Avis começou a reagir, Hertz tirou sua conta da Norman, Craig e entregou-a a Carl Ally. Para Ally também não foi fácil. Ele tinha de se haver com o que é essencialmente uma ideia impopular: assumir uma disputa de igual para igual pelo primeiro lugar com quem admite ser o segundo. E é claro que ele também enfrentou o problema dos funcionários. O pessoal da Hertz já estava péssimo e, para coroar, surge esse jovem concorrente agressivo correndo por fora.

O que a Doyle, Dane fez pela Avis foi utilizar um conceito que estava no ar há anos: sabe, não somos tão grandes quanto a concorrência, mas fazemos muito mais. Ninguém ainda havia cristalizado esse conceito de "Somos a número dois, batalhamos mais". Fiz anúncios para a Univac que diziam basicamente a mesma coisa, tentando usar a rivalidade entre a Univac e a IBM, mas o resultado não foi tão bom. Todo mundo já viveu uma situação em que ficava em segundo lugar, mas nunca ninguém saiu por aí de peito aberto e declarou isso francamente. E há uma diferença entre uma campanha mais ou menos e uma campanha maravilhosa.

Na minha opinião, uma das agências que sempre produzem, campanhas superiores é a do Leo Burnett. O interessante sobre o Leo Burnett é, em primeiro lugar, que ele deve ter uns 27 anos. Por isso tenho de acrescentar imediatamente que não é um daqueles meninos de cabelos compridos. Em segundo lugar, sua agência fica em Chicago, e Chicago não é realmente uma das cidades mais importantes dos Estados Unidos. O que faz dele um cara tão brilhante é que suas raízes estão no Meio Oeste. É ex-jornalista e conhece as pessoas muito bem, sabe o que elas pensam e sabe o que as motiva. Cria uma propaganda muito simples, mas é uma simplicidade enganosa. Você quase chega a pensar que não é boa. Não é sofisticada, e não faz você rir. Mas, cara, ele vende o seu peixe.

Burnett é a agência que inventou um jeito de vender verduras: inventou esse eunuco verde que batizou de Jolly Green Giant [Alegre Gigante Verde]. O gigante representa grande qualidade e vem do Vale do Gigante Verde; as pessoas olham para essa grande figura verde e dizem: "Nossa, tem de ser coisa boa." E compram. Quem sabe o que o Gigante Verde representa? Talvez por ser tão grande, represente qualidade. Se eu tivesse um produto para vender no Meio Oeste, não hesitaria em ir direto à agência de Burnett. Burnett sempre diz às pessoas que a sua é uma agência como qualquer outra, só que ele não é um cara qualquer. É um homem muito brilhante. Aquele filho da puta verde, aquele Alegre Gigante Verde, é fantástico. Ele vende feijão, milho, ervilha, qualquer coisa. Quando você assiste ao comercial do Alegre Gigante Verde, você sabe que é fantasia e, mesmo assim, compra o produto. Você sabe o que o Libby faz? Eu não. Você conhece outros anúncios de comida? Eu não. A maioria dos anúncios de gêneros alimentícios dá com os burros n'água e você nem fica

O ALEGRE GIGANTE VERDE E OUTRAS HISTÓRIAS 165

sabendo. Mas o Alegre Gigante Verde é um sucesso instantâneo quando aparece na telinha. Durante anos, o cigarro Marlboro tinha um slogan do tipo "fugir do lugar-comum". A propaganda era de quinta categoria. Burnett pôs a mão no Marlboro e saiu para a rua, contratou um monte de caras muito masculinos, muito rudes, e fez uma campanha fabulosa sobre o Homem de Marlboro. Bem, a maioria deles eram mesmo caras que pareciam muito machos, e não veados com aparência de bofe. Vendeu Marlboro como se fosse pão quente. Depois passou do Homem de Marlboro para o País de Marlboro. Tudo em que Burnett toca dá certo. Não é o jeito que eu faria as coisas; mas, meu amigo, o cara vende a porra do produto. Agora o Marlboro está entre os três cigarros que mais vendem nos Estados Unidos.

Burnett tem faro para encontrar a classe de pessoas certa para a qual vender um produto. Outro exemplo: o cigarro Virginia Slims. Burnett resolveu dirigir seus argumentos de venda para um único grupo — as mulheres liberadas. Isso não significa que outros grupos não seriam atingidos, mas o apelo direto dessa mensagem é para um grupo somente. Virginia Slims está dizendo às mulheres: "Você percorreu um longo caminho, meu bem." E quer saber? Toda mulher está louca para ouvir algo do gênero, e esta é uma campanha muito boa, sexy, um raciocínio impecável. Burnett também vende misturas para bolos como ninguém. A propaganda da Pillsbury é muito, muito boa. Minha mulher fica ali sentada assistindo àqueles anúncios de bolos de chocolate e chega à conclusão de que quer sair e aprender a fazer bolo. Ele tem a capacidade de tocar no ponto sensível do consumidor. Eletrodomésticos Maytag. Sabe como é, ali está uma tomada da Sra. Clancy com seus 13 filhos — e a Sra. Clancy dá a nítida impressão de ter ela mesma passado pela secadora de roupas depois de todos aqueles filhos. Ela está ali em um anúncio dizendo que não teria sobrevivido ao Sr. Clancy, nem aos 13 filhos, sem a sua secadora Maytag, que ainda está funcionando. Quer dizer, não estou nem aí para quem você é, isso aí vai vender. O fato de Maytag fabricar produtos de primeiríssima ajuda imensamente com um bom boca a boca a seu respeito.

Há uma tremenda revolução criativa acontecendo hoje na propaganda. Mas os Bernbachs, os Rosser Reeveses, os Leo Burnetts, as Mary Wellses, apesar de suas diferenças externas, não são de fato tão diferentes assim. Diferentes na execução, mas não na premissa básica.

Pense em Rosser Reeves, um verdadeiro gênio. Seu método de execução é descobrir a única coisa sobre o produto da qual você pode fazer alarde. Depois é só focar nessa qualidade inegável e fazer o maior barulho em torno dela, esquecendo tudo sobre o produto que não seja este único argumento de venda.

A chave é descobrir qual botão apertar em uma pessoa para levá-la a comprar seu produto em lugar de outro. Qual é o lance emocional que afeta as pessoas?

A propaganda que tive de fazer para a Pretty Feet é um bom exemplo. Minha hipótese era de que as pessoas acham, durante a vida toda, que detestam os próprios pés — que eles são feios, que são cheios de calos, que são constrangedores. Acho que a mulher comum entra em uma loja de calçados e fica tão constrangida com a aparência dos seus pés que faz de tudo para escondê-los. O vendedor tem de olhar para eles para ela poder experimentar o par de sapatos, e ela não quer que nem mesmo ele veja os seus pés. Para mim, foi a chave para vender Pretty Feet.

O ALEGRE GIGANTE VERDE E OUTRAS HISTÓRIAS   167

A execução pode ser diferente. Meu anúncio talvez diga: "Qual é a parte do corpo que eu acho mais feia?" — o que parece simples bom-senso aprendido com a vida. David Ogilvy poderia dizer: "Doze maneiras de tornar seus pés mais bonitos." Leo Burnett faria a sua Sally Claussen de Omaha, Nebrasca, dizer: "Eu detestei os meus pés durante trinta anos da minha vida, mas agora descobri essa coisa maravilhosa que os deixa lindos."

Quando eu estava na Daniel & Charles, sempre tínhamos uma boa ideia da forma pela qual as diferentes agências atendiam o telefone. Isso mostra o que quero dizer com diferença na execução. Quando você ligava para a Bates, alguém de lá respondia: "Alô, Ted Bates. Alô, Ted Bates. Alô, Ted Bates." Na Doyle, Dane, alguém respondia: "*Guten Morgen,* às ordens." E alguém da PKL dizia: "Papert, Koenig, Lois. Foda-se você!" Nos velhos tempos, a Papert, Koenig era sempre um pouco hostil.

CAPÍTULO OITO

Três formas de combater a dor de cabeça

Sei que um monte de gente anda falando dessa suposta revolução criativa na propaganda. A revista *Newsweek* fez uma matéria de capa sobre esse tema no último verão. Mas o interessante é que, quando falamos sobre a revolução criativa, não falamos da grande criatividade que fez parte da propaganda durante décadas. Publicaram um livro com 100 dos melhores anúncios já criados, e eu adoraria ter feito um deles. Alguns remontam a 1901. Um deles é um classificado minúsculo que diz apenas: "Estamos procurando homens dispostos a arriscar a vida." A história toda foi que estava sendo planejada uma expedição ao Ártico, e os caras por trás da expedição disseram: "Estamos procurando homens dispostos a arriscar a vida em uma aventura que pode durar toda uma existência, mas eles podem morrer nessa aventura espetacular." Ou ficar congelados. Um anúncio bom à beça.

A revolução criativa pode ser uma forma desajeitada de dizer que existe propaganda boa e que existe porcaria. Sempre foi assim. Hoje, é claro que há uns meninos bem esquisitos que entram na propaganda, de modo que, na falta de um nome melhor para esses meninos, você pode dizer que são criativos. Hoje os clientes não têm a mínima ideia da extensão do comportamento esquisito nas agências. Não sabem que há loucos varridos nas agências. Elas mantêm esses caras trancados no armário durante as apresentações; do contrário, um deles — ou uma delas — vai aparecer e fazer alguma coisa bem estranha. O cliente médio não chega a ver os verdadeiros esquisitos; vai ver um cara que ele pode *considerar* esquisito e que, pelos seus padrões, é esquisito, mas esse cara não é o esquisito de agência propriamente dito.

Pense nesse tal de Herb que estava trabalhando para mim, o cara que queria ter um despertador vivo. Ele escreveu anúncios e comerciais quando a prefeitura estava tentando fazer aprovar uma emissão de títulos para melhorar as ferrovias que serviam as cidades-dormitório. Um dos comerciais mostrava o que parecia ser algo em torno de mil pessoas sendo espremidas para dentro de um trem para o subúrbio. Aquele comercial foi feito do ponto de vista do pobre coitado que pega aquele trem. Dava para ver naquele comercial como um cara feito o Herb se sentia em relação ao problema do trem para o subúrbio. Ele trabalha melhor com os problemas que são os problemas da maioria das pessoas. Ninguém conhecia o homem do povo melhor do que Herb, porque Herb é um homem do povo interessado nos problemas da vida. É íntimo deles. Sabe do que se trata. Ele sente mesmo essas coisas e se comunica mesmo com o consumidor.

Dá para ver uma boa parte da personalidade de Herb aparecer na propaganda que ele faz, e ele não é um caso isolado. A personalidade de um monte de gente aparece em seus anúncios. Certa vez fui encarregado de um trabalho, quando eu estava em começo de carreira, e o cara me disse: "Você escreve como alguém que aprendeu com a vida." Naquela época, pode ser que houvesse hostilidade no meu texto, e ela aparecia — e talvez eu ainda escreva daquele jeito, embora eu goste de pensar que o meu quociente de hostilidade baixou.

TRÊS FORMAS DE COMBATER A DOR DE CABEÇA 171

Evan Stark certa vez bolou um anúncio para um aparelho de ar-condicionado que funcionava no inferno. Sabe como é: é o inferno, e o diabo pega todos os bandidos e os empurra para uma sala e desliga o aparelho de ar-condicionado RCA Whirlpool. Para Evan, o inferno era aquilo. O diabo desliga o ar-condicionado. Mas essa é a personalidade de Evan. Ele sente esse tipo de coisa, acredita nesse tipo de coisa. E é isso o que faz dele um redator tão incrível.

Caras como Charlie Moss e George Lois e até Ron Rosenfeld veem as coisas de forma muito diferente do cara comum. Vi um comercial muito louco outro dia, uma coisa estranha com um carro falando. Como é que alguém pode ter tido a ideia de pôr um carro falante em um comercial? Bem, você pode apostar que ela foi de um cara que conversa com os carros — sabe como é, ele acha que os carros falam de verdade e que, se você falar com um deles, ele vai responder.

Todos esses caras estranhos acabam produzindo coisa boa. Às quatro da manhã, Herb era um redator fantástico. Seus problemas pessoais nunca apareciam em sua propaganda, mas a sua personalidade aparecia, sim. Posso pegar alguns comerciais e anúncios, olhar bem para eles e dizer quem foi que os escreveu. Os caras que são loucos escrevem coisas loucas.

No entanto, as contas gigantes não estão nem aí para a loucura. Todas as preocupações da General Foods se resumem aos resultados. Os resultados, no que lhe diz respeito, são um cara aparecer com um anúncio. O fato de ele ser feito por um psicótico nada significa para essa empresa. Ela não está nem aí, acredite. Você pode jogar um texto e uma arte gráfica dentro de uma máquina e, se sair um anúncio, ela vai se dar por satisfeita. Naturalmente é um sufoco. Um dia, um cara entra na minha sala e me diz que não gosta do jeito do sol brilhar na sua janela. Juro que é verdade. Eu respondi:

— Você já ouviu falar em persiana?

— Tem alguma coisa errada — disse ele. — Está me incomodando e quero mudar de sala.

Bem, em geral as pessoas normais entram e dizem: "Eu gostaria de ter uma sala maior." Mas não, ele tinha de entrar e dizer que não gostava do jeito do sol brilhar na sua janela. Parafuso solto. Tivemos um outro cara trabalhando para nós que às vezes ficava três a quatro semanas trabalhando em um anúncio. Ele ficava lá na sala e pedia um adiantamento de US$ 1 mil para um anúncio que custaria US$ 400 depois de passar pela impressão e pelo acabamento. Portanto, eu vejo uma fatura de US$ 1 mil de adiantamento, com horas e horas de trabalho que devem ter custado à minha agência US$ 6 mil; e, quando o anúncio vai para a gráfica, a impressão talvez custe US$ 800, de modo que o lucro líquido da agência é de US$ 120. Eu tinha de me livrar dele, então um dia ele encontrou alguém na rua que lhe disse:

— Você foi demitido pelo Della Femina, não foi?

— É, ele... disse... que... eu... trabalhava... muito... devagar.

Muitos dos parafusos soltos da cidade trabalham para agências-butique, que é o termo pejorativo usado pelas agências grandes quando elas querem humilhar as pequenas. Na minha opinião, a propaganda de butique é a nova propaganda. Alguém certa vez fez uma analogia que comparava os problemas que estamos tendo nas escolas com aqueles que estamos tendo na propaganda. Na propaganda, exatamente como nas escolas, há um grupo de pessoas que ameaçam um Sistema — naquele sentido de grupo sociopolítico que exerce poder e, em geral, resiste a mudanças —, e o Sistema reage. Talvez a única diferença seja que muitos de nós não querem pôr fogo no lugar, mas somos uma ameaça para o Sistema, composto de agências como a Ted Bates, J. Walter

TRÊS FORMAS DE COMBATER A DOR DE CABEÇA 173

Thompson, Lennen & Newell, Foote, Cone & Belding, Compton, D'Arcy e outras. Elas existem há muitos anos e durante esses anos todos não tiveram concorrência, mas, de repente, uns caras começam a fundar agências e têm a audácia de tirar contas do Sistema. Em 1969, fui para o Sul, vendi meu peixe para uma companhia gigante de cigarros e fechei alguns negócios. Dez anos antes, eu não poderia ter ido a nenhuma cidade de toda a Carolina do Norte. Teriam dado uma olhada em mim na fronteira do estado e me mandado de volta por me considerarem um tipo qualquer de ameaça. É isso que está irritando o Sistema.

Por definição, a butique é pequena. O Sistema diz que as butiques são umas gracinhas, mas são superficiais demais, enfeitadas demais. Sua ideia do que é uma butique deriva da ideia que as suas respectivas mulheres lhes transmitem sobre uma teteia de butique que descobriram na Madison Avenue. O cara que administra essa butique pode estar sem camisa atrás do balcão, talvez só com um colarzinho de contas e, para o Sistema, isso não é bom. Seus membros se reuniram e pensaram na pior palavra que poderiam usar contra esse novo tipo de agência, e a palavra escolhida foi butique.

A Doyle, Dane, Bernbach cresceu depressa demais para se encaixar na ideia de butique. Justo quando o Sistema estava começando a chamar a Doyle, Dane de butique, ela se transformou em uma loja de departamentos bem diante dos seus olhos e continuou dando de dez no Sistema. O Sistema não chama a Mary Wells de butique porque ela abriu e, de repente, era uma loja de departamentos. A butique é o nome dado a umas 20, 25 agências.

Mas pense na butique por um momento. Isso significa que você vai tratar com o homem que é o dono do estabelecimento e vai receber dele muito mais atenção e muito mais serviço. Em segundo lugar, o artigo que você compra em uma butique tem de ser perfeito, se não você vai a outra loja. Muito simples. Se você está administrando uma Macy's, vende de tudo o que há — vende artigos caros, artigos baratos, qualquer coisa em que conseguir pôr as mãos. O objetivo da Macy's é vender; o serviço que se dane. O objetivo de uma butique também é vender, mas com o máximo de serviço personalizado na transação. De modo que uma butique fica aberta até as 10h da noite. A Macy's fecha às 6h da tarde. Uma grande diferença. Você pode ir à Macy's porque acha que R. H. Macy foi um grande comerciante, um grande vendedor e um homem brilhante que levou todo mundo a pensar na Macy's quando pensava em comprar qualquer coisa que não fosse armarinho. E quem é que você encontra? Você encontra uma vendedora que ganha US$ 360 por mês com as pernas doendo. Ela é que é R. H. Macy. A mesma coisa acontece em uma agência. As pessoas vão à Ted Bates porque o Sr. Ted Bates é brilhante, mas elas podem acabar sendo atendidas por um estagiário que ganha US$ 300 por mês e que vai bolar os seus anúncios. Mas, quando você procura uma butique, tem muita chance de acabar trabalhando com o cara que fez aquilo tudo — o cara que fundou a agência. A palavra butique usada em sentido pejorativo é uma impropriedade, uma piada e um erro.

Mas as agências pequenas vão vencer, seja qual for o nome que nos deem. Vamos vencer, a menos que os meninos que estão pondo fogo nas escolas assumam o poder; mas, nesse caso, ninguém ganha. O Sistema está falando de uma geração agonizante. Não está na mesma frequência de onda dos meninos de hoje. É por isso que estão em um beco sem saída. O Sistema não pode mudar, não pode dar nada diferente às pessoas, não pode virar a mesa. O Sistema não sabe o que faz as pessoas pensarem; não sabe mais o que faz as pessoas continuarem vivas. É aí que ele perde o jogo, é aí que ele estraga tudo. Perdeu a capacidade de dizer o que motiva as pessoas, o que as move, como lhes vender seu sutiã, como lhes vender sua loção.

Você acha que uma agência do Sistema teria produzido uma campanha para os cosméticos Love do jeito que a Mary Wells fez? Nunca. Esta foi uma campanha brilhante, até a embalagem dos cosméticos é maravilhosa. A moçada gosta tanto dos frascos que os guarda depois que a loção acaba. A campanha fala com a moçada do jeito que ela gosta que falem com ela. A garotada que ela usou nos anúncios e comerciais parece hippie. Também é tudo gente bonita que só fala de amor. Em um dos comerciais, o cara tem cabelos mais compridos que os da moça. Na verdade, o cabelo dele é tão comprido e tão bonito que eu quase me identifiquei com ele mais do que com a moça. Eles têm consciência do amor, vivem para o amor. Os cosméticos Love estão vendendo feito pão quente e estão com um problema: a empresa não está conseguindo fabricar seus produtos com a velocidade necessária. Bom, pode ser um fenômeno que vai durar só um ano. O setor de cosméticos é uma selva incrível. Mas o fato de os cosméticos Love estarem vendendo significa que eles tiveram uma boa propaganda. O fato de eles pararem de vender talvez signifique que o produto não está na loja. Mas agora estão vendendo, estão fazendo um bom trabalho.

O que está acontecendo nos negócios de todo o país é que esses meninos novos estão começando a abrir caminho até a cúpula. Estão no marketing, nas vendas, na promoção, nas finanças e, em um monte de casos, estão administrando as coisas. O presidente de uma corporação sonolenta que está com sessenta e tantos anos e está se aposentando sem romper uma artéria não vai pegar sua conta e dar para uma agência como a minha. Vai mantê-la na sua agência do Sistema, onde ela esteve, digamos, por cinquenta anos. O diretor-geral de 75 anos que sempre foi amigo de D'Arcy não vai mudar de agência. Mas a próxima geração será nossa, nós é que vamos fazer a cabeça dela. A próxima geração pertence a nós; é toda nossa.

Há uma grande diferença na maneira pela qual os anúncios e comerciais são feitos nas agências criativas e nos estabelecimentos da velha guarda. Antes de Bill Bernbach, as agências antigas produziam sua propaganda segundo o método da linha de montagem. Aliás, esse método ainda é usado na maioria das agências do Sistema. Em primeiro lugar, segundo o método da linha de montagem, um redator escrevia trinta, quarenta, cinquenta slogans. Todos sobre o mesmo tema. "Aspirina faz isso", "Aspirina faz aquilo", "A aspirina é para você", "A aspirina é seu amigo", "A aspirina gosta de você", literalmente dezenas de slogans desse tipo. Aí o redator pega todos esses slogans e procura o chefe da criação, que se senta e lê todos eles e finalmente diz: "Tudo bem, o número 37 dá a impressão de que você pode trabalhar em um tipo qualquer de conceito. O número 43, se você mudar essa palavra aqui, também pode dar certo."

Quando Rosser Reeves administrava a Ted Bates, todo redator tinha de escrever cada slogan em uma folha diferente de papel amarelo. Depois os redatores penduravam seus slogans em uma parede comprida que havia em uma das salas. E aí o Reeves ia lá, parecendo um general passando as tropas em revista. Levava consigo um grande lápis vermelho, examinava as folhas amarelas e dizia: "Muito bem, aquele ali. Trabalhe nele. Talvez você encontre alguma coisa ali." Um cara poderia ter escrito: "Três formas de combater a dor de cabeça." E Reeves diria: "Este não está mau. Não está nada mau. Trabalhe nele."

Imagine você que ele talvez tivesse doze redatores participando desse lance, com algo em torno de cinquenta slogans por redator, o que dá seiscentas formas de combater alguma coisa. Das seiscentas, Reeves escolhia quatro ou cinco e era com essas quatro ou cinco que ele se sentava um dia e apresentava o que ele achava que era o problema, talvez usando um único slogan como gancho.

Com o Reeves era assim. Em outras agências, o redator sentava ali, datilografava feito um condenado e depois ia correndo procurar o chefe da redação, que olhava para o que ele havia feito e dizia: "Algum mérito as suas propostas têm. Por que você não trabalha mais nessa aqui?" Depois de inumeráveis reuniões do redator com o chefe da redação, eles levavam os resultados para o diretor de arte. Para as agências do Sistema, diretor de arte é um cara que desenha. "Este aqui é o nosso desenhista." De modo que eles procuram o desenhista com o slogan que diz: "Três formas de combater a dor de cabeça." Talvez o redator tenha feito um esboçozinho sobre o visual do anúncio. Bem, o diretor de arte é, antes de tudo, um sujeito acorrentado à sua mesa; nenhuma agência grande quer um diretor de arte zanzando pelos corredores. Portanto, ele não pode se mexer muito. Em geral ele está entre os 40 e os 50 anos, mas mesmo quando é jovem a cabeça é de 50. Ele está ali na sua sala, tratando da própria vida, quando o redator entra e diz:

— Tudo bem, olha aqui o que a gente fez. Queremos dizer "Três formas de combater a dor de cabeça" e acho que a gente deveria mostrar um comprimido grande.

— Fantástico — diz o diretor de arte.

— Precisamos de um layout essa tarde para mostrar para o diretor de criação — diz o redator.

— Sem problema — responde o diretor de arte.

E faz o layout. Que estará nas mãos do diretor de criação naquela mesma tarde, e pronto. Há poucas relações entre o diretor de arte e o redator. Eles mal se conhecem. Encontram-se uma vez por ano na festa de Natal e o redator diz ao desenhista:

— Oi, tudo bem? Cara, a gente fez um belo trabalho juntos este ano.

Mas, na verdade, eles não trabalham juntos, eles nem se encontram. Não se trata realmente de duas cabeças trabalhando no mesmo problema.

O que Bernbach fez foi pôr o diretor de arte e o redator juntos em uma sala e deixar a química agir. Ele respeita muito as pessoas e a cabeça delas. Tenho a impressão de que ele achava muito mais fácil ter dois caras brilhantes pensando em um mesmo problema do que um único cara brilhante tendo de ser ele próprio o juiz. Quando Ron e eu estávamos trabalhando, quando estávamos envolvidos para valer e o resultado era bom, a porta ficava fechada. Como se não existisse mais ninguém. Aquela sala se tornava um lugar diferente. Uma química louca agia e, de repente, nós dois estávamos pensando a mesma coisa. Com todo diretor de arte com quem eu trabalhei algum dia, chegava uma hora em que eu começava a dizer uma coisa e o diretor de arte terminava a frase. Eu dizia: "E se a gente perguntasse qual é a coisa mais feia..." E o cara saía gritando: "Entendi, entendi!", sem que eu precisasse continuar.

O cliente nada sabe a respeito dessa química, desse processo. Como é que haveria de saber? Ele só se interessa pelo que sai daquela sala. A maioria dos clientes, tenho certeza, acha que acontece uma mágica qualquer. Que, quando um cara é criativo, é tocado de alguma forma por um raio de luz sobrenatural, lançado

TRÊS FORMAS DE COMBATER A DOR DE CABEÇA   179

diretamente por Deus. As pessoas acham que os caras da criação conseguem fazer coisas que os outros não conseguem. Besteira. As agências grandes de hoje em dia estão faturando a aura de mistério que envolve o homem de criação — o grande mistério da tapeação. Compram a aura de mistério e pagam o que pedirem por ela, mas não sabem o que fazer com ela. Como é que pode acontecer de uma agência contratar um sujeito que é muito bom em outro estabelecimento e que, nessa agência, vira uma toupeira? É que elas acham que a propaganda criativa é um mistério; acham que é algum tipo de mágica.

Ninguém sabe o que é. Ninguém sabe o que é criatividade, ninguém conhece a sensação. Ninguém além dos diretores de arte e redatores que algum dia sentiram a vibração. É por isso que, às vezes, quando o cliente tenta fazer anúncios e diz "Bem, e se a gente tivesse um slogan que dissesse que...", ele não tem a menor ideia da sensação que dá fazer um anúncio, nem o que é chegar a tê-la. Há coisas que eu falo com o Ron e ele responde: "Você pirou? Não dá para falar uma coisa dessas." Mas depois ele acrescenta: "E se a gente fizesse isso aqui?" E vem com um lance que é completamente fora da realidade, mas é dessa coisa completamente fora da realidade que pode surgir um pontinho minúsculo que diz: "Não, vocês estão errados sobre isso aí; mas, se tentarem por aqui..."

A forma que desencadeia todo o processo é o diretor de arte e o redator ouvirem bastante. Quando você assume uma conta, tem de passar por um monte de chatice. Tem de passar pela pesquisa e pelo marketing, pelo executivo da conta, pelo presidente da agência, pelo gerente de propaganda da conta — todo mundo entra na dança. Todo mundo tem algo a dizer a respeito do problema. O executivo da conta, quando é bom, ajuda. Está ali porque você pode se esquecer de alguma coisa e ele tem condições de dizer: "Escuta, você já reparou que...?" Ele pode chegar em você com um conceito. É uma outra cabeça.

O cara da pesquisa faz isso com os números. Ele diz: "Olha, segundo a minha forma de ver as coisas, nove entre dez pessoas não vão beber esse produto por çausa das amostras grátis. O sabor é horroroso." Ele não lhe apresenta uma solução, só mostra outra faceta do problema. Você conversa com o cara da conta, conversa com o cara da pesquisa, e tem a própria conta dizendo: "Bem, acho que o seu problema é que as pessoas não vão comprar o nosso produto porque têm preconceito contra nós pelo fato de nossa fábrica estar em Hackensack." Todo mundo dá um palpite sobre o que acha ser o problema.

Depois que você escutou todo mundo, tem de conhecer a conta. O que envolve uma viagem à fábrica para ver seu produto ser fabricado, uma viagem para ouvir seu gerente de vendas, uma viagem para conversar com seus vendedores, uma volta na estrada com os caras que definem os itinerários ou o simples fato de entrar em uma loja e perguntar a alguém o que acha do produto. É o processo educacional mais concentrado do mundo. Eu acabo sendo um pouquinho especialista em quase todos os ramos com os quais trabalhei um dia. Em outras palavras: tenho condições de lhe explicar como é que se faz poliéster em casa se você for louco a ponto de querer saber. Posso lhe explicar como é que os gases são empurrados para passar por todo tipo de coisa que é transformada em fios de espaguete e, depois, em tecidos. Posso lhe explicar o que é preciso para comprar horários de publicidade de uma estação de rádio. Posso lhe explicar o que fazer para ser um profissional que traça itinerários para um produto chamado Moxie. Sei mais sobre o ramo da higiene feminina do que a lei me permite saber.

TRÊS FORMAS DE COMBATER A DOR DE CABEÇA

Em geral, o redator e o diretor de arte nunca param de aprender. Você tem de conhecer tão bem o produto com o qual vai trabalhar que poderia ir para rua e se tornar um vendedor do fabricante desse produto. O que você está tentando fazer com tudo isso é isolar o problema da companhia — naturalmente ela não teria mudado a conta para a sua agência se tudo estivesse em céu de brigadeiro. O que você tenta fazer é cristalizar o problema. Assim que você identifica o problema, o seu trabalho praticamente já terminou, porque a resolução do problema é moleza. A dor de cabeça é descobrir qual é o problema.

Depois você vai para a sua sala. Quando Ron e eu começamos a trabalhar, perguntamos a nós mesmos o que estava grilando todo mundo. O quê? Defina o problema. A maioria dos redatores e diretores de arte fecha a porta e nem sequer menciona o produto durante horas — às vezes, durante dias, quando temos tempo. Ficamos ali sentados falando de amenidades. Às vezes falamos de sexo, às vezes falamos de filmes. Às vezes, a relação é de hostilidade. Já trabalhei em agências em que o redator e o diretor de arte gritam um com o outro durante dois ou três dias. Um cara pergunta: "Onde é que você estava, porra? Não consegui te achar em lugar nenhum." E o outro responde: "Não estou escondido, estou aqui. Você é que não gosta de trabalhar."

Trabalhei com um diretor de arte cuja mania era gritar e xingar durante oito horas por dia. Às vezes ele quebrava os móveis só para deixar as coisas um pouco mais animadas. Eu adorava trabalhar com esse cara porque nunca sabia com certeza o que é que ia rolar.

Alguém perguntava se ele tinha ido ao cinema na noite anterior e ele respondia que sim, que tinha ido, e que ia contar o que tinha visto na noite anterior. Esse cara falava horas e horas sobre os filmes a que assistia. Outro diretor de arte com quem trabalhei gostava de conversar sobre a sua casa — o financiamento, os cupins, os problemas na grama do jardim, tudo sobre a porra da sua casa em Jersey. De certa forma, é como se fosse terapia de grupo com dois caras. As coisas vão e voltam muito rápido e você nunca tem certeza absoluta de quem disse o quê. Quando Ron e eu estávamos na Delehanty, fizemos um anúncio para a Talon Zippers — aquele com o menino que era personagem dos quadrinhos do "Minduim" em cima daquele montinho em que fica o lançador de beisebol com a braguilha aberta — até hoje a gente discute quem teve a ideia. Eu insisto em dizer que fui eu; ele diz que foi ele. E nenhum dos dois está brincando; todos dois acham que tiveram a ideia. O que acontece é que você fica fora do ar durante o pingue-pongue e ninguém se lembra quem foi que teve a ideia.

É o mesmíssimo processo que rola quando você está trabalhando um comercial para a TV. Um cara diz: "Que tal abrir com isso, e depois a gente se aproxima para um close-up?" O outro cara responde: "Não, nada de close-up, vamos recuar para fazer uma tomada do vidro de aspirina." A baixaria, a gritaria, o berreiro, a agitação, a bebedeira, tudo ao mesmo tempo — é uma salinha louquíssima que explode, um processo muito excitante. Para mim, isso é que é propaganda, porque tudo sai daquela salinha. Depois que você definiu o conceito, você tira uma foto, depois tem a gráfica, a gravação, a pesquisa para ver se a ideia vai dar certo, e você ainda tem de descobrir a mídia certa. Mas tudo isso depende do que acontece naquela salinha. Você não precisa fazer pesquisa quando não acontece nada naquela salinha. O melhor comprador de mídia deste mundo não vai ajudar em nada se a ideia que sair daquela salinha for mixuruca. Nem Michelangelo em pessoa escolhendo uma fonte para o seu anúncio resolve a parada quando a química não existe.

TRÊS FORMAS DE COMBATER A DOR DE CABEÇA 183

O grande problema da propaganda é formar a dupla certa de redator e diretor de arte. Estou falando de química, e até de casamento, e aí está uma coisa que não é nada fácil. Em geral, cabe ao diretor de criação juntar as duas caras-metades. Helmut Krone, que acaba de fundar sua agência com Gene Case, foi um astro enquanto trabalhou como diretor de arte da Doyle, Dane. Mas era temido. Alguns dos redatores mais quentes de nossa época entraram naquela sala do Krone e tremeram nas bases. O problema do Krone é, segundo ouvi dizer, que ele não fala — não fala nada —, só fica ali sentado olhando para a sua cara. De modo que os redatores da Doyle, Dane entravam na sala do Krone e falavam, falavam, falavam até ficarem sem ter o que dizer. Durante toda essa falação, o Krone pode ter sacudido a cabeça uma vez durante alguns segundos. Dois dias se passam e o redator sai daquela sala prestes a molhar as calças, o rosto tenso como se estivesse indo para a forca, perguntando-se se não devia ter tentado uma outra coisa, como vender Bíblias.

Enquanto isso, o Krone só ficava lá sentado metodicamente, ouvindo. Ele não entrava muito nessa de química, não. É como se fosse um pai, ou um médico. Ele te põe na linha, põe mesmo. Só fica ali sentado olhando para sua cara. Finalmente, depois de três ou quatro dias, aparece com alguma coisa e, quando ele aparece com alguma coisa, em geral é brilhante. Ele é um diretor de arte maravilhoso; seu único problema é que ele dá nos nervos dos redatores.

Já houve casos de redatores que não conversam e já houve casos em que nem o diretor de arte nem o redator dizem uma palavra ao outro durante horas. Os dois ficam ali sentados durante três horas e nenhuma palavra é dita. No fim de três horas, um dos caras suspira e diz: "E se a gente dissesse: 'Três formas de combater a dor de cabeça?'" O outro pode responder: "Ah, não, não soa bem." E eles ficam ali sentados durante mais três horas.

Já houve casos em que o diretor de arte dá uma olhada na linda redatora e transforma a sessão toda em uma cantada. O cara está ali sentado pensando em slogans. Surgiu um monte de questões no ramo da propaganda por causa de "Três formas de combater a dor de cabeça". Em primeiro lugar, esse negócio todo é muito íntimo, muito parecido com sexo. Ali está a chance da moça de ver o cara realizar um ato de heroísmo. Sabe como é, ele vai resolver o problema. Agora são duas pessoas lutando contra esse grande problema. Ele diz: "Espera, vou salvá-la — vou salvar seu emprego, seu apêzinho de quarto e sala nos Eighties, vou aparecer com um slogan." "Três formas de combater a dor de cabeça." Gol! O cara é um herói. E, às vezes, como os heróis, é recompensado.

A Doyle, Dane já teve uns redatores bem estranhos. Um dos mais estranhos foi uma moça que passou do trabalho com o diretor de arte para as artes plásticas. Sua teoria era: "Que importância tem o lugar onde você trabalha desde que você produza?" De modo que ela parou de ir à agência, principalmente no verão. Mas podia ser vista matando tempo no Central Park com o diretor de arte. Se a coisa fosse quente mesmo, os dois teriam ido para Amagansett. Trabalhariam na praia e voltariam com uma campanha prontinha.

Quando uma dupla não consegue produzir nada decente, procura o diretor de criação e pede ajuda. Um bom diretor de criação pode ser uma fonte de inspiração incrível. "Escuta aqui, por que não se concentrar nessa única área? Talvez você tenha condições de apresentar alguma coisa e vai estar em melhor forma do que agora. Volte e tente de novo." Como um júri que não consegue chegar a um acordo sobre o veredito, a dupla nunca é descartada sumariamente — dizem a ela para voltar e tentar de novo.

TRÊS FORMAS DE COMBATER A DOR DE CABEÇA   185

Algumas das agências maiores que adotaram o método do trabalho em dupla às vezes têm quatro ou cinco delas trabalhando em cima do mesmo problema — um negócio difícil. Isso significa que só uma dupla vai vencer. As outras quatro vão ser rejeitadas, o que também significa que vão para a rua procurar emprego naquele dia. É claro que a dupla vitoriosa vai ficar muito satisfeita — até a próxima rodada. Essa é a teoria de duplas de Rosser Reeves — jogar todo mundo aos leões quando há uma crise. Se acontecer de um redator passar pelo Reeves, este o agarra pelo colarinho e diz: "Vai procurar um diretor de arte e trabalhar, vai!"

Impossível exagerar a importância de um redator e de um diretor de arte que se entendem bem e dão força um para o outro. É a razão pela qual as agências criativas estão se saindo muito melhor hoje em dia. Claro, uma agência que está tentando vender o seu peixe pode dizer: "Vem para cá, somos uma espetacular agência de mídia." O que você oferece no lugar da propaganda? Como uma agência pode dizer: "Fazemos pesquisa também." O que é que você vai pesquisar se o que você fez não leva à pesquisa? Tudo quanto uma conta precisa é de uma boa propaganda — é por isso que ela paga.

Chega um momento em que todas as agências nascem iguais, e esse momento é quando Jerry Della Femina & Partners, que talvez esteja faturando US$ 20 milhões, tem um anúncio quatro cores na revista *Life* ao lado de um anúncio quatro cores da J. Walter Thompson, que talvez fature US$ 640 milhões e tem milhares de funcionários. Nenhum consumidor sentado na barbearia vai saber qual é a diferença entre as duas agências com base nesses dois anúncios. A mídia é o grande nivelador.

Na *Life* ou na NBC a gente vale tanto quanto qualquer outro. Mandamos ver. Estamos batendo de frente neles e ninguém sabe. Ninguém jamais disse: "Não vou comprar um relógio Corum porque o Della Femina não está faturando tanto quanto a J. Walter Thompson." Não podem nos vencer — exceto na qualidade do anúncio ou comercial. E é em torno disso que gira o nosso mundo. As agências grandes podem ter mais pesquisa, mais funcionários e mais caras de mídia, mas quando mandamos imprimir um anúncio, ou quando elas mandam imprimir um anúncio, somos iguais. Não têm como usar nem um centavo a mais do seu dinheiro para o seu anúncio sair melhor do que o nosso na *Life*. Não têm condições de comprar um material melhor, porque todos nós compramos os mesmos materiais. Não têm condições de pagar mais pela fotografia porque conhecemos e utilizamos esses mesmos caras importantes que eles utilizam. Não têm condições de pagar uma gráfica melhor, porque todos usamos as mesmas gráficas. Não têm condições de pagar uma página melhor porque a mídia tem de lhe dar a página que está ao lado do anúncio de alguém.

Elas não têm condições de comprar nada que a gente também não possa comprar; e é essa a revolução que está havendo no ramo: as pessoas descobriram subitamente que, "se eu der a minha conta para a Thompson, ou para o Della Femina, a diferença é o conteúdo da página". Não importa quantas pessoas o representante da conta conheceu, ou quanto o basquete da agência está envolvido no lance, ou quantos caras aparecem em uma reunião. Corpos. Você sempre pode ligar para a Central Casting para conseguir corpos. Podemos entregar cem corpos se é isso o que a conta deseja. Mas um corpo não é propaganda, nem nunca vai ser.

CAPÍTULO NOVE

Quatro formas de combater a dor de cabeça

Você pode entrar na propaganda de muitas maneiras diferentes. Eu entrei porque, um belo dia, há muitos anos, quando eu era criança, trabalhei como office-boy do departamento de propaganda do *The New York Times* e levava provas de anúncios para as lojas de departamentos da Quinta Avenida. Onde quer que eu fosse — Bonwit, Saks Fifth Avenue — em qualquer das lojas eu via caras sentados com os pés em cima da mesa. Eu gostava disso e perguntava às pessoas quem eram esses sujeitos de pé para cima. Eram os redatores das lojas de departamentos. Foi aí que cheguei à conclusão de que a redação publicitária me caía feito uma luva. Mike, meu pai, era e ainda é cortador de papel do *The Times*, e trabalha na sala das máquinas. Meu irmão Joe trabalha nos anúncios classificados do *The Times*. Tenho um tio Tony que trabalha ali como linotipista, assim como mais quatro primos. A família Della Femina é sustentada pelo *The Times* há muitos anos. Na minha família, o natural é ir trabalhar no *The Times*. Eu tive outras opções. No nosso bairro, ou você trabalhava para *The Times*, ou virava estivador. Quando resolvi me tornar redator, o bairro me riscou do caderninho como se eu fosse um tipo qualquer de pirado. A região Gravesend do Brooklyn não é o que se chamaria de grande produtora de redatores. Entrei na propaganda de uma forma bem honesta. Mas conheço um belo sujeito da Bates que, antes de entrar na agência, vendia água benta pelo correio. Deve ter sido fantástico. Sabe como é, você manda um dólar e recebe sua garrafa de água benta de Lourdes. Água benta autêntica. Quando as associações de água benta se reuniam, falavam sobre esse cara como se fosse um dos seus deuses. Seja como for, no campo da água benta, ele era. Vendeu muita água benta. Passou da venda de água benta e da realização de milagres com água benta para a venda de Anacin. Nada muito diferente. Ele resolveu vender Anacin porque era mais lucrativo do que vender água benta. É uma pena ele não ter pensado em vender Anacin com água benta. Que pacote divino! Você poderia tomar o Anacin com água benta.

O que você fez antes de entrar na propaganda não tem a menor importância. O David Ogilvy trabalhou na cozinha de um restaurante e, de lá para cá, deu-se muito bem na vida. A chave é o quanto você aprende após entrar no ramo e, depois, com que grau de eficiência você diz ao consumidor o que aprendeu. É em torno disso que tudo gira. Quando o John Kennedy era vivo, dizem que um amigo dele teria declarado que foi seu colega de escola e que, naquela época, era tão inteligente quanto o Kennedy. Mas, depois que se formaram, ele arranjou um emprego, e o Kennedy continuou aprendendo. Nunca parou de aprender. Depois de um tempo havia um mundo de diferença entre os dois.

Você aprende porque tem de sobreviver. A primeira coisa que você faz depois de pegar uma conta é aprender. Quando pegamos a conta das estações que são da American Broadcasting Company, e também são administradas por ela, visitamos todas as cinco.

QUATRO FORMAS DE COMBATER A DOR DE CABEÇA   189

Ouvimos todos os seus programas novos. Conversamos com os administradores de cada estação. Aprendemos, aprendemos, aprendemos até estarmos quase prontos para sair da escola. Foi um curso intensivo de radiodifusão e aquele negócio já estava nos saindo pelo ladrão.

Se você acredita em classificação, a ABC News estava em terceiro lugar, atrás da CBS e da NBC. Mas, mesmo em terceiro lugar, a ABC tinha algumas características muito excitantes: uma delas era que seu pessoal gostava de sair por aí e conseguir um furo de reportagem.

Depois de ouvir todo mundo, Ron e eu nos sentamos e tentamos fazer alguma coisa. Algumas horas se passaram e aí, no meio de uma história que o Ron estava me contando, ele disse:

— O que é isso que estamos querendo dizer? Será que estamos querendo dizer que os repórteres da ABC não são sisudos feito o Cronkite [famoso jornalista que virou a opinião pública norte-americana contra a guerra do Vietnã]?

Caí em mim ao ouvir aquilo e disse:

— Escuta, sabe o que é? Parece *The Front Page* [em português, *A primeira página*], um filme que Billy Wilder fez em 1974.

— Eu nunca assisti a *The Front Page*.

Eu disse que o tipo de noticiário que a ABC tem não é muito diferente do tipo de cobertura que era feita na época de *The Front Page*, em que os roteiristas Ben Hecht e o Charles MacArthur criaram Hildy Johnson. Não é a escola de jornalismo que passamos a conhecer e aceitar.

— Foi uma era de... — comecei a frase, mas ele me interrompeu.

— Ah, uma era de um tipo excitante de jornalismo, certo?

— É.

— Bem, havia algum tipo de gente que representava aquele tipo de jornalismo?

— Claro — respondi. — Caras como Murrow, Walter Winchell e Ernie Pyle.

— Olha, por que não começamos usando esses caras — perguntou Ron. — Por que não dizemos que o nosso jornalismo foi inspirado no modo de vida deles, que eles saíam para a rua e conseguiam furos de reportagem?

— Tudo bem — respondi. — Vamos usar o Murrow. O Murrow é maravilhoso porque trabalhou na CBS. Agora as coisas começam a ficar interessantes. Podemos deixar implícito no comercial que, "Embora tenha trabalhado para a concorrência, sempre o admiramos e admiramos o fato de ele ter tido a coragem de sair de casa e fazer a cobertura da Batalha da Grã-Bretanha do jeito que fez." Nós o admirávamos e agora ele vai usar muitas das qualidades de seu jornalismo em nossa programação de noticiário.

Agora tínhamos os primórdios de um anúncio.

Ninguém ainda tinha posto o lápis em cima da folha de papel. Só estávamos conversando sobre o conceito. Surge lentamente o conceito de que íamos dizer ao mundo que temos o mesmo tipo de noticiário que se fazia nas décadas de 1930 e 1940. Ron diz:

— Putz, é isso. É a nossa última palavra. Isso aí é o conceito todo do que é jornalismo, de que éramos uma estação de rádio excitante. A gente sai para a rua e consegue furos de reportagem como faziam na década de 1930.

E, a partir daí, a campanha toma corpo. O negócio todo toma corpo. Como uma bola de neve.

Bem, se o Ron e eu fazemos esse trabalho todo, como é que poderíamos nos levantar, pegar o anúncio, entregá-lo a um cara que é o executivo da conta e dizer: "Vai lá e vende isso aí para

o cliente." Mas é isso o que acontece todo dia. E este é o grande
erro da propaganda, na minha opinião. Estávamos lá trabalhando,
estávamos lá suando a camisa, tivemos doze ideias, mantivemos
três, sabemos exatamente o que estamos fazendo. E, nesse ínte-
rim, terminamos o anúncio, e dissemos: "Olha aqui, vai lá e diz
para eles que esse anúncio é bom e que eles devem comprá-lo."
Bom, não vai dar certo. Na minha agência, nós mesmos saímos
e vendemos o nosso peixe.

Quem está de fora acha que tudo quanto a gente tem a fazer é
conseguir a conta; depois, as coisas giram por si. Não é verdade.
Você vende constantemente para a conta. Certo, quando você
consegue a conta, tudo fica um pouco mais fácil, mas a cada campanha você vai ter de vendê-la ao cliente. Toda vez.

Do jeito que a gente trabalha, há pouca diferença entre o
diretor de arte e o redator. Somos praticamente uma pessoa só.
Consigo fazer layouts, Ron pode chegar com o slogan. E você
descarta ideias, livra-se delas.

No ano passado me ocorreu o que considerei um conceito
muito bom para o vermute da Cinzano. Ron discordou. Briga-
mos durante dias por causa disso. Ele me ocorreu depois de uma
de nossas conversas com o gerente de venda da Cinzano, que
mencionou que todo vermute amarela depois de um tempo.

— Todo fabricante tem um monte de garrafas de vermute
amarelo que ninguém quer — disse ele.

— Epa, isso aí é interessante — eu disse. — O que acontece
quando vocês têm vermute amarelo? Não conseguem vendê-lo
mais. Todo mundo tem esse problema?

— Tem.

Mais tarde, depois que voltei à agência, eu disse a Ron:

— Sabe, vermute amarelo é uma noção interessante. Eu me pergunto como é que você pode ganhar dinheiro com uma coisa dessas. E se você datar as garrafas? E se você puser uma data na garrafa, que vai dizer ao consumidor quando a bebida foi engarrafada? Você pode dizer às pessoas que, quando a bebida começa a amarelar, não dá um bom martíni. Você pode usar para temperar comida, pode tomar banho com ela, mas não dá para usá-la para fazer um martíni.

Mas Ron não engoliu essa.

— Besteira — disse ele. — Difícil demais de fazer.

— Tudo bem — respondi. — Vamos reduzi-la à sua forma mais simples. O que você faz? Põe um rotulozinho na garrafa com uma data escrita nela. Nenhum outro problema.

E foi aquele pingue-pongue com a ideia, durante dias a fio. Toda vez que passávamos um pelo outro no corredor, ele dizia:

— Ah, aquilo lá é ridículo. É apelação. Vamos apresentar para eles uma apelação. Vamos lhes dizer que temos uma apelação que queremos mostrar para eles.

Uma das coisas-chave ao apresentar uma campanha é que você nunca deve apresentar uma ideia semidesenvolvida, porque vai estar supondo que os outros conseguem visualizar o que lhe passa pela cabeça, o que eles não conseguem, e você se arrisca a pôr uma boa ideia a perder bem na frente dos seus olhos. Se eu tivesse procurado o cliente e dito: "Escuta, que tal datar as garrafas?" o cliente provavelmente teria respondido: "Ah, isso aí nunca vai dar certo. Como é que eu vou fazer uma coisa dessas? Não é prático." Mas, se você procura o cliente com uma garrafa na mão e diz: "Aqui está o rótulo com a data. Aqui está a propaganda que fizemos para ele, aqui está o raciocínio por trás dele. Aqui está a forma como ele vira propaganda. Aqui está o

QUATRO FORMAS DE COMBATER A DOR DE CABEÇA   193

comercial do rádio, aqui está o roteiro para o comercial da TV, aqui está o que vamos fazer", se fizer as coisas desse jeito, tem mais chances de vender o seu peixe. Já vi gente pondo uma boa campanha a perder por ficar tão empolgada com a dita cuja que a apresentou antes de ela estar inteiramente madura. No fim, a minha ideia para a Cinzano foi nocauteada pelo Ron. Ele acabou me convencendo de que a ideia era basicamente apelação demais, e largamos para lá.

Naturalmente que o clima da reunião entre o diretor de arte e o redator varia, dependendo do prazo que eles têm para fazer o anúncio ou comercial. A química é igualmente fantástica de ver. Quando você tem três dias para produzir uma coisa, aí você pode trabalhar com toda a calma. Mas, às vezes, é para daqui a meia hora; nesse caso, você acelera o processo todo.

Em certo dia do último verão, Ron e eu tínhamos de produzir um anúncio para mostrar às 9h da manhã. Ambos chegamos à agência às 7h e nenhum dos dois tinha a menor ideia do que queríamos dizer. O tema era investimento institucional, e a gente tinha de estar com a campanha pronta para ser impressa em uma revista chamada *The Institutional Investor*. Essa revista é lida por caras que têm rios de dinheiro para aplicar no mercado. Nosso cliente era a Hirsch & Company, a corretora; e, por meio de *The Institutional Investor*, ela estava tentando chegar ao cara que trabalha para a International Ladies's Garment Workers Union (ILGWU) que talvez disponha de US$ 1 milhão em fundos desse sindicato para investir no mercado. Ele tem poder irrestrito sobre um monte de dinheiro e a ideia é conseguir que ele compre suas carteiras de ações por meio da Hirsch & Company. Como é que você fala com esse cara? Este era o problema.

Sentados ali na sala de trabalho às 7h da manhã, estávamos realmente desesperados. Digo desesperados porque o representante da Hirsch ia chegar às 9h para ver o anúncio e não ia querer saber de mais nada (o departamento de criação de todas as agências trabalha melhor sob pressão. Se você desse a uma agência três anos inteiros para fazer alguma coisa, o pessoal esperaria até o último minuto para fazer o trabalho. Ron e eu sempre esperávamos até o prazo estar estourando). O cara da Hirsch ia querer ver a campanha e não estaria nem aí para o fato de termos andado com problemas e estarmos sobrecarregadíssimos de trabalho. É uma sensação engraçada. Ron e eu sempre trabalhamos em cima da hora de entregar alguma coisa, mas esse foi o prazo mais apertado que tivemos na vida. Talvez, pensamos, seja dessa vez que não vamos dar conta.

Bem, começamos a falar de sexo. Às 7h da manhã!

— Tudo bem?

— Tudo, e com você?

— Cara, você viu a Norma passar por aqui ontem à noite? Nossa, que corpão!

Deu 7h30. E não estava acontecendo nada. Por volta das 7h45, digo:

— O que a gente vai fazer com esse problema?

— Ah, não se preocupe — respondeu o Ron. — A gente vai dar um jeito.

E, de repente, ele diz:

— Pensei nele a manhã toda.

Começamos a ficar com pena de nós mesmos.

— Sabe, isso é um pé no saco — digo eu. — Você nunca pode ir para casa e não pensar em nada, certo?

— É — responde o Ron. — Isso daí é interessante, não acha? Isso de você estar sempre pensando no seu trabalho. Certamente esses caras do ramo do investimento institucional sentem a mesma coisa. Aposto que eles se consideram verdadeiros heróis, do mesmo jeito que nós nos consideramos heróis por estarmos aqui cedo desse jeito.

— É, é interessante, sim — retruco. — Aposto que eles acham que têm o rei na barriga só porque não têm tempo de almoçar por estarem trabalhando. Escuta, você já reparou que, quando não vai almoçar, na verdade se sente melhor por achar que está trabalhando à beça?

— É, eu sei — diz o Ron. — Me sinto ótimo quando estou trabalhando feito um condenado e não vou almoçar. Aposto que esses caras sentem a mesma coisa, sentados ali com seus milhões de dólares para gastar; eles devem achar mesmo que são alguma coisa quando não podem ir almoçar, ou quando têm de mandar trazer um hambúrguer.

— Ah, um hambúrguer — digo eu. — Lembra daquele dia em que a gente estava trabalhando com aquele cara chamado Dave e ele pediu um hambúrguer que chegou frio? Lembra como ele ficou orgulhoso de não ter tempo nem para comer?

— É — responde o Ron. — Que slogan, hein? "A glória do hambúrguer frio." Podia ser isso, a campanha toda. "A glória do hambúrguer frio."

Aquilo era o conceito de toda a campanha, e não só de um único anúncio. As ideias começaram a jorrar desse conceito. O cara que está fazendo a barba de manhã, dizendo a si mesmo que pensa em ações até quando está no banheiro e que tem um expediente de 24 horas por dia. Sabemos que queremos mostrar ao leitor de *The Institutional Investor* a imagem de um hambúrguer e dizer a ele: "Sabe, entendemos exatamente como é. Você está com dinheiro demais e, às vezes, não sabe o que fazer com toda essa grana, e tem gente demais dependendo de você para você se dar ao luxo de sair e pedir um almoço caríssimo. De modo que você pede um hambúrguer, e o hambúrguer chega frio, e quer saber? Você dá uma boa mordida nele. Você se acha o máximo por comer esse hambúrguer frio; e quer saber? Você tem razão." A campanha começou a se desenvolver a partir do sentimento visceral que o cara tem quando trabalha muito. Do sentimento visceral desencadeado pelo fato de ele não ter sequer a chance de ver os filhos. De se barbear pensando no trabalho. De não ter tido um almoço decente há meses. Um por um os anúncios começaram a vir: "A glória do hambúrguer frio." "O expediente de 24 horas por dia."

A essa altura, Ron está desenhando feito louco. Bom, como é que a gente sintetiza isso tudo? Por que esses caras estão trabalhando desse jeito? Por que estão arriscando a saúde? Porque um monte de gente depende deles. Ótimo. É isso aí. "Ligue para a Hirsch & Company porque um monte de gente depende de você."

Agora Ron está desenhando com uma das mãos e escrevendo slogans com a outra. A produção de um anúncio tem quatro fases: a ideia, que é apenas um esboço diminuto; o rascunho, que é a ideia, só que mais desenvolvida; a composição, que significa que as letras que constituem o slogan já foram colocadas e que o desenho já está muito mais detalhado; e o acabamento.

— O que você acha disso aqui? — pergunta ele. — Conseguimos uma bela foto de um hambúrguer, com umas batatinhas fritas do lado, e pronto, temos um prototipozinho.

Estou ali sentado escrevendo o texto agora, mentalmente, e ele também está saindo. A excitação dentro daquela sala é impres-

QUATRO FORMAS DE COMBATER A DOR DE CABEÇA 197

sionante. Agora a gente não aguenta mais ficar sentado. Ficamos pulando, porque temos um prazo para entregar o trabalho e agora já sabemos o que fazer, e sabemos que vamos dar conta. Há uma eletricidade na sala e é em torno dela que gira todo esse ramo, no tocante ao pessoal de criação. Ron termina suas composições às 9h15. O homem da Hirsch chega às 9h20. Tínhamos cinco anúncios para lhe mostrar — cinco layouts completos com um slogan já inserido, um rascunho do texto do corpo com um slogan bem bom. Estava pronto.

Entre 8h30 e 9h, a sensação reinante naquela sala era de pura loucura. Ron está desenhando o mais rápido que pode, jogando folhas de papel para todo lado, e eu falo o tempo todo, como um maluco. É quando o anúncio toma corpo, é assim que acontece. Ninguém nunca escreveu a respeito disso. Ninguém nunca sequer chegou perto de descrever o que é isso. As pessoas falam da produção de um anúncio como se ele fosse feito por artes de magia. Na verdade, não há mágica alguma, ele nem é muito criativo. Sabe como é? É como dois vendedores reunidos para descobrir uma forma de vender o carro esta manhã. São 9h e as portas estão começando a ser abertas, as pessoas estão começando a entrar e o que vamos dizer para levá-las a comprar este carro? Essa é a essência do negócio. As pessoas não deviam tentar transformar um redator e um diretor de arte em outra coisa: são dois vendedores tentando bolar algo e que acabam tendo uma ideia.

— O que vocês conseguiram? — pergunta o cara da Hirsch ao entrar.

— Bom, o que a gente tem é: esses caras todos querem ser heróis, certo? — dizemos.

— Certo — diz ele.

— E — acrescentamos — alguns desses caras têm muita pena de si mesmos, pois trabalham feito condenados, não trabalham?

— Sim.

— Bom, vamos fazer uma campanha glorificando-os por se matarem de trabalhar, uma campanha que vai mostrar a eles que sabemos que eles dão duro. É institucional, é de longo prazo. Isso não quer dizer que um cara vá ligar para a Hirsch & Company e dizer: "Quero vocês porque vocês fizeram aquele anúncio." Quer dizer que talvez, quando ele tiver a chance de escolher entre a Hirsch & Company e um idiota qualquer, ele se lembre vagamente de que a Hirsch & Company fez algo que o deixou satisfeito.

O homem da Hirsch deu uma olhada nos anúncios e disse:

— Vamos comprar.

A campanha foi lançada, e foi uma das boas campanhas de sucesso nessa área, pois os caras a quem ela foi dirigida sentiram que o lance era com eles, com a vida deles. Alguns desses caras do investimento institucional chegaram a ligar para a Hirsch pedindo que mandasse reimprimir os anúncios. Queriam pendurá-los no escritório. "Sou eu, tá sabendo?" dizem eles. Mostram os anúncios para suas mulheres e dizem: "Sabe por que eu chego tarde da noite? É por isso aqui." Querem pôr moldura nos anúncios. As pessoas são assim. Reagem à propaganda, acredite.

É fácil entender por que aquela manhã só daria certo com Ron e eu na sala. Não dava para permitir a presença de mais ninguém, como o executivo da conta. Esse cara se mete em tudo, interfere no processo. E também é fácil entender que os caras que produzem realmente o anúncio são os caras em condições de vendê-lo ao cliente e explicar o anúncio e a campanha. O que acontece nas agências maiores, mais velhas, mais consolidadas é que você

QUATRO FORMAS DE COMBATER A DOR DE CABEÇA 199

tem chefes de redação, assistentes dos supervisores de criação, supervisores de criação mandando e desmandando nos verdadeiros criadores do anúncio. É aí que começa o problema. Esses especialistas em texto, a menos que estejam realmente fazendo algum trabalho, não passam de juízes e superjuízes. Sentam-se ali e lhe dizem se acham que o seu anúncio vai dar certo ou não. Têm tanto direito de estar nessa posição quanto qualquer canastrão que esteja passando pela rua. Quem são eles para se arvorarem de juízes? O que qualifica alguém para ser juiz? A idade? O salário? Ou o desejo? O que faz de alguém um juiz? É por isso que nunca gostamos de julgar o trabalho dos outros em nossa agência. Ninguém é julgado no tocante a seu trabalho. Claro, se um cara não produz nada, ou se apresenta um monte de campanhas que o cliente rejeita porque são todas uma porcaria, bom, aí você tem de pôr o cara no olho da rua. Mas ninguém nunca lhe diz o que você pode ou não pode fazer, ou que não pode apresentar uma determinada ideia. Todo mundo tem a chance de fazer acontecer.

Pense na loucura da propaganda. Onde mais você contrataria um diretor de arte ou um redator que sejam astros por US$ 50 mil ou US$ 60 mil por ano, para depois querer lhe dizer o que fazer? "Muito bem, estamos pagando essa grana toda e o que nós queremos que você faça é isso aqui. Queremos que faça isso; não pode fazer aquilo." Imagina só: ali está aquele cara que ganha aquela nota preta e que certamente deve saber o que fazer, e como. Está sendo contratado por ser um especialista. Mas as agências contratam gente top de linha todo dia e depois tentam ensinar o padre-nosso ao vigário. Coisa estranha — e burra.

Mais estranho ainda é quando uma agência não usa equipes de criação constituídas por duplas, preferindo convocar aquelas conferências gigantescas, durante as quais fazem as suas supostas reuniões de criação. Elas são um verdadeiro tratado sobre a loucura, porque é praticamente uma sessão de terapia de grupo, mas todo mundo tem muita coisa em jogo nessa reunião. Você pode encontrar quatro, cinco, até seis caras aí. Você tem o grande diretor de criação que não vai permitir que uma ideia saia daquela sala a menos que seja dele. O primeiro sujeito que tentar introduzir furtivamente a sua ideia vai ser executado pelo diretor de criação. Ele vai executar o outro porque aquilo é importante para ele. Como poderia aceitar uma ideia de um cara que ganha só US$ 60 mil por ano?

O cara de US$ 60 mil por ano pode ser um supervisor de criação, e seu trabalho é apresentar um anúncio que vai fazer o cara de US$ 90 mil parecer um bobo na frente de todas aquelas pessoas. Que situação! Talvez haja mais quatro caras que vão ter de dizer alguma coisa no decorrer daquela reunião para o diretor de criação lembrar que eles estão vivos. Mas vão ter de esperar a sua vez. Não se importam se disserem a coisa errada — na verdade, espera-se justamente que digam a coisa errada. Mas têm de ser ouvidos. Lançam pérolas do tipo: "E por que não tentar...?"

Talvez você tenha a participação de um executivo da conta. Sua contribuição é: "Vocês têm de produzir alguma coisa, senão vamos perder a conta." Ele é quem dá o diapasão. "Vamos ficar a ver navios", diz ele, e todos ficam ali sentados atirando slogans uns para os outros.

Quando o problema é muito grande, ou muito crucial, o presidente da agência também participa. Ele sempre achou que tinha jeito para criação desde que escreveu aquela fantástica dissertação de encerramento de curso lá em Dartmouth, na qual sua nota foi um B+, e teria tirado A se o professor gostasse dele. Lá estão eles, fumando e tomando café e brincando de criação.

QUATRO FORMAS DE COMBATER A DOR DE CABEÇA   201

O primeiro cara a dar o seu palpite é o cara de US$ 90 mil por ano. Se conseguir marcar um belo gol e organizar as tropas bem cedo, está feito. De modo que ele se vira para o presidente como quem não quer nada e diz: "Olha, 'Três formas de combater a dor de cabeça' funcionou muito bem para todos nós, deu-nos uma fatia muito boa do mercado. Mas, e se agora dissermos 'Cinco formas de combater a dor de cabeça'?" O presidente olha para o diretor de criação e sempre concorda com a cabeça. Os grandes presidentes de agência nunca dizem não. São como os japoneses. Sempre concordando com a cabeça. Muitas vezes querem dizer não, mas sempre dizem sim. O diretor de criação de US$ 90 mil por ano não sabe como interpretar o aceno de cabeça do presidente, de modo que toca em frente o "Cinco formas de combater a dor de cabeça".

O supervisor de criação de US$ 60 mil ficou ali sentado esse tempo todo tentando descobrir como nocautear o slogan "Cinco formas de combater a dor de cabeça". Mas não pode bombardeá-lo diretamente, dizendo algo como "Você pirou", senão perde o emprego. De modo que o supervisor enfrenta o inimigo, mas não é dizendo que o slogan é ruim; diz só que não é muito bom. Também vai ter um bom motivo para não dizer que o slogan não presta; pode dizer que Albert Lasker o usou em 1932 em um projeto semelhante. Como ele sabe, Lasker escreveu um slogan que dizia: "As sanguessugas combatem a dor de cabeça de cinco formas." Ninguém mais sabe o que Lasker disse ou deixou de dizer. Para acabar de derrotar o cara de US$ 90 mil, o cara de US$ 60 mil diz: "Vamos ter de fazer o tipo de coisa que a Doyle, Dane faria. Temos de apresentar o tipo de slogan deles. O que a Doyle, Dane faria em uma situação dessas? Por acaso, eu tenho..." E, ao dizer isso, ele enfia a mão no bolso e tira os sessenta slogans que ele havia escondido no início da reunião. Vai em frente e lê "uma coisa que eu acho que é bem Doyle, Dane". E, evidentemente, é uma coisa maravilhosa.

O cara de US$ 90 mil, que foi nocauteado uma vez, mas é cheio dos truques, vê que o cara de US$ 60 mil fica muito vulnerável depois de ler aquele lixo todo em voz alta para os participantes da reunião. E diz:

— Olha aqui, essa agência não se inspira no estilo da Doyle, Dane porque não fazemos esse tipo de merda. Deixa isso para aqueles caras de butique fazerem. Vamos acabar com eles com uma propaganda sólida. Foi para isso que nos contrataram. Ponto para o diretor de criação.

O presidente está sacudindo a cabeça o tempo todo. O homem da conta está ficando pálido porque já está vendo a conta sair da agência depois de todo aquele absurdo. Os incompetentes que estão na sala agem como se estivessem em uma partida de tênis: viram a cabeça para a esquerda, viram a cabeça para a direita. Mas não sabem para que lado virar a cabeça primeiro.

A reunião continua. Este ano está na moda um cara dizer que temos de fazer um comercial à moda de Wells, Rich, Greene; e depois o outro cara nocauteia essa ideia assim que toca no lance da tradição, da história da agência. Talvez o presidente tenha um compromisso cedo para o almoço e já esteja de saco cheio daquela reunião. E, por isso, sugere uma conciliação. Deixa satisfeitos os radicais que querem um pouco de humor étnico à la Doyle, Dane, e deixa satisfeitos os caras tradicionais ao sugerir: "Oy combate a dor de cabeça de quatro formas." Ou alguma outra besteira desse gênero.

Você acha que estou brincando? Não estou. Estou falando seríssimo. Esse tipo de coisa acontece o tempo todo. Eles faziam

QUATRO FORMAS DE COMBATER A DOR DE CABEÇA

esse tipo de reunião lá na Fuller & Smith & Ross há muitos anos, quando a agência estava tentando conseguir a conta da Air France. O supervisor de criação de US$ 60 mil estava querendo impressionar o diretor de criação de US$ 90 mil, e ficavam trocando pérolas do tipo: "E se a gente dissesse...?"

Havia um pobre coitado de US$ 20 mil sentado longe da principal linha de fogo. Ele sabia que acabaria sendo obrigado a pôr sua colher de pau de dois centavos de dólar naquela reunião, mesmo que ninguém desse a mínima para o que ele tinha a dizer. Era uma espécie de supervisor de redação, mas bem lá embaixo na pirâmide.

Ele entra em uma brecha da conversa e diz:

— Sabe, pensei numa coisa. A Air France é francesa. Por que a gente não diz algo do tipo: "Volte conosco para Paris"?

A reunião para de repente; todo mundo achou o slogan ótimo. Antes de a reunião terminar, o diretor de arte de US$ 90 mil estava repetindo o slogan como se fosse seu. Começou com o seguinte: "Eu gostaria de dizer que este é um bom conceito porque a gente poderia..." Foi roubo à mão armada o jeito com que ele se apossou do slogan. O cara de US$ 20 mil não foi mais ouvido durante o resto da reunião. Levantava a mão toda hora — sabe como é, ele tinha marcado um ponto, quem sabe não estaria ganhando US$ 25 mil no final do ano? O cara tinha problemas cardíacos — morreu mais tarde de um ataque do coração. Mas, na verdade, foi morto naquela reunião. Passaram por cima dele. Ninguém queria saber se ele ainda continuava ali. Todo mundo aderiu àquele conceito o mais rápido possível. O diretor de criação, sendo o que mais ganhava — US$ 90 mil — aderiu primeiro. O cara de US$ 60 mil sacou o que estava acontecendo e tentou tirar uma casquinha do slogan, também querendo marcar um ponto, e disse: "Sim, é uma boa ideia; mas, e se a gente tirasse uma parte..." O diretor de criação contra-atacou na mesma hora: "Olha, nada vai ser melhor do que 'Volte conosco para Paris'."

O diretor de criação agiu tão depressa que, antes mesmo de a reunião terminar, os caras estavam convencidos de que o slogan era dele. Toda vez que alguém tentava bombardear o slogan, o diretor de criação dizia: "Eu insisto em dizer que é por aqui que devemos continuar." As pessoas começaram a achar que ele é quem tinha tido a ideia do slogan, por causa da defesa enfática. Bem, eles conseguiram a conta da Air France e depois as coisas ficaram ainda melhores e maiores para o diretor de criação. Já vi diferentes revistas especializadas em propaganda atribuírem ao diretor de criação não só a invenção do slogan, mas também a conquista da conta. Aquele diretor de criação talvez tenha passado a ganhar US$ 100 mil e continuado a crescer. O cara que criou o slogan está morto e enterrado. O diretor de criação foi um herói na Fuller & Smith durante muito, muito tempo, só por causa do poder daquela campanha. O único problema é que o diretor de criação sabe quem foi que criou aquele slogan. Sabe que não foi ele; que o roubou de um pobre coitado. Ele deve saber disso e, bem tarde da noite, tremer um pouco.

CAPÍTULO DEZ

Censura

Você não gasta US$ 50 mil ou US$ 60 mil para fazer um comercial e simplesmente vai lá e põe seu anúncio no ar. Não é fácil assim. Há regras, regulamentos, censura. Tem tanto disso que é incrivelmente engraçado e imbecil. A National Association of Broadcasters [Associação Nacional de Radiodifusão] congrega o bando norte-americano de censores; são eles que aprovam ou desaprovam comerciais sobre certos temas delicados, como propaganda de cigarros, produtos pessoais, artigos de higiene feminina e partes do corpo como o baixo-ventre. A National Association é muito rigorosa com o baixo-ventre. Se você consegue a aprovação da NAB, ainda tem de passar pelas redes de rádio e TV, que têm os seus próprios censores. E as estações individuais também têm os seus censores.

Um dos maiores problemas que todas as agências têm é a dor de cabeça da censura. Simplesmente não há razão para isso. A censura, qualquer tipo de censura, é pura cisma, puro capricho. É a noção que um cara tem do que é certo para ele. Baseia-se somente na arbitrariedade. Não há regras, não há parâmetros, não há leis. O problema é que o Código da National Association of Broadcasters muda toda semana; toda semana uma nova diretriz é publicada pela NAB. Não sigo qualquer regra, parâmetro ou lei quando faço um comercial. Como poderia? O que é aceitável em uma semana pode não ser na semana seguinte. Não há regras. Só a srta. Cheng.

A srta. Cheng — seu nome de batismo é An-Shih — é uma graça de pessoa, deve ter uns 30 anos e é a pessoa com quem você conversa na National Association of Broadcasters quando quer conseguir a aprovação de um comercial. A srta. Cheng atende na sua salinha da Madison Avenue, que é um lugar estranho para alguém que faz censura; está ali para impedir que o fabuloso público norte-americano seja ofendido. Ela não tem o menor interesse por qualquer comercial; tampouco se interessa por dinheiro. Tudo o que ela quer é manter os Estados Unidos imaculados.

Embora a srta. Cheng seja mesmo uma graça de pessoa, tive os meus maiores problemas com ela ao fazer comerciais para o Feminique. Tudo bem, o Feminique é um produto de higiene feminina, para cunhar uma frase. As mulheres usam o spray para ficar com a região da vagina perfumada. É isso o que o produto faz. Mas você não pode nem chegar perto de dizer isso em um anúncio ou em um comercial. Portanto, o que tentamos fazer foi conseguir uma artista de cinema para endossar o produto em um comercial. Falamos com Deus e todo mundo. Vanessa Redgrave enviou-nos uma carta dizendo que nós, os norte-americanos, éramos verdadeiros maníacos em relação à limpeza de nossas axilas e coisas do gênero. Ela disse que achava o Feminique só mais um exemplo da mania de limpeza dos norte-americanos. No tocante à vagina, Vanessa Redgrave disse que as mulheres deviam usar bidês, sabão, água e talco. Eu estava ali olhando para a carta quando me ocorreu que a gente não ia conseguir ninguém.

Quer dizer, todo mundo nos virou as costas — todo mundo menos Linda Darnell, mas ela morreu há três anos. Tenho certeza de que, se estivesse viva, ela também teria nos virado as costas. Por fim, recebemos a resposta de Dorothy Provine, a estrela de televisão, a um desses pedidos de endosso para o comercial — ela o faria por US$ 50 mil. A agência inteira vibrou quando Provine disse que faria o comercial. Embora US$ 50 mil seja uma grana preta, teríamos no ar o único comercial que conseguiu aprovação a respeito de todas aquelas coisas que o Código diz que você não pode dizer. Você não pode nem mencionar sexo, mas Provine é sexy. Você não pode dizer provocante, mas Provine é provocante. A minha teoria é que, quando a concorrência vê o nosso comercial e começamos a bombar e as vendas decolam, a concorrência diz: "Temos de ter uma celebridade também para neutralizar esse povo." Achei, enquanto olhava em volta, que a única celebridade que restava era Arthur Godfrey. Agora ele está fazendo comerciais para a Axion, mas eu quis dizer que foi a única celebridade que lhes restou.

Gravamos o comercial em Los Angeles em uma grande mansão. A equipe toda — fotógrafo, diretor, as moças do roteiro, as dezenas de pessoas correndo para cá e para lá — era de gente da pesada e nós ganhamos um monte de dinheiro com esse comercial. Entrei nessa mansão, que deve ter uns quarenta quartos, para conversar com Provine e, quando a vi, quase desmaiei. Ela estava embaixo do secador, sabe, e este não é um bom lugar para conversar com uma dama porque, em geral, as mulheres ficam horrorosas embaixo do secador. Desci as escadas muito tenso e nervoso. Quer dizer, ali estava eu com uma equipe de 25 pessoas para rodar o comercial e me deparo com aquilo?

Finalmente chega a hora em que Provine desce. E ela estava linda. Um maquiador afetado deu um trato nela e ela estava um arraso. Comecei a falar com ela e disse:

— Quero dar a isso uma interpretação à Sandy Dennis.

— E o que é uma interpretação à Sandy Dennis?

— Uma interpretação à Sandy Dennis é como se você tivesse sido uma retardada mental durante os seus primeiros 18 anos de vida e tivesse acabado de aprender a falar, mas não consegue se lembrar muito bem das palavras. Por isso você diz coisas do tipo: "Esse é... ahn... o primeiro comercial... que eu já... ahn... fiz na vida..." Tem de ser natural, como Sandy Dennis, sabe como é? Finja naturalidade.

Ela fingiu e fingiu muito bem. Há uma parte em que ela chega e diz: "Esse é o primeiro comercial que já fiz na vida. É sobre um produto que, ahn... me toca muito de perto... É um produto feminino..." E ela fez para nós uma interpretação maravilhosa à Sandy Dennis. Um comercial espetacular. E aí começaram os nossos problemas com a srta. Cheng.

As instalações da National Association of Broadcasters enganam muito a gente. Parecem um escritório comercial como outro qualquer. Você entra, há uma moça atrás de uma mesa e você diz: "A srta. Cheng, por favor." E lá vem a srta. Cheng. Ela tem a fala mansa, é uma graça de pessoa e eu não sei, mas acho que ela talvez seja o cérebro por trás daquele lance todo. Seu título é de editora-chefe. Tudo quanto sei é que nunca vi muita gente por ali. E tudo quanto você faz é mostrar as suas coisas à srta. Cheng. E ela sempre fala vagamente de seus superiores, que ela tem de consultar, mas nunca vi nenhum deles. Ela sai da sala e depois volta com algumas das decisões mais absurdas que já vi na vida.

CENSURA 209

Em geral, você procura a srta. Cheng com o roteiro de seu anúncio — aquelas coisas pregadas em cartolina com várias fotos do comercial com a parte de áudio datilografada e anexada. O trabalho que a srta. Cheng fez com o comercial de Feminique foi extirpar dois terços dele. A srta. Cheng declarou que não poderíamos dizer: "É seguro." Mas que poderíamos dizer: "Vai fazer você se sentir segura."

— Bom, mas isso não significa que é seguro para a mulher?

— Sim, mas não se pode dizer que *é* seguro.

A srta. Cheng também não gostou de termos usado três vezes a palavra "feminino" no comercial.

— Não basta usar "feminino" uma vez só?

— Certamente é possível usá-lo uma vez só. Mas por que não posso usá-lo três vezes?

— Bom, quando você usa a mesma palavra três vezes, essa palavra está sendo enfatizada.

E, para coroar:

— Você não pode usar o nome de um concorrente, mesmo que esteja dizendo algo simpático a seu respeito.

Mais o seguinte:

— Você não tem licença para usar a expressão "higiene feminina".

Apesar de tudo isso, a srta. Cheng é cordial o tempo todo.

— Boa sorte com seu comercial — disse ela ao final.

É claro que você pode gravar o comercial sem a aprovação da srta. Cheng, mas não pode colocá-lo no ar. Quer dizer, acho que você poderia colocá-lo em qualquer estação dos Estados Unidos que não tenha aprovado e aceitado o Código da National Association of Broadcasters. Talvez haja umas duas estações que não tenham adotado o Código — e talvez uma delas esteja em um mercado grande como Monahans, Texas (a KMOM-TV).

Então você segue em frente e reescreve o comercial para deixar a srta. Cheng satisfeita, e vai para a Costa gravá-lo e gasta sei lá quantas centenas de dólares para dar conta de tudo e levá-lo de volta à srta. Cheng: ele tem de passar novamente pelo seu crivo. A srta. Cheng examina o comercial na sua salinha de controle, sacudindo a cabeça com um ar de sabedoria e aí, no dia seguinte, liga para você e começa a cortar coisas. Uma das frases que Dorothy Provine diz é:

— Existem muitos outros produtos de qualidade, mas eu uso Feminique.

A srta. Cheng não gostou do "mas". O "mas" indica que você está tentando rebaixar a concorrência. A srta. Cheng quer que Dorothy Provine diga: "Existem muitos outros produtos de qualidade e eu uso Feminique." A srta. Cheng diz que a gente tem uma frase no comercial que afirma que Feminique tem um perfume de limpeza e frescor que você não consegue com um banho de chuveiro, nem de banheira. A srta. Cheng diz que a frase indica — e estas são palavras textuais dela — que "você ainda fede" depois de um banho de chuveiro ou banheira. Pelo amor de Deus, "você ainda fede"?

Estamos ferrados de novo. Ela resiste à nossa argumentação: mais problemas, mais dificuldades. A história continua e é uma batalha interminável. Quanto mais poder os censores têm, tanto mais teremos de lutar contra eles. E é uma luta que as agências não ganham. Por fim, o comercial foi ao ar. Regravamos, cortamos, fizemos uma bagunça daquelas com um belo comercial para a srta. Cheng ficar satisfeita.

Topei com a censura de novo quando tentei colocar um anúncio impresso de Feminique na revista *McCall's*. Art Stein era o editor da *McCall's* nessa época e desprezava a ideia de higiene feminina. Nós o procuramos com o comercial de Dorothy Provine, que, a essa altura, já havia sido terminado e aprovado, e provamos a ele que o mesmo anúncio fora aceito pela *Ladies Home Journal*, pelo *Washington Post* e por um monte de outros jornais e revistas. Stein leu o texto, uma parte em que dizia: "Agora que a pílula libertou você das preocupações, o spray vai fazer essa liberdade valer a pena."

— O que faz você pensar que as mulheres que leem a minha revista tomam pílula? — perguntou ele.

— Bom — respondemos —, lemos uma matéria que você publicou na sua revista há seis meses sobre pílula e gravidez, esse negócio todo.

— Esse é o lado editorial — respondeu ele. — O meu lado é propaganda. Você não pode dizer às mulheres que a pílula as libertou das preocupações. Não vou aceitar isso.

— Tudo bem — disse eu. — Vamos tirar essa frase.

— Vocês têm outra frase aqui — disse ele apontando para uma declaração que dizia algo no sentido de que, quando você toma banho, cuida da parte mais importante de sua pessoa. — Essa frase — continuou ele —, sobre cuidar da parte mais importante da pessoa, você não pode dizer uma coisa dessas.

— Olha — respondi —, fui eu que escrevi o anúncio, e acho que essa é a parte mais importante de uma mulher.

Stein ficou com o rosto muito vermelho, olhou para mim e disse:

— Sr. Della Femina, já ouviu falar em coração?

Eu respondi que, quando ia para a cama com uma mulher, não procurava particularmente o coração.

— Você não vai entrar na minha revista com esse anúncio — retrucou ele. — Você nunca vai entrar na minha revista com esse anúncio. Fim de papo. Bum! Ele se livrou dessa. Mas, tempos depois, Stein foi demitido e o homem que assumiu o seu lugar veio à nossa agência no último verão perguntando se poderia publicar aquele mesmo anúncio na sua revista. A censura é sinônimo apenas dos preconceitos de cada um. Fui censurado porque o sr. Stein não conseguia acreditar que as mulheres que liam a sua revista tinham vagina.

Não pensem nem por um momento que somos os únicos a ter problemas com a censura por causa da natureza do produto. Certa vez, na Bates, foi apresentado um comercial para um fabricante de brinquedos com uma metralhadorazinha em cima e um monte de terra que fulminava nazistas, ou quem quer que fosse que estivéssemos chacinando ou combatendo na época. Talvez vietcongues. O comercial foi mandado para a censura e a resposta foi: "Segundo o Código, este comercial é inaceitável."

O homem da conta pergunta:

— Mas por quê?

Ele certamente está muito abalado com aquela reação ao comercial. O homem da conta acha que seu comercial foi parar nas mãos de alguém responsável pela censura que tem horror à guerra e está querendo diminuir a violência na tela.

Nada disso. O censor disse:

— Bem, é óbvio que o monte de terra faz parte do brinquedo.

— Monte de terra? Que monte de terra? — perguntou o homem da conta.

— O monte de terra de cima do qual o menino está atirando.

O homem da conta pisca e dá um passo para trás.

CENSURA 213

— O monte de terra? Nenhuma criança acharia que o monte de terra faz parte do brinquedo. É só um monte de terra.

— Bem — respondeu o censor —, é óbvio que o menino acha que o monte de terra faz parte do brinquedo, uma vez que ele aparece na tela durante todo o comercial e o menino passa esse tempo todo em cima de um monte de terra.

O censor pensa que a criança vai achar que vai receber um monte de terra junto com a metralhadora de brinquedo. O censor disse ao cara da conta que a Bates tinha de optar entre dar um monte de terra junto com cada metralhadora vendida ou fazer passar um letreiro durante o comercial com os dizeres: "O monte de terra não acompanha a metralhadora." O homem da conta, um sujeito muito inteligente, de repente acha que talvez já esteja em 1984.

— Que criança — pergunta ele — acreditaria em uma coisa dessas?

O censor tinha uma resposta para essa pergunta também.

— Não é com a criança de cinco anos que estamos preocupados. É a criança de um ou dois anos que pode ficar em dúvida.

Só para ter certeza, o homem da conta diz:

— Para crianças de dois anos que não sabem ler é que eu tenho de passar um letreiro na tela com os dizeres: "Este monte de terra não faz parte do brinquedo"?

Seja como for, a criança de cinco anos, que já sabe ler, vai pensar que somos loucos.

— Sim — respondeu o censor —, se você não usar o letreiro, o comercial não vai ao ar.

De modo que o comercial apresentou o letreiro por causa das crianças de dois anos que não sabiam ler. Em nenhum momento desse processo todo alguém chegou e disse: "Nossa, você acha mesmo que a gente devia apresentar um comercial que mostra um menininho sedento de sangue matando um monte de crianças com uma metralhadora de brinquedo igualzinha à original?" Não, isso aí tudo bem. As crianças podem matar e tudo o mais. O problema era o monte de terra. Isso é a censura no seu apogeu.

Mencionei antes que você não enfrenta um censor apenas; às vezes são dois ou três. A srta. Cheng é a censora da NAB. Em geral, a pessoa responsável pela censura na rede é uma mulher que atende pelo nome de McGillicutty ou algo do gênero, que tem mais de 40 anos, está um pouco acima do peso, é virgem, e é uma virgem profissional — quer dizer, não é apenas uma virgem virgem. Seu trabalho é ficar ali sentada, olhar, ler e examinar o maior número possível de comerciais; é o único trabalho que ela tem. A única coisa que ela tem de fazer o dia todo é procurar sujeira. Se não encontra sujeira, então não merece o salário daquele dia. De modo que o seu trabalho, entra dia, sai dia, é encontrar sujeira. Quando se levanta de manhã e está tomando o seu café, tudo em que ela consegue pensar é em sujeira, lixo, porcaria. Sabe como é: foi um seio que vi ontem naquele comercial? Será que foi um olhar malicioso daquela modelo, ou foi o sorriso? Será que aquele sujeito no banho mostrou uma pontinha do quadril? "Passe de novo, por favor, acho que vi a ponta de um quadril." É isso o dia inteiro, a vida inteira dessas pessoas. Dá para imaginar como é que está a cabeça delas no fim do dia. É um trabalho de louco que elas têm. Talvez eu esteja querendo explicitar alguma coisa no comercial; talvez eu esteja querendo falar de sexo em um comercial e esteja passando a conversa nela. E ela não pode se deixar levar por essa conversa, ela tem de descobrir a verdade. É um lance de grandes proporções: ela tem de descobrir a pontinha do quadril, o sorriso malicioso, a sobrancelha que se levantou, a sujeira.

CENSURA

É só se lembrar do comercial de Noxzema com aquela loira belíssima, aquele em que a loira está chupando o polegar de maneira muito, muito sugestiva, e diz: "Tira, tira!" Esse comercial é muito sexy.

Em algum ponto ao longo do caminho um homem de conta fez um belo trabalho. Ele deve ter pego o seu comercial e se sentado com uma censora de mais de 40 anos e examinado o dito cujo. Bem, se a censora levantasse alguma dúvida sobre a loira que chupava o próprio polegar, o que será que diria? Que o lance parece uma felação na tela? O cara da conta deve ter dito: "Ela está chupando o polegar. Se a senhora puder me dizer o que mais ela pode estar sugerindo, vou ter o maior prazer em tirá-lo do ar." Que trabalho! É óbvio que essa mulher não conseguiria dizer-lhe o que o comercial sugeria. Tenho certeza de que foi isso o que aconteceu.

No entanto, na maior parte do tempo, você não consegue driblar um(a) censor(a) desse jeito. Smith/Greenland, uma agência muito boa, estava fazendo um comercial do desodorante Fresh. Por que esses produtos de higiene têm tantos problemas? Seja como for, conseguiram passar pela srta. Cheng; quer dizer, mostraram à srta. Cheng o que queriam fazer e ela disse: "Fantástico."

Eles queriam uma profissional da dança do ventre em seu trabalho, mostrando que ela leva uma vida ativa, que dá um duro danado. É claro que essa profissional da dança do ventre está sempre com um cheiro maravilhoso, pois usa Fresh que, puxa, não sei, mas não deixa de fazer efeito mesmo que você queira passar a noite toda praticando a dança do ventre. O comercial custou uma grana preta e, quando a srta. Cheng viu quanto foi, ela disse: "Formidável."

Eles acharam que estavam com tudo. Mas não contavam com o censor da NBC, que deu uma olhada no comercial e disse:

"Aquilo ali é um umbigo. Meu Deus, você não pode mostrar um umbigo." A teoria era que podia haver crianças assistindo e que elas poderiam ver o umbigo. É claro que o censor da NBC não se deu conta de que, quando as crianças entram no banho todo dia, olham para baixo e veem o próprio umbigo. Mas nada de umbigos no ar. Não é bom. Esquece que toda criança tem umbigo. Esquece isso.

De repente, a Smith/Greenland fez esse comercial caríssimo e não tinha onde colocá-lo no ar. O censor da NBC fez picadinho do comercial. Houve muita amargura de ambos os lados. O fabricante de Fresh não precisava desse tipo de problema e ali estava uma agência que havia gastado um monte de dinheiro e não tinha onde colocar o seu anúncio. A Smith/Greenland havia mostrado o roteiro do comercial a um censor. Quem sabe? Talvez o artista não tenha desenhado o umbigo; e, se desenhou, talvez não fosse um umbigo real, vivo, pulsante, que teria levado o censor a interromper o comercial naquele estágio. A Smith/Greenland perdeu a conta quando devia estar faturando mais de US$ 1 milhão. O triste dessa história é que você não tem como vencer, você não tem a menor chance.

A resposta para tudo isso? Absolutamente nenhuma censura. Se você fizer alguma coisa que seja realmente de mau gosto, você vai sair do ar — quer dizer, vai sair do ar porque as pessoas vão parar de comprar o seu produto. Claro, tem um monte de coisa ruim no ar. O cara com martelos na cabeça. O cara com o peito à mostra. Horrível. Ele morre, ele vai morrer, mas que seja com o próprio veneno. Quem sou eu para dizer que aquele negócio é de mau gosto? Acontece que eu acho que muitas agências de Nova York colocam um monte de lixo de mau gosto no ar. Mas não tenho o direito de lhes dizer: "Não, vocês não podem fazer

CENSURA

isso, vocês não podem fazer aquilo." Minha opinião a respeito da censura é muito simples: não tenho o direito de censurar ninguém. Às vezes o cliente chega e diz à agência que o comercial não é bom. Mas essa é a censura do cara que está pagando as contas. Um monte de clientes não quer ver seus artigos apresentados de uma certa maneira. Um monte de clientes não quer estar nem mesmo na fronteira do mau gosto. A srta. Cheng diz que não há problema algum em mostrar umbigos, mas a censora tipo sra. McGillicutty os proibiu. Enquanto isso, milhares de dólares estão indo pelo ralo. A srta. Cheng não se preocupa com dinheiro. Ela não tem absolutamente nada a ganhar nessa esfera. É como eu disse a ela outro dia ao telefone: "Se eu posso dizer feminino uma vez no comercial, a quem ofendo se eu disser três vezes?" No seu mundinho particular, três vezes é um número muito grande para a palavra feminino ser repetida. Uma vez é tudo quanto ela permite. De modo que perdi de novo.

Há uma ponta clássica de Lenny Bruce em um filme: ele está fazendo o papel de um pai conversando com o filho enquanto ambos assistem a um filme pornográfico. Bruce diz:

— Filho, não posso deixar você assistir a isso. Isso aí é um filme de um casal transando, e isso é horrível, sujo, repugnante. Filho, vou tampar os seus olhos agora. Aquele homem vai beijar aquela mulher e eles vão transar e vai haver prazer e tudo o mais, uma coisa horrível, não é para você ver enquanto não tiver ao menos 21 anos. Em vez disso, filho, vou levar você para assistir a um belo filme de guerra. Certamente podemos assistir a um filme de guerra do John Wayne, em que há sangue, tripas de fora, chacinas e tudo mais. Porque alguém chegou à conclusão de que este você pode ver, filho.

Se você estiver fazendo um comercial de cigarro, esquece. Não vai poder dizer nada em um comercial de cigarro. Nada. Você tem permissão para colocar um veado pulando no seu comercial, mas ele não tem permissão de sentir prazer no seu comercial de cigarro. Os personagens não podem dar a impressão de estar sentindo prazer. O cigarro não pode ter o aval de um atleta, não pode ter o aval de ninguém. Os personagens não podem ser muito jovens e não podem parecer muito inteligentes. Agora, os cigarros são vulneráveis. Quem pode ser um herói se não combater o cigarro? O combate ao cigarro é realmente a forma de censura mais hipócrita que existe — pior que a da srta. Cheng ou a da sra. McGillicutty.

Agora é quente atacar a propaganda e estamos vulneráveis por sermos muito segmentados. Alguém pode entrar no Congresso e dizer: "Bem, o dinheiro que está sendo gasto com a venda de sabão poderia ser gasto para salvar o Harlem." Todo mundo vai concordar, exceto aquelas pessoas interessadas na fabricação e venda de sabão. Fica fácil, ou parece fácil, um político dar uma investida e atacar, mas muito poucos deles são burros a ponto de atacar a propaganda como um todo. Veja só, os políticos estão entre os maiores anunciantes que existem. Rockefeller: gasta uma fortuna com propaganda toda vez que se candidata a algum cargo. Javits: uma raposa. Trata a si mesmo como se fosse um produto. Quando dá uma olhada nas pesquisas de opinião feitas durante uma campanha e vê que está ganhando com uma margem de diferença grande, ele é como qualquer outro anunciante — simplesmente reduz a sua propaganda.

O senador Gaylord Nelson, de Wisconsin, participou de algumas audiências há alguns anos e chegou à conclusão de que os fabricantes de pneus dos Estados Unidos deviam gastar menos

CENSURA 219

dinheiro com propaganda e investir na produção de um pneu melhor, com o que economizariam em publicidade. Estava dizendo que deviam cortar a porra dos seus orçamentos de propaganda. À primeira vista, parece maravilhoso. Na minha opinião, se os fabricantes de pneus pudessem fazer um artigo melhor, fariam com toda a certeza, pois seria muitíssimo mais fácil vendê-lo. Mas Nelson diz que eles estão gastando demais com propaganda. Escrevi um artigo para a minha coluna do *Marketing/Communications* sobre Nelson, e descobri quanto ele gastou na sua última campanha eleitoral para o Senado. Este político que está vociferando contra o pessoal dos pneus — e trata-se de documentos públicos à disposição de todos na sede do Congresso em Madison — gastou US$ 486.338,34 com propaganda durante a sua última campanha. Muito bem: por que ele não reduziu os gastos com a sua própria publicidade e não usou o dinheiro para fazer um senador melhor? Talvez ele pudesse gastar o dinheiro contratando especialistas para abarrotá-lo de conhecimento. Ele poderia fazer muita coisa com essa grana. O que os Estados Unidos precisam é de grandes senadores e Nelson poderia usar uma parte daquele orçamento publicitário para conseguir senadores melhores. Eu mesmo poderia criar uma campanha muito boa para ele em torno desse conceito.

O que os políticos usam é a técnica do salame: atacam um grupo de cada vez. Agora é a vez dos fabricantes de cigarro; da próxima, talvez seja de novo a vez dos caras da indústria farmacêutica, e depois a dos carros. Vão acabar chegando aos caras do sabão. Preste atenção. Quando alguém tenta reprimir alguém, o argumento é: "Olha, esta é só uma fatia desse grande negócio e estamos fazendo isso para o seu bem."

Na verdade, a técnica do salame também tem sido usada na propaganda e na embalagem. O governo dos Estados Unidos chegou à conclusão de que você não pode chamar a sua torta de cereja de torta de cereja a menos que ela tenha 32 cerejas por torta, ou algo do gênero. Bem, quem é que vai protestar contra a torta de cereja? Não vão ser os fabricantes de pães — eles não estão nem aí. O cara do pão está ali sentado dizendo: "Bem feito para eles, eles viram o que é bom pra tosse, esses filhos da puta deviam fazer alguma coisa a respeito das cerejas das suas tortas de cereja." Um outro cara — o fabricante de cigarro — também não está nem aí: "Bem feito para esses caras, estava na hora de irem atrás desses vagabundos que vendem torta de cereja."

O fabricante da torta de cereja é quem leva na cabeça. Só porque um sujeito lá em Washington estabeleceu arbitrariamente um determinado número de cerejas por torta, a companhia que fabrica as tortas apresenta um instrumento que conta o número exato de cerejas por torta. É quase como se fosse uma peneira usada para garimpar ouro. Eles mergulham esse troço em um tonel de meleca, peneiram e, quando aquela meleca toda passa pela peneira, eles têm condições de contar 32 cerejas. Antes de entornarem o conteúdo da peneira dentro da torta, eles precisam ter um mínimo de 32 cerejas lá dentro. O governo acha que o cidadão comum que cavuca a sua torta de cereja não tem proteção alguma se não houver um número suficiente de cerejas nessa torta. A única pessoa que fica revoltada com isso é o fabricante de torta de cereja, e ele faz tudo isso porque não quer ser obrigado a dizer que faz uma "torta com sabor de cereja" em vez de "torta de cereja". De modo que vai ceder aos governantes. Logo ali tem outro cara pensando: "Boa. Acabem com a raça daquele filho da puta da torta de cereja." Ninguém concorda em relação a esse problema.

O governo continua se baseando na teoria de que a minha mulher, ou a sua, ou a mulher de qualquer um é burra demais para descobrir a diferença entre um superproduto e um produto monstruoso. A teoria do pessoal do governo é a seguinte: é melhor a gente tomar conta do povo porque o povo é burro demais para cuidar de si mesmo. O que acontece é que arranjamos pessoas como Bess Myerson ou Betty Furness para cuidar do povo por nós. As pessoas que o governo recruta para serem cães de guarda do povo são inacreditáveis. Estou à espera de uma Frances Langford ou, quem sabe, de uma Dorothy Lamour. Gloria De Haven também seria uma boa opção. Ou Ann Miller. Posso ver Ann Miller falando a verdade sobre embalagens durante 20 minutos. Não entendo por que a coisa melou tanto. Por que o governo não entra no mundo do entretenimento? Que tal Mickey Rooney? Ou Shirley Temple? Não, ela está fora de cogitação, pois nos representa na ONU.

O que me deixa louco de raiva é o governo ser tão hipócrita nessa história toda. O governo diz que o cigarro faz mal à saúde. Tudo bem. Por que ele não torna ilegal a venda de cigarro? Seria muito simples, nenhum problema — é só pôr o cigarro na mesma categoria da maconha, da heroína, do haxixe etc. Torná-lo ilegal. Bem, eu acho que o governo não consegue ver claramente a possibilidade de tornar o cigarro ilegal porque ele recolhe um montão de dinheiro com os impostos sobre a venda de cigarro. O governo está ganhando um montão de dinheiro com cigarro nesse exato momento — e quem sabe o que o governo estadual e municipal está ganhando com seus impostos? O governo é um beneficiário da propaganda do cigarro. E é isso o que chamamos de dois pesos, duas medidas.

As redes deixarem de fazer propaganda de cigarro é uma piada. Elas estão dizendo: "Certo, chega de comerciais." Mas a razão é pura e simplesmente econômica. A pressão sofrida pelas estações para apresentar gratuitamente os comunicados da

American Cancer Society tem sido grande. Elas tiveram de abrir mão de tanto tempo de suas programações que deixou de ser economicamente viável para elas continuar fazendo propaganda de cigarro. As redes não têm condições de continuar fazendo propaganda de cigarro, depois reservar um período equivalente para a propaganda anticigarro e ainda terem lucro. Para sair desse impasse, desistiram do setor do cigarro.

Se as agências de propaganda são tão capazes de seduzir assim, se convencem tanta gente assim a comprar cigarro, como explicar o fato de não induzirem ninguém a deixar de fumar com suas campanhas anticigarro? Ou você tem o direito de fumar, ou não tem. Ou você torna o cigarro ilegal, ou o deixa em paz. Mas chega de dois pesos, duas medidas. A maconha é ilegal. Os médicos dizem que talvez ela seja perigosa, talvez não. O governo tem certeza de que é — diz que seu uso é ilegal e, dependendo do lugar onde você está, pode ficar preso um tempão por usá-la ou vendê-la. Em 1969, foi realizado um festival de rock em Bethel, Nova York, e uns 400 mil jovens se sentaram no campo e fumaram maconha. Rigorosamente ilegal, e um delegado disse que não havia cadeias suficientes em três condados para prender todos os que estavam fumando maconha, por isso a polícia largou de mão. Dois pesos e duas medidas, exatamente como a proibição.

O que os fabricantes de cigarro fizeram foi contratar seu próprio censor. Acharam que seria mais fácil contratar um cara para censurá-los agora mais ainda do que o governo jamais conseguiu. De modo que foram à luta e contrataram Robert Meyner, ex-governador de Nova Jersey. E o setor disse a Meyner: "Censura a gente. Impeça-nos de fazer coisas que vão irritar o governo." Ele foi tão longe que agora está censurando os fabricantes de cigarro mais ainda do que o governo já conseguiu.

CENSURA

Não faz muito tempo, um amigo meu me disse: "Vou vencer esse povo. Vou pôr um comercial de cigarro no ar." Ele finalmente teve uma ideia. Ia tentar conseguir os direitos autorais da música "59th Street Bridge Song" ["Música da ponte da rua 59"], que tem uma frase na letra que diz "estar numa boa", e ele ia mostrar um homem e uma mulher andando por Manhattan, fumando e, com fundo musical, "numa boa". O Código disse não: "Numa boa" é uma letra jovem. É uma música jovem. Arranje uma música mais antiga. Meu amigo ficou arrasado.

Você se lembra dos célebres anúncios da roupa de cama Spring-maid [literalmente, a moça da primavera], feitos pelo coronel Elliot Springs? Coisa obscena, de mau gosto. Ele punha uma índia jovem com a roupa suspensa até a altura do umbigo e, a seu lado, um índio. Era óbvio que eles tinham acabado de transar. Se você mesmo não conseguisse chegar a essa conclusão, o slogan ajudava: "Uma grana bem gasta com um lençol Springmaid." Não se vê mais esse tipo de coisa. No fim, o público acabou com esse lance. Resolveu deixar de comprar esses lençóis. A propaganda de mau gosto acaba não dando certo e não adianta forçar a barra.

O público acaba com a propaganda de má qualidade de uma forma muito eficiente. Não fica escrevendo cartas ao fabricante; só deixa de comprar o produto. De repente você olha à sua volta e vê as vendas caindo diante dos seus olhos. As cartas que as redes recebem são poucas e espaçadas no que diz respeito aos comerciais. Mas, quando as companhias ou as redes recebem cartas, elas ficam muito tensas. Eu poderia controlar todo o setor da propaganda com cinco senhoras da velha guarda e cinco canetas. Tudo quanto uma companhia tem a fazer é receber mais de vinte cartas sobre um mesmo comercial que ela o tira do ar:

essas cartas acabam com ele. A companhia fica muito nervosa e o comercial está frito, morto e enterrado.

Certa vez, criei um anúncio de meias masculinas que mostrava um homem de pé ao lado de um cachorro. Não sei por que, não consigo me lembrar do motivo de haver um cachorro no anúncio, mas isso não importa. O cachorro estava lá. Bem, a Kayser-Roth, a companhia que fabricava as meias, recebeu uma carta de alguém de Ohio. A carta dizia que o cachorro é o mais sujo de todos os animais e passou a descrever seus hábitos — uma carta nauseante, acredite. Mas a carta foi subindo na hierarquia até chegar a Chester Roth, o presidente da companhia, que pensou bastante nela e a fez descer novamente para alguém em um cargo inferior, que também a fez descer para alguém em um cargo inferior, e ela causou um certo alvoroço. É óbvio que o cara que a escreveu era completamente louco. Mas quatro pessoas que detestassem cachorros poderiam tirar um cão repulsivo de um anúncio. Deixamos o nosso cachorro lá, mas foi por um triz.

A história contada pelos censores é que tudo o que eles fazem é para o bem comum. Isso é tudo quanto você ouve sobre a razão de ser deles. Eles vão arruinar comerciais, vão prejudicar a propaganda, mas é tudo para o bem comum.

CAPÍTULO ONZE

Os boatos e a lei da selva

Certa vez, quando estava na Delehanty, Kurnit & Geller, fiz a apresentação de uma campanha para uma conta. O dono da empresa arrasou com a gente. Foi direto e reto como uma flecha. Era um cara bonitão, grande, alto, do tipo jogador de basquete. Topei com ele uns seis meses depois na balsa para Fire Island. Ele estava com outro cara e eles estavam abraçados. Ao passar por eles, olhei de rabo de olho e disse a mim mesmo: "Eu não tinha sacado essa." Então continuei andando, como se não quisesse me encontrar com ele, nem falar com ele na balsa. Minha mulher estava sentada lá na frente da balsa e, como ele me viu sozinho, deve ter pensado: "Bom, pessoal, lá vou eu."

— Jerry — disse ele —, como é que você *vai*?

Não me lembrei do nome dele, só me lembrei de que perdemos a conta. Lá estava ele, sorrindo, com seus quatro amigos, e ele me perguntou:

— Com quem *você* está?

— Estou aqui com a minha mulher — murmurei.

— Ah! — disse ele. — *Ah!*

E foi tudo.

Se eu soubesse desse detalhe a respeito desse cara quando fiz a apresentação, você pode não acreditar, mas eu teria feito alguma coisa para segurar a conta, tipo me vestir de mulher. Não, claro que isso não é verdade, mas é verdade que você dá um duro danado para pegar e manter uma conta.

Antes mesmo de ter a chance de fazer uma apresentação, você tem de saber que a conta na qual você vai passar a conversa está receptiva — isto é, você tem de saber que a conta quer ouvir o que você tem a dizer. Você toma conhecimento da possibilidade de novos negócios por boatos. Os boatos são muito importantes nesse ramo. Quer você mesmo os plante, quer seja vítima deles, os boatos são cruciais para a propaganda. Este é um dos poucos setores em que os profissionais são muito ligados aos boatos. Você quase nunca vê dois advogados discutindo para saber se a Sullivan & Cromwell vai perder um cliente.

Boato, fofoca, não importa o nome que se dê: é essencial para a propaganda. As pessoas usam os periódicos especializados em propaganda para impulsionar sua carreira, vender uma campanha para uma conta ou atacar caras que podem ganhar uma conta sua. Os periódicos especializados mais importantes em termos de boatos são *ANNY (Advertising News of New York)*, *The Gallagher Report*, *Ad Age* e *Ad Daily*. *ANNY* tem irmãos gêmeos em Chicago e na Costa Oeste. O pessoal senta e lê *ANNY* e *The Gallagher Report* para descobrir se vai perder uma conta. O *The New York Times* é a maior força isolada do setor no que diz respeito a notícias quentes sobre o ramo da propaganda. Já o *The Times* não publica boatos, só notícias confiáveis, quando uma conta finalmente se muda de uma agência para outra, coisas assim.

Os periódicos especializados publicam boatos — de propósito — quando eles vêm de uma fonte fidedigna. Um deles publicou um boato em 1969, segundo o qual um fabricante de sabão estava pensando em desenvolver uma enzima que o tornaria muito mais

OS BOATOS E A LEI DA SELVA

competitivo em relação à concorrência. A matéria dizia que, se a companhia fabricasse mesmo esse sabão, levaria a conta para uma agência grande, que, nesse caso, teria de abrir mão da sua conta de sabão por causa do conflito de interesses. Aconteceu de eu ficar sabendo que o cara que plantou essa notícia fez isso por querer ter condições de perguntar ao Fabricante de Sabão N° 1: "Que história é essa? É verdade? Bom, se for, a gente gostaria de competir pela conta que estaria para mudar de agência." Este foi um boato legítimo que chegou à mídia, e quem sabe se não deu em alguma coisa? Não dá para saber.

A mídia é importante para alguém que está procurando novos negócios ou querendo consolidar sua posição com uma conta. Na minha opinião, nem todo esse negócio de boato é baixaria. É como uma corrida para pegar uma conta: todo mundo faz de tudo para consegui-la. As agências contratam astros para impressionar a conta, fazem qualquer coisa para conquistá-la. É verdade que há alguns bandidos que saem imediatamente a campo e tentam demolir as outras agências que também estão tentando ganhar a conta. Espalham boatos dizendo que os melhores profissionais de uma determinada agência estão indo embora. Há casos em que as pessoas simplesmente espalham mentiras descaradas — não boatos que podem ter um pé na realidade. Um bom exemplo recente desse tipo de coisa foi o boato de que os melhores quadros da Doyle, Dane estavam indo para outras agências. Bem, a Doyle, Dane estava prestes a abocanhar um grande negócio, e alguém espalhou esse boato a seu respeito para a conta pensar que talvez não valesse a pena ir para a Doyle, Dane, já que as pessoas que estavam trabalhando lá estavam indo embora.

Nós, da propaganda, estamos nos iludindo se não admitirmos que existe esse lance de boato. Os presidentes de agências lançam mão dele: ligam para a Gallagher e dão a notícia que querem dar. Não é muito diferente de Hollywood na época em que os vencedores do Oscar são escolhidos. "Com certeza o Zé Não Sei das Quantas vai levar o prêmio de melhor ator coadjuvante." Esse é o trabalho do agente do Zé: plantar notícias. Os periódicos especializados checam os boatos. Não são vítimas inocentes, e não é possível você simplesmente fazer com que eles espalhem qualquer coisa cuja veracidade não puderem checar. Não dá para suborná-los porque eles não estão à venda. São extremamente cuidadosos no sentido de proteger suas fontes de informações. Ninguém nunca fica sabendo de onde vem um boato. Você só pode imaginar. Você lê uma matéria a seu respeito em *ANNY* e não consegue descobrir quem foi que forneceu os dados a eles, nem por qual motivo.

Quando tínhamos acabado de entrar no ramo e estávamos nos virando do avesso só para nos manter à tona, apareceu uma matéria em *Ad Age* dizendo que dois de nossos sócios estavam insatisfeitos com a empresa e pensando em ir para outra agência. Na época, eu simplesmente não queria ver publicada uma matéria desse teor — e é óbvio que o boato tinha sido transmitido a *Ad Age* por alguém. Chamei os caras e disse:

— O que significa isso? Não é nada disso que está acontecendo. Quem disse isso?

— Assim como a gente protegeria você se você tivesse de falar alguma coisa para nós — responderam eles —, temos de proteger nossa fonte em uma matéria sobre você.

Um boato sobre a nossa agência foi publicado no periódico *Ad Daily* no ano passado e tudo quanto ele dizia era: "Jerry Della Femina, um sucesso. Não vai mais aceitar contas pequenas."

OS BOATOS E A LEI DA SELVA

Não era nada daquilo. Como Ed Buxton, do *Ad Daily*, é um grande amigo meu, liguei para ele e disse:

— Oi, como vão as coisas? Que história é essa de que não vou mais aceitar contas pequenas? Sabe como é, algumas delas pagam um monte de dinheiro para trabalhar com uma agência como a minha. Você vai mandar algumas delas embora.

— Jerry — respondeu ele —, tenho de proteger as minhas fontes. Ouvimos dizer que agora você estabeleceu um limite em relação ao tamanho da conta que pretende assumir, e ele vale para as contas pequenas. Ficamos sabendo que ninguém vai entrar aí na sua agência a menos que esteja faturando tanto e tanto.

Que boato maravilhoso alguém soprou nos ouvidos de Ed! Será que agora eu deveria sair declarando aos quatro ventos que "Jerry Della Femina anuncia que vai assumir toda e qualquer conta pequena que aparecer"? Quer dizer, qualquer tipo de retratação que eu publicar vai ser fatal para mim — nada além do silêncio seria bom. Se eu saísse por aí dizendo: "Sim, eu quero contas pequenas", a frase seria interpretada como sinônimo de que Jerry Della Femina está enfrentando dificuldades e quer todas as contas pequenas que conseguir. O cara que criou esse boato era muito inteligente — e eu sei exatamente quem foi — porque me privou de umas dez contas que poderiam faturar uns US$ 150 mil, talvez US$ 200 mil ou até US$ 300 mil. Quem sabe o que significa "pequena"? Um cara que fatura mais ou menos US$ 1 milhão pode dizer a si mesmo: "Nossa, não tenho mais cacife para ficar com eles. Não devo ter a menor chance."

É um setor cheio de truques. Digamos que uma nova agência foi fundada e seu pessoal saiba com certeza que uma conta que está saindo da Joe Doakes vai para ela. Nenhum documento foi assinado, mas todo mundo concordou com o lance. A conta está se mudando em parte para pegar carona na grande publicidade que sempre há em torno de uma nova casa que abre com uma nova conta grande. Bem, os caras do periódico *ANNY* falam com suas fontes toda quarta-feira, eles têm uma lista de fontes espalhadas por toda Nova York. Eles pegam o telefone e perguntam o que há de novo na cidade

Podem ligar para um cara familiarizado com a situação da nova agência que acaba de ser fundada e está pegando a conta que vai sair da Joe Doakes. E esse cara para quem eles telefonaram pode resolver atacar a nova agência e tentar ele mesmo pegar a conta que está saindo da Doakes. O que ele faz é dizer a *ANNY* que aquela conta grandona da Widget está para sair da Doakes e que ela vai para a agência nova. "É uma pena", diz o cara para *ANNY*, "mas foi o que ouvi dizer. Por que não dá uma checada?" *ANNY* liga para a agência nova e pergunta se é verdade que ela vai pegar a conta da Widget. O cara que acabou de fundar a nova agência está frito. Ele ficou com a cara no chão porque parte do grande mistério de suas conversas com o pessoal da Widget era: "Bem, queremos que vocês sejam a nossa primeira conta e queremos dar muito o que falar." Se *ANNY* publica uma matéria dizendo que Jim Tal e Tal, um dos sócios da nova agência, declarou que não há novidades a contar nesse momento a respeito da conta da Widget, a questão está encerrada. Agora é letra morta no tocante ao contrato comercial. Com isso, o pessoal da Widget deixou de ter um grande motivo para querer ir para a nova agência. Todo mundo está dizendo: "Bem, vamos ser a primeira conta dela e ter tudo a que temos direito, fazer furor." Quer dizer: "Ela abriu hoje e abriu com essa conta em particular." Com a notícia na boca do povo, as coisas não vão acontecer desse jeito. O que pode acontecer é o pessoal da Widget dizer: "Putz, essa nova agência deve ter

OS BOATOS E A LEI DA SELVA

dado com a língua nos dentes sobre a nossa saída da Doakes. O que a gente tem a ver com esse bando de linguarudos?" Todos os clientes leem os periódicos especializados, mas muito poucos se dão conta das lutas internas que estão acontecendo o tempo todo. Tudo quanto eles ficam sabendo é se o seu nome foi mencionado da forma errada — o que os deixa muito irritados. Não têm ideia do sangue derramado nos bastidores. Li recentemente uma matéria sobre uma agência — cujo nome foi citado — dizendo que ela estava fazendo um trabalho para a Carter-Wallace, Inc. A matéria dizia que o projeto "é sigiloso. Não dispomos de detalhes". Não sei mais nada a respeito dessa história, mas sei com certeza que alguém acaba de ser atacado. Um executivo da Carter-Wallace deve ter visto a matéria e ligado para a agência encarregada do projeto — "Pensamos que isso era muito confidencial; e, se não é confidencial, por que você não nos disse que não conseguiria guardar segredo?" Alguém bombardeou a agência. Quem saberia dizer o motivo?

Há algumas agências que simplesmente não têm consciência do que se passa à sua volta. É só uma questão de tempo para elas fecharem. Os caras que trabalham em algumas agências são caras simpáticos, legais, gente fina que quer ir para casa em Rye à noite e não quer saber de boatos. Não sabem o que fazer com os boatos, assim como não sabem o que fazer com criaturas imaginárias.

Muito pouca gente sai por aí pregando mentiras descaradas nesse lance de boatos — é aí que você tende a impor limites. Mas, quando há uma notícia qualquer, alguns caras a usam em proveito próprio. Isso é tudo o que realmente acontece. Também há limites para impedir que alguém prejudique um cara injustamente. Ninguém liga para um periódico especializado em propaganda para dizer que uma determinada agência está prestes a perder uma conta. Ninguém liga para um jornal ou revista e diz: "Olha, tenho uma dica para lhe dar, meu bem." Uma má notícia. As pessoas deixam a mídia ligar para elas. Certa vez recebi um telefonema de um cara de um dos nossos periódicos:

— Quais são as últimas?

— Não estou sabendo de nada.

— Bom, deixa ver se consigo refrescar sua memória: ouvi dizer que você está com a conta da National Airlines.

— National? Ela está na Papert, Koenig, Lois. Sempre há boatos sobre a National Airlines. Mas eu não estou sabendo de nada.

— Bem, a gente ficou sabendo que você anda conversando com alguém.

— A sua fonte é boa? — pergunto.

— A minha fonte é quentíssima.

— Ótimo — digo eu. — Por que você não liga para a PKL? O pessoal de lá vai negar o boato. Por que você não liga para a National? Lá os caras vão admitir, porque a National sempre admite esse tipo de coisa. Os caras de lá sempre dizem: "Conversamos com as agências o tempo todo."

Quando recebi essa ligação, eu realmente não sabia de nada sobre a National e a PKL, de modo que não podia mesmo ajudar o cara da mídia. Se eu estivesse em conversações para ficar com a conta da National, eu teria admitido abertamente. Mas não acho que ninguém que tenha classe pega o telefone e diz: "Escuta, você está sabendo...?" Acho isso baixaria. Acho errado.

As pessoas usam os boatos para atacar umas às outras. Um exemplo dessa prática horrível é o caso de Mary Wells. Segundo o *The Gallagher Report*, Mary Wells tinha o hábito de só assinar um contrato de 30 dias com a sua própria agência. Mas as pessoas começaram a usar essa matéria contra ela, o que acabou afetando

OS BOATOS E A LEI DA SELVA

os seus negócios. Como foi que vazou a notícia de que ela tinha um contrato só de 30 dias? Quem sabe? Mas sou capaz de jurar que a Mary não saiu pela cidade declarando isso aos quatro ventos. A notícia vazou de alguém da Wells, Rich & Greene e acabou chegando ao *The Gallagher Report*, onde Gallagher fez uma série inteira de artigos em sua coluna a respeito disso. Wells, Rich talvez estivesse vendendo o seu peixe para uma conta, e outra agência que estava querendo pegar essa mesma conta pode ter perguntado a seu possível cliente por que raios ele haveria de querer ir para a Wells, Rich se a Mary Wells tem lá um contrato só de 30 dias. "Ela pode sair na hora que bem entender." Para combater esse tipo de coisa, ela simplesmente assinou um contrato de dez anos com a sua própria agência. Agora ninguém pode atacar a Wells, Rich dizendo que a Mary Wells pode sair a qualquer momento. Um cliente pode dizer a si mesmo: "Vou ter a Mary nos próximos dez anos." De modo que ela está bem estabelecida e indo muito bem. Mas veja o quanto esse ramo é baixo: é baixo a ponto de obrigá-la a assinar um contrato de longuíssimo prazo só para pôr fim aos boatos. E, claro está, quando ela assinou realmente o tal contrato, a assinatura virou manchete em todos os periódicos especializados em propaganda.

Os caras de uma agência tentam nocautear outros caras da mesma agência usando os boatos. Certa vez, trabalhei em um lugar em que o vice-presidente — um cara que vamos chamar de Hunter [Caçador] — estava tentando puxar o tapete do presidente, a quem vamos chamar de Duffy [Retardado]. Toda semana Hunter espalhava boatos de que ia se tornar presidente. Duffy custou a se dar conta de que estava sendo alvo desse tipo de coisa em toda a agência. Os boatos eram do tipo de detalhes íntimos de negócios sigilosos sobre os quais só os dois caras sabiam.

Sempre que alguém fazia perguntas a Hunter sobre esses boatos horríveis, ele dava de ombros e dizia: "Quem? Eu? Não tenho a menor ideia de onde vieram esses boatos."

Hunter ainda não conseguiu o cargo. Mas vai acabar conseguindo. Entra dia, sai dia, mais boatos. Você abre o *The Gallagher Report* e lê: "Hunter vai ficar no lugar de Duffy." Ou: "Hunter é um bom substituto para Duffy." Ou ainda: "Duffy está ficando velho e deve estar preocupado com os negócios da National Clambake, que não são mais tão sólidos quanto eram antigamente." O leitor comum deve se perguntar: "Por que o Duffy não entra na sala do Hunter um belo dia e não lhe dá um murro na cara?" Não é assim que esse lance rola. Duffy vai à sala de Hunter e pergunta:

— Hunter, como vai você?

— Muito bem — responde o Hunter —, mas estou muito irritado com todos esses boatos a seu respeito. Nem imagino quem é que possa estar espalhando esse tipo de coisa.

Duffy não pode simplesmente demitir o Hunter. Hunter assinou um contrato e está solidamente entrincheirado na agência. Não pode ser demitido sem uma reunião de toda a diretoria.

Um dia, Hunter e eu tivemos de tomar um táxi juntos para uma reunião. Ele começou:

— Jesus, não sei de onde estão vindo esses boatos a respeito de Duffy e de mim. Você viu a matéria que saiu hoje no *The Gallagher Report*?

— Sem essa, Hunter — disse eu. — Eu sei de onde vêm esses boatos. É você quem os espalha.

Ele suspirou e respondeu:

— Ah, vamos mudar de assunto.

E foi tudo. Mudamos de assunto.

As pessoas de fora que leem sobre esse tipo de briga interna ficam horrorizadas; mas, por mais estranho que pareça, eu curto. Acho graça. Gosto quando alguém me ataca. O cara que disse que não estávamos assumindo contas pequenas fez um belo trabalho — me pegou de surpresa. Fiquei sem poder reagir, por isso admiro o trabalho que ele fez. O lance a lembrar a respeito de todo esse papo de boatos é que ninguém consegue prejudicar uma conta sólida, nem um publicitário sólido. Surge um boato, o periódico especializado liga para o gerente publicitário da conta, que vai dizer a ele: "Vai te catar!" É só lembrar da Talon Zippers, que estava na Delehanty, Kurnit & Geller. Talon está satisfeitíssima; sua propaganda está ótima e a empresa está contente. Podem surgir um milhão de boatos que essa companhia não vai mudar de agência. Os boatos só surgem realmente quando há algo de errado com a propaganda que está sendo feita para a conta.

Os boatos são artilharia particularmente pesada hoje em dia com a revolução que está acontecendo no ramo. As agências mais antigas estão perdendo terreno e ficando desesperadas. Muitos boatos, portanto. As agências mais novas são agressivas e completamente insensíveis. Muitos boatos, portanto. O cara da agência mais antiga que está tentando sobreviver é vulnerável aos boatos. Reage criando um monte de outros boatos. Tudo isso se faz acompanhar pelo cara jovem que está tentando construir uma agência e que vai conseguir, mesmo que tenha de passar por cima das primeiras dez pessoas com quem topar. Ele também anda espalhando boatos, e alguns apelando para baixaria, já que tocamos no assunto.

Um monte de gente vê tudo isso acontecendo e se pergunta como seriam as coisas se os caras parassem de ferrar todo mundo com boatos e investissem seu tempo na propaganda. A verdade é que há tempo de sobra para fazer as duas coisas. Acho esse lance dos boatos estimulante porque o vejo como parte da guerra total que acontece no ramo da propaganda. Lembra? Há tudo quanto é tipo de guerra. Suponha que alguém perguntou: "Por que eles simplesmente não entram lá com suas armas e varrem aquela cidade da face da Terra? Que história é essa de espiões e tudo o mais? Você pega os seus tanques, entra lá e toma a cidade." Bem, talvez em algum ponto ao longo do caminho alguém tenha descoberto que existem cinquenta formas diferentes de capturar essa cidade. Você precisa de tanques, você precisa de armas, mas também pode precisar de mais um monte de coisinhas nas quais ninguém pensa. Faz parte do jogo, faz parte do pacote. A publicidade também faz parte do pacote.

Não quero me desviar muito da questão dos boatos, mas, se você olhar bem para a Doyle, Dane por um minuto que seja, vai ter de concordar que, à sua moda discreta, reservada, maravilhosa, essa agência fez um trabalho soberbo de relações públicas. Não há dúvida quanto a isso, ela dá muita importância às relações públicas. Ninguém nunca tem a impressão de que ela se promove. Parece só que ela ganha prêmios, que faz coisas, e não é legal isso? A Doyle, Dane tem uma moça muito incrível encarregada de sua publicidade, e o pessoal da agência é muito reservado a respeito do que ela faz e de como faz. A Mary Wells contratou uma moça para administrar as suas relações públicas. Uma agência que faça sistematicamente um trabalho tão bom que todo mundo olhe e diga "Nossa, esse pessoal é bom, não é?" é uma coisa que não existe. O que existe são relações públicas e um monte de outras coisas.

Parte desse lance dos boatos é o acesso que você tem às pessoas que estão procurando trabalho. Vamos chamar de guerra o

OS BOATOS E A LEI DA SELVA   237

perder e ganhar uma conta. Digamos também que, numa guerra, a primeira coisa de que você vai precisar para lutar é de munição e, na propaganda, a munição é constituída de bons anúncios. Em segundo lugar, nem toda a munição do mundo vai te ajudar se você não tiver informações. Inteligência. Inteligência é saber o que está acontecendo, saber o que as pessoas estão fazendo lá fora. Na minha opinião, você não trabalha em um mundo à parte. Você não pode dizer pura e simplesmente: "Bem, sei o que estou fazendo, então não preciso me preocupar com o que estão fazendo lá fora." Desse jeito você nunca vai conseguir uma conta.

Eu entrevisto as pessoas — sempre — pensando na possibilidade de contratá-las, mas também considero essas pessoas que aparecem em busca de trabalho a maior fonte de informações sobre o que está acontecendo no nosso setor. Algumas dessas pessoas que me procuram estão insatisfeitas com seu trabalho, ou com sua agência. Outras tentam impressionar com informações sobre o que está rolando na sua agência. Estão dispostas a lhe contar tudo — algumas delas simplesmente vomitam tudo. Recebi uma moça há pouco tempo — uma menina que trabalhava com mídia em uma boa agência da cidade. Durante a rápida entrevista, ela me contou que os responsáveis por uma conta muito boa da agência estavam insatisfeitos porque achavam que não estavam fazendo o tipo de trabalho que gostariam que fizessem. A palavra que ela usou foi "paparicados".

— O que você quer dizer com paparicados? — perguntei.

— Bem — respondeu ela —, não é que eles queiram ser paparicados. Mas gostariam de se encontrar com o presidente ao menos uma vez a cada 15 dias para lhes mostrar os anúncios e conversar com eles. Querem uma relação de presidente para presidente.

Eis aqui uma informação secreta que me foi passada. O que você faz com ela? Bem, amanhã eu posso dar uma ligadinha para o cara da conta dizendo que faz tempo que a gente não se fala — que a gente precisa almoçar juntos um dia desses, porque acho que uma das coisas que está fazendo a nossa agência crescer é o fato de nos sentirmos inteiramente à vontade onde quer que a gente consiga se reunir e falar de presidente para presidente, e conversar sobre propaganda. Pode ser que eu nunca consiga aquela conta, mas tenho de fato a maior parte de uma empresa que vale US$ 1,5 milhão, e sei exatamente o que há de errado nela.

Os presidentes de agência devem manter seu pessoal satisfeito. O pessoal é indiscreto, vai lá fora e dá com a língua nos dentes e, quando está com raiva, tem gente que dá com a língua nos dentes mais facilmente ainda. A moça com quem eu estava conversando também mencionou algo a respeito do presidente de sua agência — o fato de que talvez pudesse estar se aposentando. Ela me contou o suficiente sobre o que está rolando na sua agência para eu saber que, nesse exato momento, há duas ou três contas que vale a pena tentar fisgar ali, e eu sei quais são os seus problemas. Essa moça falou a respeito de suas contas do setor eletrônico. E identificou os problemas específicos da conta.

Bem, essa é uma moça. Um trabalho. Multiplique-a por três ou quatro por dia que você vai saber exatamente quais as contas que estão a perigo ou com problemas na cidade. Acredito que todas as agências jovens e todas as agências pequenas trabalham desse jeito quando conversam com as pessoas a respeito de seu trabalho. Mas a coisa não funciona assim nas agências maiores. Se alguém vai pedir emprego na J. Walter Thompson, esquece. As linhas de comunicação devem estar tão ruins lá por causa do tamanho da Thompson que qualquer informação valiosa de que

OS BOATOS E A LEI DA SELVA

você toma conhecimento em uma entrevista nunca vai chegar até os caras que vendem o peixe. A Thompson é tão grande que, se houver um incêndio lá, pode ser que não seja possível avisar um número suficiente de pessoas para evitar uma grande tragédia. Em uma agência pequena, a relação é a dois. O presidente da agência conversa com a moça da mídia, a moça da mídia põe as tripas para fora, o presidente da agência faz a ligação no dia seguinte e possivelmente consegue a conta.

A Doyle, Dane já passou do tempo em que o pessoal tinha de cavar informações. Essa agência chegou a um ponto em que as pessoas ligam pra lá para falar sobre a possibilidade de novos negócios, de modo que eles não estão batalhando muito. Eu também recebo telefonemas, muitos deles. Só que estou batalhando horrores. Além disso, há algo de maquiavélico em todo esse ramo que eu adoro e, seja quanto for que a gente crescer, acho que nunca vou me deitar sobre os louros e dizer: "Bem, tá feito. Não quero mais suar a camisa." Eu gosto desse pedaço da história; gosto quase tanto quanto gosto de fazer anúncios e comerciais. Tenho jeito para descobrir informações e depois usá-las.

A Corum Watches é uma de nossas contas mais antigas e realmente uma das melhores. Uma bela história de êxito a nossa. Um de seus relógios é uma antiga pepita de ouro dos Estados Unidos aberta ao meio, com o mostrador embutido. Vendemos esse troço bem grande lá no Texas. A primeira vez que ouvimos falar da Corum foi por meio de um cara da revista *Look*, que disse que a empresa estava buscando uma agência e que a gente devia procurá-la para vender o nosso peixe. Depois dessa ligação, peguei o catálogo telefônico e não consegui encontrar a Corum Watches. Telefonei para o cara da revista *Look* que conhecia a conta.

— Claro, Corum, conheço bem. Um cara chamado Jerry Greenberg é o responsável por toda a empresa. Um grande cara. Pedi informações sobre o Greenberg.

— Bom, o Jerry é um refugiado cubano e fala com um sotaque espanhol bem carregado. É um cara muito educado, muito simpático, mas gosta de coisas bregas.

Peguei o número do telefone, liguei para a Corum e disse:

— Alô! Jerry Greenberg? Ouvi dizer que sua conta está a fim de mudar de agência. Eu gostaria de ir aí conversar com você a respeito.

Àquela altura, não havia sentido em dizer que a gente devia se encontrar e bater um papo. Ele já estava em conversações com outras agências e eu já podia estar atrasado. Ele nunca tinha ouvido falar de mim. Estávamos funcionando há três meses e as coisas estavam indo mal. Estávamos ficando sem grana, dois dos sócios resolveram cair fora e a gente estava na corda bamba. Fui lá visitá-lo, mostrei-lhe o que fazíamos e consegui a conta: foi exatamente assim. Eu praticamente ganhei a conta enquanto estava lá. Quando assumimos a sua conta, a Corum fazia propaganda na revista *Times* e gastava uns US$ 65 mil. Agora, conosco, essa conta fatura quase meio milhão de dólares. É uma conta grande que a gente tem — e logo, logo, ela vai faturar muito mais. Suas vendas são fantásticas — a Corum tem encomendas daquele relógio feito de pepita de ouro em uma lista de espera de dois, três meses. O cara agora tem uma fábrica de relógios. Quando você tem condições de gastar US$ 500 mil em promoção e propaganda, é porque está ganhando rios de dinheiro.

Digamos que você fique sabendo de um boato e seja convidado a vender o seu peixe. Você pode fazer isso de duas formas. Pode ter uma estratégia de venda padronizada que você apresenta a todo

OS BOATOS E A LEI DA SELVA

cliente em potencial. Ou então faz um monte de trabalho na base da amostra grátis para mostrar ao cara o tipo de campanha que ele pode ter. Em geral, as agências mais novas e jovens preferem a estratégia padronizada. Não acreditam em brindes — para ninguém. As agências mais antigas — o Sistema, que está ficando preocupado — fazem qualquer coisa para conseguir novas contas e apelam para tudo que você puder imaginar, inclusive preparar toda uma campanha na base da amostra grátis. Como o lance da TWA, que é um ótimo exemplo. Uma coisa boa decorrente da postura da TWA foi uma relutância crescente por parte de todas as agências em trabalhar de graça.

Ainda há uma terceira forma de conseguir uma conta, mas ela está ficando obsoleta cada vez mais depressa. O que acontece é que o diretor executivo de uma agência grande e antiquada fica sabendo que uma conta está querendo mudar de agência e então lembra que foi colega de escola de Bunny ou Snoopie, que agora é o diretor executivo da conta. O presidente da agência de propaganda liga para o seu amigo em Chase Manhattan e o banqueiro marca discretamente um almoço com os dois diretores executivos. O almoço é espetacular e se caracteriza pela falta de conversa sobre propaganda. Talvez conversem sobre o seu amigo comum Stinky, que ficou célebre por roubar o sino da cidade na noite seguinte à formatura do ensino fundamental. Você tem de entender que os dois diretores executivos não podem falar nada sobre propaganda, porque não sabem nada a respeito. Depois do almoço, se o executivo da conta estiver bem, ele entrega a sua conta para o diretor executivo da agência ali mesmo, porque confia nele e "ele é da nossa raça". Mas, com tanta grana em jogo hoje em dia, esse tipo de venda está ficando obsoleto. Só uma única vez na vida eu topei com um cara que *eu* tinha conhecido no

Brooklyn quando era criança. Estávamos vendendo o nosso peixe para uma estação de rádio e esse cara, que frequentava o mesmo ponto que eu, era justamente o executivo da conta da estação de rádio. Foi a primeira vez na vida que eu tive um passado comum com um cliente em potencial. A gente ficou conversando sobre os velhos tempos, sabe como é, coisas do tipo:

— Escuta, que fim levou o Baldy?

— Não sei.

— E Louie Nuts, você tem alguma notícia?

— Bom, Louie Nuts está ganhando entre três e cinco na Dannemora.

— E o Whacky?

— Whacky?

— É, você não lembra? Aquele cara que tinha uma cabeça superpontuda.

— Ah, sim, o Whacky.

Parece que, dos seus primeiros 20 anos de vida, Whacky passou 10 em várias prisões. Não sou muito bom para vender meu peixe quando a venda depende de coleguinhas de escola.

CAPÍTULO DOZE

Perfis de calor e coragem humana

As boas agências recusam-se a fazer gratuitamente a apresentação de um anúncio ou campanha. A agência que é obrigada a fazer isso está com problemas. Está desesperada, insegura na hora de mostrar o que já fez. Havia um comercial de sabão no ar que mostrava uma menininha correndo em direção à mãe com uma pantufa que acabou de ser lavada com o tal sabão, e a menininha dizia: "Mamãe, cheira a minha pantufa." Bem, se você é da agência que fez esse trabalhinho, não vai querer mostrá-lo a clientes em potencial, vai? Digamos que um possível cliente procure e diz: "Não estamos satisfeitos com o que a nossa agência atual está fazendo para nós em termos de criação; o que você tem feito?" Bem, você tem a opção de mostrar a menininha cheirando a pantufa, ou fazer alguma coisa na base da amostra grátis. O que está acontecendo hoje em todo o ramo da propaganda é que as contas o procuram para falar de criação. A principal fonte de descontentamento das contas é a área de criação.

Quando uma agência não tem gente inteligente em uma área como a criação, vai ter de mostrar serviço. Prepara uma campanha inteira, trabalha como se a conta fosse sua. Os caras saem e tiram fotos, traçam planos de marketing, gastam uma fortuna para fazer rascunhos de comerciais. Gastam milhares de dólares. Contratam

fotógrafos para trabalhar para a sua agência por preços reduzidos.
Os caras da agência dizem: "Olha, faz isso pela metade do preço
agora, que mais tarde você vai poder tirar a diferença com um
dos meus clientes, quando a gente procurar você de novo." Os
clientes que estão na agência no momento acabam pagando as
apresentações. Quando há um escândalo no setor, é por causa
do dinheiro que os clientes estão pagando por um trabalho que
nunca vão ver. Um exemplo típico: uma agência grande tem
uma apresentação a fazer. Trabalha muito nessa tarefa. Paga as
contas geradas pela apresentação e distribui as despesas por todas
as outras contas da agência. Digamos que ela acabou com uma
conta de US$ 400 por causa da apresentação. Ela vai distribuir
esses US$ 400 pelas vinte contas que tem. De modo que são
US$ 20 por conta, e o que essa conta sabe?

Quando a agência diz a seu diretor de arte que faça um anúncio
ou campanha o mais barato possível, a única coisa que ele pode
dizer ao fotógrafo é para aceitar trabalhar pela metade do preço
com a promessa de tirar a diferença no próximo pagamento. Pagamento da diagramação: a mesma coisa. Claro, a agência consegue
alguém que vai fazer a diagramação mais barato, mas a diferença
aparece mais tarde na conta de algum outro pobre coitado. Em
vez de pagar US$ 25 por alguma coisa, ele acaba pagando US$
29. Ele não questiona a diferença — afinal, o que o cliente sabe a
respeito do custo da diagramação? —, e a diferença é só de quatro
dólares. O profissional da diagramação não vai absorver a perda.
Alguém tem de pagar a diferença, de modo que os clientes que
já estão na agência arcam com a despesa. Quando uma agência
faz uma apresentação completa, alguém tem de pagar por ela
— óbvio. O que não é tão óbvio é o fato de os clientes atuais
terem de pagar por ela. O que você acha que um cliente em po-

PERFIS DE CALOR E CORAGEM HUMANA 245

tencial sentiria durante uma apresentação se ficasse sabendo que está diante de um trabalho que é cortesia dos outros clientes da agência? Ele iria pensar o que eu pensaria — bem, e o que vai acontecer se eu lhe der a minha conta? Vou ter de pagar as apresentações que a agência vai fazer no futuro? Pense no tempo gasto para você vender o seu peixe. O executivo da conta, o diretor de arte, os redatores, o pessoal da mídia, o pessoal da pesquisa, todos esses caras trabalhando em uma nova apresentação. Se eles estão investindo o seu tempo pensando em novos clientes, não estão pensando nos clientes que já têm. O que é profundamente injusto.

É injusto um anunciante pedir uma campanha gratuita e é muito injusto uma agência aceitar a proposta de fazer a apresentação de uma campanha completa nesses termos.

Eu diria que a maioria das agências menores e mais jovens não vai fazer a apresentação gratuita de uma campanha, se alguém pedir. A razão disso é em parte orgulho, em parte bom-senso. As agências menores trabalham muito — têm menos gente trabalhando em cada conta do que as agências maiores e não têm condições mesmo de ficar tirando os profissionais das contas que elas já têm para preparar uma campanha na base da amostra grátis. Fazemos o que faz um monte de outras agências: uma apresentação regular, uma estratégia padronizada, honesta. Ela dura 36 minutos exatos — nada mais, nada menos. Mostramos o que fizemos no passado, falamos durante um minuto sobre a nossa filosofia de trabalho, respondemos a todas as perguntas que a conta quiser fazer, e pronto. Se a gente não conseguir a conta, é porque a gente não merecia. Durante esses 36 minutos, os representantes da conta ficam sabendo tanto sobre nós quanto é possível saber. Na apresentação do nosso trabalho, introduzimos sete minutos de comerciais. Aí você mostra os seus anúncios impressos, explica um pouco como cada um deles foi criado, e pronto.

As apresentações são como noites de estreia na Broadway. É um momento muito importante para uma agência, e a pressão sobre todos é descomunal. Você falou durante 36 minutos e o seu público está ali sentado, e quem sabe o que vai acontecer? Às vezes, você mal começou a apresentação e o desastre se abate sobre a sua cabeça. Não faz muito tempo, Ron Travisano e eu fizemos uma apresentação de nossa agência para um cara muito legal chamado Jerry O'Reilly, que administrava a linha de perfumes Evening, de Paris. Entramos lá nos escritórios, e fazia muito tempo que eu não entrava em um lugar tão chique. Demos nossos nomes ao cara da recepção e ele saiu andando por aquele corredor enorme. Este cara é assistente do sr. O'Reilly. E ele nos levou até aquela salona maravilhosa onde a gente ia conversar com o sr. O'Reilly. Eu estava levando a minha pasta habitual cheia de anúncios e Ron estava levando o projetor, que é uma máquina grande que deve pesar uns 30, 35 quilos. O sr. O'Reilly entra, eu estendo a mão e digo: "Sr. O'Reilly, sou Jerry Della Femina." Ele me aperta a mão e então Ron se apresenta, dizendo: "Oi, sou o Ron Travisano." O que Ron não se lembrou ao se dirigir ao sr. O'Reilly foi que estava carregando aquele projetor. Quando ele se virou, o projetor se virou também, e a máquina acertou O'Reilly bem na rótula do joelho. O som do projetor batendo na rótula do joelho era um som que eu ouvia quando criança quando ia assistir aos Dodgers jogarem no Ebbets Field. Dava para ouvir o estalo do taco batendo na bola e, a partir do barulho, dava para saber direitinho se a jogada permitiria ao batedor completar ou não o circuito das bases. O mesmo barulho do joelho de O'Reilly. Eu fechei os olhos ao ouvir aquele som e era capaz de jurar que

PERFIS DE CALOR E CORAGEM HUMANA

aquele joelho ia acabar no banco dos reservas. O'Reilly caiu instantaneamente no chão.

Ron virou-se para mim ao ouvir o som do taco batendo na bola e disse: "Essa não vai ser uma apresentação espetacular." E eu repeti o som do estalo. Nós dois ficamos histéricos. As lágrimas começaram a escorrer dos meus olhos. O'Reilly caiu e teve um pouco de dificuldade para falar durante alguns minutos. Ron e eu ficamos tão nervosos que não conseguíamos nos mexer — não tivemos condições de fazer a apresentação. O'Reilly foi muito elegante, considerando que poderia ter ficado aleijado pelo resto da vida. Tenho o desprazer de dizer que não conseguimos a conta — o que não é de surpreender —, mas o cara foi legal com a gente, pois não nos processou por danos corporais com intenção homicida.

Pouco depois de termos fundado a nossa agência, tivemos a chance de vender o nosso peixe para uma conta sediada em Jersey — uma companhia que fabricava um tônico capilar. O pessoal dessa companhia queria ver o que a gente havia feito no passado e nós resolvemos despachar todos os nossos anúncios anteriores para Jersey para adiantar o expediente. Ron mora em Jersey e disse que levaria o portfólio lá na companhia na véspera da nossa apresentação, pois estava a caminho de casa. De vez em quando, o Ron usa roupas extravagantes demais. Nesse dia em particular, ele estava com uma jaqueta esporte verde-clara em cima de uma camisa de um tom bem vivo de turquesa e, para coroar, uma daquelas gravatas bem floridas. Ele tem a pele bem morena e o cabelo é bem esquisito, então, de repente, você olha para ele e acha o cara meio estranho. Ele chegou em Jersey com o portfólio e disse à recepcionista que era o vice-presidente executivo da agência, e a moça lhe mostrou a sala do sr. Jones, o cara para quem devíamos vender o nosso peixe. Jones abre a porta e Ron começa a dizer que é da agência, mas Jones dá uma olhada em Ron e acha que ele é da Mercury Messenger (empresa de entregas), ou algo do gênero. "Tudo bem, obrigado", diz Jones, e deixa o coitado do Ron plantado ali. Era óbvio que, se Ron estivesse com um pedaço de papel na mão, ele teria assinado e mandado o cara embora. Ron ficou arrasado durante três dias depois dessa. Foi a primeira vez que foi tomado por um office-boy.

Às vezes, a apresentação dá com os burros n'água porque você descobre, no meio do seu discurso, que, para começo de conversa, nem devia estar ali. Anos atrás, eu trabalhei durante um curto período para uma agência chamada Ashe & Engelmore. Um dos caras da agência, chamado Bob Hirshberg, tinha conhecido um outro cara no bar "21" e, depois de dois minutos de conversa, Bob achou que o cara estava sugerindo que ele fosse fazer uma apresentação muito caprichada para o pessoal do Loew's Hotel de Porto Rico. Até hoje não sei por que raios Bob teve essa impressão, mas ele voltou para a agência e disse: "É isso aí, a gente tem muita chance com essa conta."

Bem, a gente sentou e eu tive a brilhante ideia de que tínhamos de ter mais dados sobre a reação das agências de viagem ao Americana Hotel. Peguei um gravadorzinho que podia ser acoplado ao telefone e comecei a ligar para as agências de viagem. Resolvi dizer aos atendentes que eu estava indo para Porto Rico e pedi a eles que me indicassem um hotel. Se não me recomendassem o Americana, aí eu perguntaria: "Bem, que tal o Americana? Não é bom?" Depois a gente pegaria a fita e a usaria na apresentação.

A fita do gravador ficou lotada de reações. Mal sabia eu que coisas desse tipo podem arruinar uma apresentação. Eu achava que a fita faria o possível cliente concluir instantaneamente que ele precisava de uma agência como a nossa, uma agência que pensasse nas coisas de antemão e que estivesse realmente interessada em saber quais eram os problemas que ele enfrentava. Na primeira reunião, vi que tinha alguma coisa errada quando o cara que Bob havia conhecido no bar disse:

— Bob, você não precisava fazer nada disso.

E Bob responde:

— Bem, eu achei que você gostaria de ver nossas ideias sobre o...

— Olha, eu pensei que essa seria apenas uma reunião para a gente conversar um pouco — disse o cara.

Quando você ouve essa frase, não tem mais jeito. Também participou dessa reunião um dos irmãos Tisch — não lembro qual, mas era um dos donos dos hotéis Loew's.

Estavam todos esperando a apresentação começar, e eu disse:

— Senhores, eu gostaria que ouvissem esta fita.

E a fita começou a rodar: você ouve o telefone chamando, e minha voz dizendo: "É da Magic Carpet Travel Service?" "É." "Meu nome é Jerry Dell e estou procurando um lugar para me hospedar quando eu for a Porto Rico. Estava me perguntando se você poderia me fazer alguma recomendação." E a voz do funcionário da agência de viagens continua: "Bom, tem um monte de lugares legais em Porto Rico." Um dos caras do Loew's diz: "É o Hymie Smith." Começam a cochichar em volta da mesa: "Escuta só, é o Hymie, é o Hymie!"

E a minha voz pergunta: "Que lugar você me recomenda?" "Bom, eu recomendaria..." e o Hymie recomendou um hotel que não era o Americana. Minha voz fala de novo: "E que tal o Americana? Ouvi falar muito do Americana." E Hymie responde: "O Americana? Fica muito perto do aeroporto. Não tem uma clientela muito transada. Você é um cara jovem, certo?"

A voz que escuto em seguida é a do pessoal do Loew's dizendo: "Aquele escroto! Para essa fita!" Paro a fita e o cara do hotel pede à secretária para chamar um sujeito que atendia pelo nome de Sid, que, evidentemente, é o encarregado das relações com as agências de viagem. Sid é um cara gordíssimo e, quando ele entra na sala, é muito cordial e dirige a todos um grande sorriso, fazendo questão de apertar todas as mãos.

— Sid — diz o cara do hotel —, qual foi a última vez que você falou com Hymie Smith, da Magic Carpet Travel?

— Hymie? Levei o Hymie para almoçar outro dia mesmo.

— Você diria que o Hymie é amigo da gente?

— Ah, o Hymie é um dos nossos bons amigos.

— Toca a fita.

Eu toco a fita de novo e o Sid começa a suar à beça.

A essa altura, estou pronto para começar a apresentação. Eles não estavam nem aí para o que eu tinha a dizer. Estavam tão irritados com o Hymie, da Magic Carpet Travel, que nem tomaram conhecimento da minha presença na sala.

— Bom — digo eu —, agora eu queria mostrar a vocês o que vamos fazer para combater essa indiferença para com o seu hotel.

Ninguém está prestando atenção. O cara do Loew's continua falando algo mais ou menos desse teor:

— Você gasta dinheiro, você leva esses caras a lugares onde eu não vou, e aí alguém lhe mostra isso? Aqueles filhos da puta não têm nenhum sentimento de lealdade.

Os caras estão andando de lá para cá, resmungando: "Como é que você tem coragem de gastar dinheiro com esses filhos da puta?"

Eu tento me intrometer na conversa com algo como: "Eu gostaria de lhes mostrar como vamos resolver esse problema de marketing de vocês..." Um cara do hotel olhou para mim como

PERFIS DE CALOR E CORAGEM HUMANA

se quisesse dizer: "Mas como você ainda está aqui? Você arrumou essa encrenca toda, seu vagabundo, agora cai fora."

— A gente fez um anúncio em que o James Bond aparece... — continuo eu.

— Olha — diz um cara —, nós fazemos propaganda, propaganda boa. Não estamos interessados em uma nova agência. Estamos preocupados com a baixa temporada.

Enquanto isso, estávamos tentando chegar à porta sem levar umas porradas. Esse é um caso em que você tem de pegar seu equipamento às pressas e, de repente, parece que você tem muito mais equipamento do que quando entrou. Você põe coisas na tomada, tira coisas da tomada, o gravador está caindo no chão e "Bob, segura isso", "Peguei", e eles ainda estão gritando com o Sid. A história toda foi uma calamidade que provavelmente foi a melhor coisa que já me aconteceu na propaganda, pois aprendi com ela: nunca tenha medo de fazer uma apresentação. Quer dizer, que coisa pior poderia acontecer? Pior teria sido se eles nos tivessem atacado fisicamente. Aí seria o fim da picada. Já vi gente muito tensa por causa das apresentações. Um monte de gente. Presidentes de agência que ficam muito estressados. E eu sempre lembro daquele dia com os caras do Loew's, enquanto o Bob e eu saíamos daquele lugar. Eu só tentava manter a cabeça no lugar e o gravador embaixo do braço.

Lá fora, na rua, estava um inferno. Um dia de verão muito, muito quente. Devia estar uns 40°C à sombra. Quando descemos as escadas, o calor nos pegou de jeito. Bem, em geral, sempre que uma agência termina a sua apresentação, por pior que seja, alguém diz: "Você reparou no cara lá da ponta? Parecia bem impressionado. Os outros dois estavam bocejando, mas..." As pessoas sempre procuram descobrir alguma coisa que alavanque o seu dia.

Ninguém deixa de conseguir uma conta. Você sempre diz: "Olha, a gente tem uma boa chance." Quando Bob e eu saímos do elevador, ainda nos viramos para ver se eles não tinham vindo atrás de nós para acabar conosco. Estavam nos chutando porta afora, dizendo coisas do tipo: "Olha aqui, leva isso. É a tampa daquele troço que vocês estavam carregando. Você a encaixa depois."

E lá estávamos nós, 40ºC à sombra, carregando aquele equipamento todo. Comecei a recitar algo parecido com o que sempre dizíamos sobre a apresentação. O Bob olhou para mim e disse: "Shhhh. Nem uma única palavra." Estávamos carregando aquele equipamento todo e, claro, nenhum táxi à vista. Tivemos de voltar a pé da Forty-third Street com a Broadway até a Madison Avenue com a Thirty-eighth Street. Foi como a marcha fúnebre de Bataan (península e ilha das Filipinas onde as forças japonesas cercaram as tropas norte-americanas durante a Segunda Guerra Mundial). Estávamos suando, arrasados, o calor estava nos matando. Era como se eu estivesse levando golpes de baionetas que me obrigassem a continuar andando.

Voltamos para a agência e Irwin Engelmore, o presidente, um cara simpaticíssimo, nos viu empapados de suor, e disse: "E aí?" E, pela primeira vez na história da propaganda, alguém falou a verdade depois de uma apresentação.

— Fomos demolidos — respondeu Bob.

— Puxa, houve alguma coisa de que eles não gostaram?

— Não houve nada de que eles tenham gostado — disse Bob.

— A gente se ferrou.

Bom, o Irwin, que tinha gasto uma grana preta com essa apresentação, perguntou:

— Bem, eles querem que a gente volte lá um outro dia?

PERFIS DE CALOR E CORAGEM HUMANA 253

— Acho que eles não querem mais ver a gente nem pintados de ouro. Acho que a gente não pode nem chegar perto da Broadway com a Forty-second Street — disse o Bob.

— Ahn... Alguém para quem eu possa ligar?

— Não sei, Irwin — respondeu ele. — Olha, liga para um padre, Irwin, talvez ele possa ajudar.

Certa vez, também na Ashe & Engelmore, a gente ia fazer uma apresentação para um cara chamado Richard Meltzer, presidente da Beauknit Mills, uma empresa enorme do ramo têxtil. A gente tinha de chegar com algum tipo de campanha para mostrar a ele — não me lembro o que era, mas não tem importância. O que acontece é que todos nós havíamos instruído o Irwin antes da apresentação:

— Irwin, quando você chegar lá, quando se sentar para conversar com esse cara, não se esqueça de que ele vai lhe fazer umas perguntas sobre o tipo de propaganda de que ele precisa. Isso é novidade para ele. Lembra que se trata de propaganda *humana*. Eu quero que você lhe diga que essa é uma propaganda humana.

Eu repetia isso para o Irwin o tempo todo, preparando o cara, aparando suas arestas.

— Você entendeu agora? É propaganda *humana* que você vai mostrar. E, se ele perguntar o que é isso, responda que é calorosa e humana.

— Tá, tá — disse o Irwin. — É calorosa e humana.

— Certo, Irwin — respondi. — É calorosa e humana, calorosa e humana, calorosa e humana.

— Não se preocupe, Jerry — disse ele —, a gente vai se sair bem.

Irwin chega para a apresentação e está lá sentado com o seu braço direito, um cara muito inteligente chamado Lee Barnett. Irwin mostra a campanha a Meltzer e diz:

— Sr. Meltzer, é isso. Isso é humanitário.

Barnett está cochichando com ele:

— Não, não, não.

Irwin diz:

— É humanitário, sr. Meltzer. É uma propaganda humanitária, calorosa e humanitária.

Barnett cochicha de novo:

— É humana, é humana!

E Irwin repete:

— É, humana. Humanitária, sr. Meltzer!

Por fim, Barnett lhe deu um chute por baixo da mesa e disse:

— *Humana!* Humanitária é a pessoa que trata bem os cachorros, seu burro!

Irwin era um cara bom para fazer apresentações. Ele sempre começava as suas perguntando: "Você tem coragem de assumir o tipo de propaganda que a gente faz?" E o possível cliente ficava confuso, pois não tinha a menor ideia do tipo de propaganda que a gente tinha a coragem de fazer. Essa era a isca que ele lançava para fisgar o cliente. A maioria dos presidentes de agência tem a sua isca predileta: "É preciso coragem para assumir o tipo de propaganda que a gente faz" ou "Não é preciso coragem para assumir o tipo de propaganda que a gente faz." Ou "Somos marqueteiros" ou "Somos vendedores", ou o que quer que seja que eles resolvam ser em uma determinada quinta-feira. A isca do Irwin era sempre essa da coragem. Assumir os seus anúncios era prova de virilidade. Era maravilhoso, simplesmente maravilhoso.

Vender o nosso peixe com Shep Kurnit era tão divertido quanto com o Irwin. Kurnit é um cara brilhante. Era muito bom. A competição entre nós dois era acirradíssima, mas eu gosto do cara. Ele tem uma resistência formidável. É difícil ele não te

PERFIS DE CALOR E CORAGEM HUMANA 255

deixar para trás. Ele resiste, segura as pontas. Ele usa as garras, usa as presas, briga, mas está ali. Não tem nada de galinha morta. Uma das suas características engraçadas é que, quando conversa com alguém, ele tem de ficar tocando essa pessoa. Essa pegação deixava a gente louco. Um dia, o Ron saiu da sua sala e disse:

— Resolvi o problema. Toda vez que ele chegar perto de mim e começar a pegar em mim, vou acender um fósforo.

Shep sempre imprensava a gente em um canto. Ron disse:

— É fácil. Você fica ali acendendo um fósforo atrás do outro e ele não tem mais como chegar perto.

Uma das idiossincrasiazinhas do Shep era que, durante uma apresentação, em geral descobria um defeito no produto do qual ele estava fazendo propaganda. Como eu disse, é um cara muito inteligente e, muitas vezes, durante uma apresentação, ele dava uma olhada na coisa e automaticamente recriava o objeto diante dos seus olhos. O problema era que você nunca sabia quando o Shep ia recriar o produto do cliente, o que gerou muita tensão nas reuniões de contas novas na Delehanty. Nunca sabíamos quando o Shep ia jogar a bomba. Talvez o cliente estivesse no ramo há cinquenta anos, e talvez o pai dele tivesse lançado esses trecos no mercado, fossem lá o que fossem. Esse cara conviveu com esses trecos durante anos, acordou com esses trecos, dormiu com esses trecos, sonhou com esses trecos. O Shep entrava, dava uma olhada no treco e dizia:

— Sabe de uma coisa? Se você tirasse essa maçaneta daqui e pusesse ali, se mudasse isso, trocasse aquilo, teria um produto incrível.

Era engraçado porque esse lance lhe dava a chance de ter de ser reapresentado a seus sapatos. Você olhava para eles e, depois de um tempo, o Shep acabava de redesenhar o produto.

O sensacional do Shep era que ele jogava a bomba em você nos lugares mais improváveis. Certa vez, tivemos de participar de uma convenção de afiliados do Group W (Westinghouse) na Flórida. Shep tinha feito um pequeno discurso na véspera e, neste dia, nós estávamos sentados em volta de uma piscina almoçando; Shep, Marvin Davis (um dos vice-presidentes da Delehanty), eu e a dama responsável pela continuidade nas estações do Group W. Era uma dama muito adequada e cerimoniosa, uma vez que, se você é a responsável pela continuidade, você tem de ser virgem, no mínimo. Estávamos lá sentados almoçando, à espera de a bomba cair. Sabíamos o que ia acontecer, de modo que Marvin e eu estávamos tentando descobrir amenidades sobre as quais conversar. Marvin estava descobrindo amenidades incríveis, como falar do tempo, enquanto eu puxava assunto sobre beisebol; nós dois estávamos escolhendo temas ameníssimos. A diretora de continuidade deve ter pensado que eu era louco, mas ela não sabia da missa a metade! No minuto em que ele se voltou para aquela mulher que era a responsável pela continuidade, teve de dirigir a conversa para histórias de continuidade. E começou dizendo o seguinte:

— Tenho um cliente que é um cara incrível, mas certa vez tive problemas com ele para lhe vender um anúncio feito para a Talon Zippers, que mostrava a Estátua da Liberdade com um zíper nas costas.

E foi fundo na história, dizendo que ele teve de ficar criando anúncios de zíper o dia inteiro. Eu olhei para o Marvin por um segundo, ele estava prestes a morder o sanduíche. Os olhos rolaram para cima e a gente sabia que algo ruim estava para acontecer, mas não sabíamos bem o quê. Eu disse a mim mesmo: "Ele não vai contar a história da Estátua da Liberdade — ele não vai fazer uma coisa dessas."

PERFIS DE CALOR E CORAGEM HUMANA   257

Foi batata. Ele disse:

— A gente tinha esse anúncio com a Estátua da Liberdade e eu queria saber como o cliente reagiria ao fato de abrirmos o zíper que estava nas costas da Estátua. Ele poderia dizer que era antipatriótico, mas me lembrei de uma coisa que vi uma vez na Forty-second Street.

Eu disse para mim mesmo: "Ai, meu Deus, é aqui que ele conta aquele lance de ele ter encontrado uma Estátua da Liberdade com um termômetro no traseiro em uma loja de suvenires da Forty-second Street. *Ai, Shep, não, não fala do termômetro no traseiro!*"

Shep foi até o fim, claro. Ele não disse que a Estátua da Liberdade estava com o termômetro no traseiro. Ele disse:

— E aí eu mostrei ao cliente essa Estátua da Liberdade com um termômetro enfiado na bunda e disse a ele que, se é possível enfiar um termômetro na bunda da Estátua da Liberdade, você pode muito bem abrir um zíper nas suas costas.

Como se fosse a primeira vez que alguém rezou depois de uma refeição, todo mundo estava com a cara enfiada no prato, decifrando os restos da comida.

Você não pode subestimar o Shep. Um dia ele estava chegando a Nova York de avião, vindo não sei de onde, e aconteceu de se sentar do lado do gerente de publicidade responsável pelas Singer Sewing Machines no Peru. Shep conversou com ele durante a viagem e o cara gostou de Shep e deu a conta para ele. Foi uma das mais belas contas da história da propaganda. Estávamos vendendo máquinas de costura para índias que não conseguiam usá-las, pois não tinham onde ligar a tomada. Shep foi à luta, pesquisou, e nós descobrimos que a melhor forma de divulgação que havia no Peru era pôr um cartaz em um barco que desce o rio Amazonas — ou seja lá qual for o rio que corta o Peru.

A Singer do Peru foi uma experiência incrível. Certa vez escrevi um anúncio que dizia: "A máquina que você compra para sua mãe no Dia das Mães vai durar até o Dia dos Pais." Este anúncio foi enviado para o cliente no Peru e voltou com a seguinte observação: "Não temos Dia dos Pais no Peru." Tínhamos no escritório uma estudante colombiana que era meio índia e falava o tipo de espanhol usado no Peru — ao menos ela disse que falava — e que traduziria tudo o que fizéssemos antes de enviarmos o material para o Peru.

Uma conta louquíssima. Tínhamos um norte-americano que entendia essa língua para fazer comerciais para nós, de modo que criamos um anúncio que mostrava um homem e uma mulher jovens passeando pelo Singer Sewing Center local. Bem, o nosso homem no Peru recebeu o roteiro do comercial; mas não sabia onde contratar modelos para a gravação. E esse cara fez o que considerava lógico fazer. Foi a um estúdio de cinema do lugar e contratou jovens atores desempregados. No dia seguinte, o nosso homem, enquanto se preparava para gravar o comercial, folheou por acaso o jornal local. Lá, olhando pra ele, estava o rosto de seu modelo masculino nº 1 com um colar de números no peito. Acontece que o tal modelo acabara de ser pego pela polícia ao tentar assaltar o Banco Nacional de Lima. Nosso *cameraman* nos ligou em Nova York e informou que o comercial pelo qual estávamos esperando teria de ficar na gaveta durante uns três a cinco anos.

Eu tinha escrito um belo comercialzinho que mostrava um toureiro sentado no meio de uma arena, costurando uma capa. Alguém soltava o touro e o toureiro começava a costurar com a rapidez de um raio. Aí o comercial cortava para o touro, voltava para o toureiro, outra vez para o touro até que, no último momento, terminava a capa justo a tempo de driblar o touro e

PERFIS DE CALOR E CORAGEM HUMANA 259

se salvar. Do jeito que o comercial foi gravado, a primeira cena mostrava o toureiro com uma roupa preta; na seguinte, ele estava com uma roupa branca; e, na terceira, usava uma roupa com um monte de condecorações bizarras. Simplesmente usaram cenas de algum filme antigo e as ajeitaram como deu.

Não é de surpreender que o Peru ficasse louco da vida com a gente. Estávamos lhe vendendo máquinas e os pobres índios estavam comprando máquinas elétricas para usar em um lugar onde não havia eletricidade. Mas, na última hora, recebemos uma carta de um cara que estava querendo fazer uma coleção com as máquinas de costura que alguns índios haviam comprado. Eles estavam escondidos em algum lugar da montanha e o cara da coleção passou quatro horas atravessando pântanos, matagais e sabe-se lá mais o que tentando chegar até eles. Conseguiu vê-los, mas não conseguiu fazer contato. Nunca chegou a fazer contato com eles e não entendia por que motivo eles sempre desciam do seu poleiro, pegavam a máquina de costura e a punham nas costas do burro para subir de novo a montanha.

O cara do Peru aparecia em Nova York de vez em quando, e Shep passava horas e horas tentando instruí-lo. O cara do Peru dizia:

— Vocês têm de publicar anúncios nesta revista, *El Commandore*.

— E o que você me diz dessa outra revista, *El Fig*? — perguntava Shep (no Peru, você tinha opção entre duas revistas para o seu plano de marketing).

— *El Fig* não é uma boa — respondia o cara do Peru — porque você nunca encontra essa revista nas bancas. Não dá para fazer propaganda nela.

— E por que não está nas bancas? — indagou Shep.

Ele achava que *El Fig* poderia estar enfrentando problemas sindicais lá no Peru.

— É que *El Fig* desaparece das bancas assim que chega. Mas *El Commandore*, esta você sempre encontra nas bancas — explicou o cara do Peru.

— Você não acha que as pessoas estão comprando *El Fig* e não estão comprando *El Commandore* e é por esse motivo que você nunca encontra *El Fig* nas bancas, mas encontra *El Commandore*? — perguntou Shep.

— Ah! — foi a resposta do cara do Peru.

Divulgamos os nossos anúncios e ganhamos rios de dinheiro. Se você conseguisse que os índios dessem a entrada, já estava com a vida ganha. O resto que entrasse era mais lucro ainda.

A melhor apresentação da qual participei na vida também foi quando eu estava na Delehanty. Estávamos nos preparando para vender o nosso peixe para a Chemway, Inc., que fabrica Pretty Feet. Em geral, na noite anterior à apresentação, Shep, de repente, chegava à conclusão de que estava tudo errado, e que a gente não ia conseguir a conta. Como era de se esperar, ele chegou na noite anterior à apresentação para a Chemway e disse que o nosso trabalho estava um lixo e que a gente não ia ganhar a conta. Tivemos uma briga horrível. Shep e eu sempre tínhamos brigas horríveis — mas esta foi pior. Marvin Davis, que também ia participar da apresentação, disse alguma coisa sobre um dos anúncios, e eu pirei. Eu estava trabalhando muito e simplesmente surtei. Subi em cima da mesa atrás de Marvin. Tiveram de separar a gente porque o negócio estava ficando feio.

Fiquei tão mal com o que tinha acabado de acontecer que resolvi encher a cara. Foi uma noite terrível e acordei às 7h da manhã em um lugar estranho, sem saber como me virar com as roupas, porque as minhas estavam um horror. Eu sabia que tinha de fazer uma apresentação e parecia que alguém tinha vomitado

PERFIS DE CALOR E CORAGEM HUMANA   261

na minha camisa — talvez eu mesmo. Eu tinha de arrumar uma camisa, mesmo que fosse a última coisa que fizesse na vida. A apresentação estava marcada para as 9h. Nenhuma loja está aberta às 8h30 da manhã. Eu estava de carro, mas não tinha a menor ideia de onde havia estacionado. De modo que deixei o meu carro para lá, peguei um táxi e pedi ao motorista para me levar para a zona portuária do West Side. Lá as lojas de artigos para marinheiros e soldados do exército ficavam abertas a noite toda. Comprei uma camisa de brim e uma sólida gravata azul, e achei até que não estava nada mal. Eu ainda estava de ressaca, uma ressaca medonha, quando peguei o táxi de volta para chegar ao escritório e fazer a apresentação.

Durante uma apresentação, o cara mais graduado da agência começa a vender o peixe e, depois, todo mundo que está presente recita a sua fala — inclusive o pessoal da criação. Sendo assim, chegou a minha hora de fazer a minha parte e alguém tinha me dado uma xícara de café. O álcool deve ter se condensado no meu corpo, porque assim que eu tomei o café, fiquei bêbado de novo. Mas me levantei e fiz a melhor apresentação da minha vida. Não é que eu tenha achado essa apresentação boa; o pessoal me cercou no fim, dizendo: "Já vi você numa apresentação, mas nunca vi você tão contido." Bom, eu estava mesmo muito contido por medo de abrir a boca e falar tudo o que eu queria falar e simplesmente pôr as tripas para fora. Então falei muito pouco. Depois, todo mundo disse: "Em geral, você fica muito excitado. Dessa vez foi tão bom... Você não ficou gesticulando, não ficou pulando para lá e para cá. Foi o jeito perfeito de fazer uma apresentação para esse povo." Mal sabiam eles que, se eu tivesse ficado pulando de um lado para o outro, minha cabeça teria caído em cima da mesa.

Eles nos deram a conta na hora. Pedi champanhe para todos, mas não servi nem uma gota para o Shep, nem para o Marvin. Ficamos bêbados o dia inteiro. Foi como uma orgia de 24 horas, a agência inteira simplesmente pirou.

Certa vez, na Delehanty, fizemos uma apresentação fantástica e o presidente da companhia para a qual estávamos vendendo o nosso peixe caiu no sono quando as luzes se apagaram para mostrarmos os comerciais. Shep foi incrível naquele dia, e Marvin Davis também se saiu muito bem. Eu estava sentado do lado do presidente e ele simplesmente não tinha gostado de ninguém do grupo inteiro. Estava ficando muito tenso e muito irrequieto. Quando uma apresentação é padronizada, como era a da Delehanty, é um problemão quando é interrompida. É como se você interrompesse um desses vendedores que saem batendo de porta em porta no meio da sua arenga; ele fica tão confuso que tem de começar tudo outra vez. Portanto, não seria uma boa interromper a apresentação do Shep, nem acelerá-la. E ela continuou, mortalmente chata.

As luzes foram apagadas para a apresentação dos comerciais. E fiquei de olho naquele cara. As luzes apagaram-se, e ele também apagou. A cabeça estava descansando no peito e, se você olhasse para ele naquela penumbra, ia achar que ele estava absorto nos seus pensamentos. Ele devia ter um relógio, ou talvez o seu gerente publicitário o estivesse chutando por baixo da mesa, pois, quando o último comercial terminou, ele acordou completamente. E ele é um daqueles caras que não são nem um pouco legais assim que acordam. Acordou parecendo um tigre e começou a desancar as pessoas.

— E você? O que você faz? — perguntou ele a uma moça. — Que qualificações você tem para estar na minha conta?

PERFIS DE CALOR E CORAGEM HUMANA

A moça ficou muito nervosa.

— Bem, ahn, sabe...

— Você está na minha conta — continuou ele — ou é só uma dessas pessoas que eles trouxeram para me impressionar?

— Não, não — respondeu a moça —, eu sou a coordenadora de moda.

— E o que eu tenho a ver com uma coordenadora de moda? — perguntou ele.

E continuou nessa toada. Finalmente, voltou-se para o Kurnit.

— Sr. Kurnit, por que a sua agência, entre todas as que eu visitei, estaria qualificada para administrar a minha conta?

Uma pergunta difícil.

— Bem — respondeu o Shep —, uma das razões de eu estar qualificado é porque nossa agência procura esse tipo de conta há muitos anos...

— Eu sei que vocês estão querendo a minha conta. O que eu estou querendo saber é se vocês têm condições de administrá-la.

O problema era que ele não era um cara legal assim que acordava. E desancou todo mundo.

Na Fuller & Smith & Ross, um dos problemas que tivemos depois de uma apresentação foi que um dos supervisores da conta — um sujeito chamado Harry — era tão incompetente que estragava tudo logo de cara. Ele dizia ter trabalhado em quase todas as campanhas de peso que foram feitas pela J. Walter Thompson, que era onde ele trabalhava antes de entrar na Fuller & Smith na base da picaretagem. "Pan Am, ah, sim. Eu me lembro quando a gente estava fazendo comerciais para a Pan Am." Ele talvez estivesse no prédio quando o pessoal da agência estava trabalhando para a conta da Pan Am. Era fantasticamente descoordenado. Ficava ali sentado com o seu cachimbo e falava, e o telefone tocava invariavelmente. Ele estendia a mão para pegar o fone e tirava o cachimbo da boca. Toda vez. Um dia, pouco antes de uma reunião, Mike Lawlor o viu no banheiro masculino limpando a calça com uma escova de roupa. "Tenho uma reunião com um possível cliente novo." Finalmente a calça ficou impecavelmente limpa e ele disse: "Tudo bem, agora posso ir para a reunião." Entrou na sala com a braguilha aberta. Bateu o recorde da agência de aparecer em uma reunião de braguilha aberta.

Finalmente puseram esse cara para correr de Nova York, mas ele sobreviveu. Foi para Roma, onde se apresentou como a grande promessa de Nova York. Não demorou nada para botarem o cara pra correr de Roma também, mas ele tinha ao menos mais nove países para onde ir. O cara era alemão; ainda não tinha ido para a França. Tinha muitos lugares para onde ir na Europa. Quando sacarem qual é a dele lá na Europa, ele pode voltar para cá, para algum fim de mundo como Topeka. "Cá estou eu", ele vai dizer, "dirigi uma agência em Roma por um tempo, mas agora estou querendo voltar para Topeka porque estou com um probleminha no pulmão e queria um pouco daquele ar puro de Topeka e vou fazer sua agência arrebentar a boca do balão." Topeka. Tem gente que adora.

Os caras ficam nervosos antes de uma apresentação, muito tensos. Tem gente que chega a vomitar antes de uma delas. Há presidentes de agências que são essencialmente tímidos e, quando têm de vender o seu peixe, são obrigados a fazer coisas que, na verdade, nunca quiseram fazer. Em que outro setor o presidente da companhia vai à luta em busca de negócios? São os vendedores que fazem isso. Se os seus vendedores não estão conseguindo fazer negócio, você chama o gerente de vendas e dá uma prensa. Quando um cara quer ser representado por um escritório de

PERFIS DE CALOR E CORAGEM HUMANA 265

advocacia, os sócios não o procuram para lhe dizer o que o seu escritório vai fazer por ele, nem quais clientes ele tirou da cadeia no passado. Mas, na propaganda, você não consegue pegar uma conta se o cliente não chegar a conhecer o presidente da agência. As coisas também não são nada fáceis para o outro lado. O cliente tem de escolher uma agência, e digamos que suas opções se reduziram a quatro finalistas. Ele está prestes a investir de US$ 3 milhões a US$ 4 milhões em um bando de caras e tem de avaliá-los em mais ou menos uma hora. Quer saber de uma coisa? Todos os quatro começam a ficar muito parecidos depois de um tempo e, hoje em dia, dizem as mesmíssimas coisas.

Clichê nº. 1: somos a agência mais criativa da cidade de Nova York.

Eles chegam até a levá-lo para conhecer o departamento de criação. E aí o cliente em potencial vê os caras nas suas respectivas salas, com os cabelos espetados na cabeça como se tivessem enfiado a língua na tomada. "Aquele sujeito ali, a gente tem de manter amarrado. Sabe como é, de vez em quando ele surta. Mas olha que diretor de arte!" Depois apontam um redator: "Muito bom. Você nunca vai ter de falar com ele. Nós mesmos não falamos com ele, a não ser na hora das refeições." A Bates sempre adorou mostrar o departamento de criação aos clientes. Vamos encarar os fatos: minha seção era *louca varrida*, caras gritando, secretárias berrando. Estranho pacas. A Delehanty, que tem alguns loucos de carteirinha, fala pouco sobre eles. Fala a respeito de sua propaganda. É como uma corrida armamentista, esse lance de criação. Nossos malucos são mais malucos que todos os outros. Temos mais doidos por metro quadrado do que qualquer outra agência. Por isso somos criativos. Acho que qualquer cliente que cai nessa é realmente muito ingênuo, mas alguns ainda caem.

Clichê nº 2: temos algumas histórias de grande sucesso no setor. Todo mundo tem uma história de sucesso. A julgar pelas apresentações, nunca houve um produto fracassado na história norte-americana. Todo mundo tem êxito. Você fala de fulano e sicrano, que estavam perdendo uma parcela do mercado, e agora são o nº 1. A gente pegou esse treco aí, que era um produto novo, e agora ele lidera o setor.

Depois de algum tempo, os caras da agência começam todos a competir em pé de igualdade. Todos eles são muito inteligentes, muito charmosos. Os caras têm de ser charmosos, têm de ser inteligentes, têm de ser brilhantes, vão olhar bem nos olhos do cliente, para a ponta do nariz do cara, e dar a impressão de ter mergulhado na alma do cliente. Vão fazer todas as coisas que aprenderam ao longo dos anos. Ficam tão bons naquilo que aprenderam que todos parecem iguais.

A única coisa com a qual um cara pode realmente contar é com o trabalho. Se eu fosse um cliente, não ia nem querer ver o pessoal da agência enquanto não estivesse prestes a tomar uma decisão. E, depois, se eles não fossem gorilas, eu lhes daria a minha conta. Trabalhei em cinco agências diferentes e nunca vi nada dito em uma apresentação que seja diferente do que dizemos agora. Estamos todos no mesmo barco. Todos dizemos as mesmas coisas.

Claro, alguns caras se fazem de rogados. Eles dizem: "Não sei se posso assumir a sua conta." Cômico. Lá no fundo, estão dizendo: "Você vai dá-la pra mim, eu com certeza vou dar um jeito de pegá-la." Mas, basicamente, somos todos iguais. Somos todos inteligentes, espirituosos, brilhantes, todos nós conhecemos os problemas do cliente, sabemos como resolvê-los. É uma venda muito difícil, mas é uma compra muito difícil também. É difícil para um cliente comprar os serviços de uma agência. Ele sempre

PERFIS DE CALOR E CORAGEM HUMANA 267

vai se perguntar se não fez a escolha errada, se aqueles outros caras que ele despachou não teriam um pouco mais de magia. Ele tem de se basear no trabalho feito no passado — é a única coisa palpável que tem. E é aí que uma agência se dá bem ou não. É tudo quanto a gente tem. Eu não jogo golfe. Ron joga, mas fica muito hostil durante uma partida, de modo que não podemos procurar novos negócios em um campo de golfe. Nunca convidei um cliente para jantar na minha casa. Nem o Ron. Você não precisa de nós para esse tipo de coisa. Entre para um clube onde possa fazer amigos e jantar com eles, se for o caso. A gente leva um cliente para jantar, claro, mas para discutir negócios.

Não faz muito tempo, fiz uma apresentação para um possível cliente, pelo qual estávamos competindo com a Doyle, Dane, com a Wells, Rich e com a Jack Tinker. Três agências quentíssimas. Eu achava que a gente não ia conseguir pegar a conta, mas achei ótimo estar nessa companhia ilustre. De repente, a mídia noticia que nenhuma das quatro agências conseguiu a conta — e que ela foi para uma agência muito, muito ruim. Um daqueles lugares onde eles fazem de tudo para chegar a ser ao menos medíocres, mas não conseguem. Bom, essa agência horrorosa não fez apresentação alguma — não tinha o que apresentar. Com certeza jamais pegaria essa conta com base em seu trabalho passado. Em algum ponto, ao longo do caminho, alguém fez um gol. Acho que essa agência conseguiu a conta através do seu banco. Essa agência horrorosa descobriu qual era o banco do cliente e fez um trato com ele. Muito triste, porque esse cliente precisava mesmo de uma agência de bom nível para resolver os seus problemas. A Doyle, Dane teria sido fantástica para ele, ou a Wells, Rich, ou mesmo nós, mas o pessoal para quem esse cliente deu a conta vai acabar com ele. As vendas vão continuar caindo e o cliente vai se perguntar por que não consegue distribuir o seu produto.

Às vezes, os presidentes de agência são eles próprios bem informais — esquece os redatores e diretores de arte. Charlie Goldsmith é esse tipo de presidente — nem um pingo de tensão. Charlie tem um gosto particular por carros de bombeiros, ou talvez seja só por incêndios. Ele caça incêndios na rua. A gente pode estar fazendo uma apresentação e Charlie está ali sentado muito tranquilamente quando, de repente, bum! Ele escuta uma sirene lá fora. Ele pula da cadeira, sai correndo porta afora e some por uma hora ou duas. Há dias em que estamos os dois sozinhos e, se escuta a sirene dos bombeiros, ele abre a janela. Se chegar à conclusão de que o incêndio é ali perto, ele desce para ver. Era doido por incêndios. Um dia, no meio de uma reunião muito importante, Danny Karsch e algumas outras pessoas estavam discutindo coisas com um cliente em potencial quando ele ouviu a sirene do corpo de bombeiros. A porta da sala abriu-se com estrondo e o Charlie entrou como um tufão. Atravessou a sala sem dizer uma única palavra a ninguém, abriu a janela para ver se o incêndio era perto, fechou a janela, saiu da sala e fechou a porta. Nem uma única palavra. Todo mundo estava trocando olhares significativos até que Danny finalmente disse: "Acho que gente que gosta de incêndio na verdade não gosta de gente."

As apresentações padronizadas são montadas como os shows da Broadway. Há deixas e tudo o mais. Em nossa apresentação, posso estar conversando com alguém e dizer: "E quanto ao marketing..." E Tully Plesser, do grupo Cambridge Marketing, que por acaso faz pesquisa para nós, diz: "Quanto ao marketing, temos o seguinte a oferecer..." No fim do papo sobre marketing, Tully acrescenta: "E é claro que o marketing precisa de um bom meio

PERFIS DE CALOR E CORAGEM HUMANA

de comunicação." Aí empurramos o nosso diretor de mídia, que acorda e diz: "Revista *Life*, quatro cores, página inteira." Algumas agências chegam a fazer da apresentação uma verdadeira ciência, que chega a tal nível de perfeição que elas nem precisam das deixas; é só um olhar para a cara do outro.

Não faz muito tempo, vendemos o nosso peixe para uma grande companhia do setor alimentício sediada em Dallas. Havia um monte de dinheiro em jogo e nós estávamos muito nervosos — quando você fala de milhões de dólares, não há como evitar o nervosismo. Partimos de Nova York em uma quinta-feira para fazer a apresentação na sexta à noite. Alugamos um carro no aeroporto de Dallas, entramos na cidade e nos hospedamos em um hotel. Agora estávamos em um país estrangeiro e um habitante local olha para o Ron, que por acaso está vestido com uma roupa muito discreta, e diz: "Ei, cara, que tal um cortezinho de cabelo?" Ron está muito tenso e responde: "Vá se foder, retardado!"

A gente ia jantar no melhor restaurante da cidade naquela noite e o prato principal era carne com *enchiladas* — panquecas mexicanas de milho, recheadas com carne de vaca, frango ou feijões, e muito apimentadas.

Na manhã seguinte, canjica. Ron, que sua muito, dessa vez está caprichando. A gente entra no carro alugado e começa a procurar a matriz. A empresa para a qual queríamos vender o nosso peixe era enorme, mas não conseguíamos encontrá-la. A gente para na esquina e pede informações a alguém sobre o quartel-general da companhia, e é claro que não entendemos o que o cara diz. Fala uma língua estrangeira. Nós nos sentimos como turistas no exterior. Ligamos o carro de novo e Ron pergunta:

— O que foi que ele disse?

— Não sei, não entendi nada.

Continuamos andando de carro naquele labirinto, na esperança de encontrar algum norte-americano com quem pudéssemos conversar. Finalmente topamos com um cara que diz que o prédio que estávamos procurando ficava dois quarteirões abaixo, virando à direita.

Claro, o quartel-general. Nervosismo do último minuto.

— Não esquece que a gente está faturando US$ 15 milhões.

— Quinze? Pensei que eram 18.

— Quantas pessoas trabalhando para nós temos agora?

— Não sei, faz tempo que não conto.

Você tenta ir direto aos fatos.

Aparece um representante da companhia, um cara muito cordial e bem-apessoado: "Oi, sou o Eddie. Entrem, por favor." Imediatamente, quatro caras tentam passar pela porta ao mesmo tempo. Sempre acontece, e a porta foi construída para deixar passar só meio indivíduo. Sempre há um engarrafamento de corpos quando a gente está a caminho de uma apresentação. Estou muito nervoso, levantando e abaixando a pasta. É como jogar perto da segunda base no Yankee Stadium quando você sabe que vai dar tudo certo se você conseguir bater em uma bola jogada na sua direção. Se alguém perguntasse "Quanto é que vocês estão faturando?" tudo ia dar certo. Ninguém faz essa pergunta. Tudo o que querem é mostrar cordialidade. Levam você para uma sala de reunião do tamanho do Texas e você reza para haver ao menos um cara lá que você consiga entender. Você começa ouvindo as apresentações e os cumprimentos e, depois de um alô de um cara, o Ron chegou bem perto da minha orelha e cochichou: "Nova York!" Fantástico. Um cara a gente ia conseguir entender. Era de Nova York, e foi uma sensação deliciosa a de não estarmos sozinhos nesse país estrangeiro.

Ainda tínhamos de descobrir quem era o cara que tomava as decisões naquela sala. Sempre há um cara na sala que é quem vai dizer sim ou não. Descobrir quem é ele é um trabalho à parte. Pode haver problemas reais para descobrir esse cara. Certa vez, um conhecido meu chegou atrasado a uma reunião. Sentou-se, deu uma olhada nos seus papéis e, quando chegou a sua vez de falar, primeiro examinou todas as caras para descobrir a quem devia se dirigir. Identificou um homem que parecia importante e muito inquisitivo, e disse a si mesmo: "É esse." Olhou bem nos olhos do cara durante toda a sua fala, sem se desviar um instante sequer. Ignorou o resto do pessoal, juro por Deus, e fez a sua apresentação. Esqueceu-se da sala inteira. Quando terminou, estava convencido de ter feito um trabalho maravilhoso. E aí alguém lhe disse que havia se dirigido o tempo todo a um cara novo que tinha acabado de começar a trabalhar naquela agência — um assistente do diretor de mídia. É óbvio que o cara novo ficou apavorado demais para dizer que não mandava nada.

Talvez haja seis pessoas na sala e vá haver discussão; mas, depois que tudo terminar, alguém vai dizer: "Acho que devemos fazer desse jeito." Às vezes, nem isso. Um cara pode dizer: "Eu acho que o presidente vai concordar com que a gente faça dessa maneira." É esse o cara que você tem de saber quem é.

Começo improvisando, sem ter a menor ideia de qual é o cara a quem me dirigir. Alguém pergunta onde é que jantamos na noite anterior e, quando dizemos, ele comenta: "Um lugar ótimo, a carne é ótima." Eu continuo pensando nas *enchiladas*. Eles estão pouco à vontade porque sabem que estamos nervosíssimos. Começo dizendo: "Eu queria agradecer a vocês por nos deixarem vir aqui fazer essa apresentação."

O mandachuva, o líder, está na reunião. O que não é bom. Tenho a impressão de que, quando o mandachuva está presente, as tropas acham que têm de mostrar serviço. Gosto de escalões médios. O grupo para o qual vamos vender o nosso peixe é todo de figurões. Dá para sacar isso quando começam as apresentações: "vice-presidente do departamento de operações internacionais"; "vice-presidente do departamento de marketing"; "diretor de marketing e propaganda."

Começo de novo agradecendo a todos. Falo um pouco de mim e depois a gente faz uma rodada pela mesa de reuniões, e todos falam um pouco de si. Um de nossos executivos de conta, o Jim Travis, fala quem ele é. Ron diz a eles quem ele é — ainda está nervoso, mas se sai bem. Agora estamos de volta à questão do que fazer a seguir. Acho que ainda não chegou a hora de mostrar o nosso trabalho; o Ron acha a mesma coisa, pois, do jeito que nós trabalhamos, Ron me passa os anúncios enquanto eu vou mostrando, e ele não estendeu a mão para a pilha. Eu não estou nem olhando para ele, porque também não os quero mostrar ainda. Começamos a nos apresentar por volta das 8h30 e agora faltam dez para as nove.

Ainda não é o momento certo; e aí um dos figurões me pergunta a respeito de uma matéria que escrevi para a minha coluna do *Marketing/Communications*. Faço um comentário sobre a matéria e todo mundo ri — nela eu ataco o governo federal, e os caras do setor alimentício vivem com medo da Food and Drug Administration [o órgão do governo que regulamenta alimentos e remédios nos Estados Unidos].

De repente, está na hora de mostrar o trabalho. Estamos muito íntimos deles e agora a apresentação se torna quase automática. Começo olhando para o Ron, mas nem precisava, pois ele está

PERFIS DE CALOR E CORAGEM HUMANA 273

estendendo a mão para pegar a primeira amostra do nosso trabalho. Primeiro eu faço uma ressalva, dizendo a eles que parte do trabalho que eles vão ver foi feita em três agências diferentes. O primeiro anúncio que mostramos é o comercial com o Minduim, feito para a Talon Zippers. Fazemos isso porque dá ao grupo a oportunidade de rir logo de saída. Digo a eles que não sei se o anúncio chegou a vender algum zíper ou não; mas, em termos psicológicos, foi um bom comercial, pois todas as confecções que viram o anúncio ficaram conhecendo a Talon. Dessa forma, você dá início à reunião e o clima é cordial e simpático.

Agora você tem de impactá-los com algo mais forte, então mostramos o anúncio da Pretty Feet — aquele que diz: "Qual é a parte mais feia do corpo?" Uma reação muito boa a este. Eles parecem impressionados, então parto para a propaganda farmacêutica. E aí, de repente, há uma longa discussão a respeito da Pretty Feet. Plesser está observando e esperando. No exato segundo em que esse cara me faz uma pergunta e eu respondo, já sei que não me saí bem. Um segundo depois, a voz que escuto é a de Plesser, dizendo: "E o outro lado disso é..." Plesser aumenta um pouco a ênfase; torna a minha resposta palatável.

A Corum Watches vem em seguida e, antes mesmo de você se dar conta, as luzes se apagam e o anúncio começa a rodar. Abrimos com o comercial de Ozone, um laquê masculino, que fizemos na Bates com o iogue Berra. Sempre que mostramos esse comercial em uma apresentação, uma voz qualquer se faz ouvir no escuro, dizendo: "Olha para a cara desse sujeito!" O comercial seguinte é aquele que a nossa própria agência fez para o *The New York Knickerbocker*, um jornal fundado depois que o *World-Journal Tribune* fechou. E fechou rapidinho. Quando ele começa a rodar, sempre digo: "Esse comercial custou US$ 6 mil para produzir.

Hoje em dia você não consegue nem tirar uma foto do seu filho por 6 mil." Todos eles se animam. Agora estão querendo ver o que conseguimos fazer com seis paus — que, para eles, não é nada. Um anúncio para a Royal Globe Insurance é o seguinte. Na cena final deste, um motorista que perdeu o controle do veículo vem para cima do espectador na tela, em uma tomada noturna bem dramática. Durante esse comercial, Ron se levanta devagar e vai até o projetor. Dá a impressão de que está tentando acertar o foco, mas o que está fazendo na realidade é aumentar o volume ao máximo. O som do comercial enche a sala no momento em que o carro está prestes a bater. Quando o anúncio termina, Ron abaixa o som e senta-se de novo. Isso funciona bem e o cara a meu lado diz "Uau!".

Encerramos a mostra com um comercial que fizemos para a National Hemophilia Foundation, que mostra um cara sangrando na frente da câmara. As luzes acendem e aí começo a falar sobre a filosofia da agência. Como essa é uma empresa que tem problemas com o governo, eu falo para os seus executivos a respeito da srta. Cheng e do Feminique. Eles balançam a cabeça em um gesto de concordância, e alguém diz: "É. Graças a Deus que outros também estão sendo perseguidos." Um velho conservador presente à reunião pergunta:

— Você está querendo dizer que pode falar sobre as partes íntimas da mulher e que eles não vão deixar a gente dizer o que quer dizer sobre comida?

Está muito irritado e, por ele, sairia para a rua para linchar alguns mexicanos a fim de se sentir um pouco melhor.

E aí falamos do nosso faturamento — todos nós finalmente concordamos com uma cifra razoavelmente interessante. Depois menciono os negócios feitos com R. J. Reynolds e a Quaker Oats

[Aveia Quaker]. Repito essas informações três vezes, porque alguém podia achar que se tratava da Quakertown Oats Company, que fabrica comida para cavalo.

— É, a Quaker Oats ligou para a gente e disse que havia resolvido fazer negócio conosco.

Só para garantir, jogo mais uma frase no ar:

— Muito simpático o pessoal da Quaker Oats.

Se pudesse, eu teria lhes perguntado se comeram aveia Quaker no café da manhã. O que estou fazendo com a Quaker Oats é deixar claro que, mesmo que essa companhia seja maior que o nosso cliente em potencial, *ela* acha que somos respeitáveis.

Em seguida, falo sobre a American Broadcasting Company. Todos em Dallas adoram a palavra *americano*, e esses caras parecem conhecer a ABC. Um segundo nome espetacular para mencionar na sequência. Da ABC, passo para a Cinzano Vermouth. Olho para o cara mais velho. Ele parece estar pensando que estamos de conluio com todos os italianos. "Esse cliente também fabrica a Moët Champagne", acrescento. Ele também não gosta dos franceses, certo? De modo que passamos para o vinho Blue Nun — quase lhe arranquei um sorriso com o vinho Blue Nun. Também realizamos alguns projetos para uma conta grande que esses caras conhecem. De repente, troca de olhares de esguelha por toda a mesa. "Olha — disse eu —, esse pessoal está muito satisfeito com a sua agência, mas é praticamente a mesma situação de quando vocês me ligaram e disseram que também estavam contentes com sua agência." Falo da Corum Watches. Quem sabe quem é a Corum Watches? "Parte da Piaget Company." Silêncio sepulcral. "Parte da American Watch Company." O velhão conhece a American e começa a sacudir a cabeça como quem diz sim, conheço.

De repente, um cara pergunta:

— O que você acha da Ted Bates?

Não acho a Ted Bates grande coisa, nem durante, nem depois de uma apresentação, de modo que começo a esculachar a Bates. Eles continuam conversando. A pergunta importante que eles fazem é: "O que acontece se Della Femina for atropelado por um caminhão?" Estão preocupados com o fato de parecermos ser uma agência constituída por um único homem. Temos de convencê-los do contrário. Acabamos deixando os caras pensando que eu era uma carta fora do baralho e que só apareci ali para dar uma boa impressão.

Dizemos a eles que acabamos de nos mudar para novas instalações. Damos a apresentação por encerrada, e pronto. Fazemos planos para eles nos visitarem em Nova York, uma coisa que eles querem fazer. As datas são marcadas, o que é bom. A única coisa diferente que vamos fazer é convocar o nosso diretor de arte, Bob Giraldi, obrigá-lo a cortar o cabelo e talvez se vestir como um norte-americano. Fora isso, nada vai mudar.

Algumas semanas depois, eles vêm nos visitar. Vendemos o nosso peixe de novo e mostramos as nossas instalações a eles. Conseguimos fazer o Bob usar roupas normais para a ocasião Temos boas chances de fechar negócio. Montes de apertos de mão e parabéns. A última coisa que um dos caras diz ao sair da nossa agência é: "Essas suas agências criativas têm uns caras bem esquisitos. Como aquele diretor de arte de vocês."

CAPÍTULO TREZE

O máximo de curtição sem tirar a roupa

Sou péssimo com datas, o que não é nada mau no ramo da propaganda, no qual ninguém se preocupa demais com a precisão milimétrica de um currículo. Nasci em 1936 e vou fazer 34 anos em julho. Casei-me com 20 anos; mas, na verdade, fui casado a vida inteira. Formei-me na Lafayette High School do Brooklyn em 1954 e frequentei a escola noturna do Brooklyn College durante um ano. Em relação a meu grau de instrução, é isso. Meu primeiro emprego foi de office-boy do *The New York Times* e, na verdade, não fiz muita coisa além disso entre 1945 e 1961. Em 1961, eu finalmente consegui um emprego em uma agência de propaganda de verdade, a Daniel & Charles.

Comecei na Daniel & Charles como redator, ganhando US$ 400 por mês. Quando saí de lá em 1963, para ir para a Fuller & Smith & Ross, eu estava ganhando US$ 1,5 mil por mês. Não durei muito tempo na Fuller & Smith — não mais que uns nove meses — e, na agência seguinte em que trabalhei, a Ashe & Engelmore, fiquei menos tempo ainda. Em 1964, fui trabalhar para o Shep Kurnit na Delehanty, Kurnit & Geller, onde fiquei alguns anos. Da Delehanty, passei para a Ted Bates em 1966, onde ganhava US$ 4 mil e pouco por mês, mais toda a mágoa que esse pessoal foi capaz de provocar em mim. Fundamos a nossa própria agência em setembro de 1967, depois que Ron foi à luta e levantou quase US$ 80 mil sozinho. Conheço muito pouca gente que tem US$ 800, e muito menos gente que tem US$ 80 mil. Em setembro do corrente ano, vamos comemorar nosso terceiro aniversário no ramo e é claro que vamos dar uma festa de arromba. Não sei realmente quanto é que a gente está faturando, mas deve estar próximo dos US$ 20 milhões por ano, o que não é nada mau. Temos 53 pessoas trabalhando para nós e pagamos US$ 40 mil por ano a algumas delas, o que também não é nada mau. Nunca fomos abandonados por nenhum cliente nosso. Abrimos mão de algumas contas pequenas por causa de uns problemas delas, e uma em particular, *The Knickerbocker*, simplesmente fechou as portas. Temos um carro da empresa, um Lincoln e, no último verão, saí nele com a família para passar um fim de semana em Montauk. Deixei as chaves trancadas dentro do automóvel justo quando a gente estava para voltar, de modo que ainda há umas coisas estranhas que acontecem de vez em quando.

No último verão, um de nossos clientes nos mandou pelo correio um cheque de US$ 400 mil para pagar a compra de um monte de tempo e espaço na televisão. Ron e eu demos uma olhada naquele cheque e começamos a dar risadinhas como se fôssemos crianças. É muito esquisito segurar nas mãos um cheque correspondente a uma quantia dessa magnitude e não pensar em fugir para o Brasil. Quando vamos para a Costa gravar um comercial, os funcionários do Beverly Hills Hotel são muito simpáticos conosco, e é delicioso alguém pagar para você ficar sentado à beira da piscina. O gerente do nosso banco também é simpático conosco, e temos uma bela linha de crédito. Os caras ligam para nós e fazem de tudo para virarmos uma sociedade anônima, uma coisa que espero que nunca aconteça. Temos uns escritórios maravilhosos no nº 625 da Madison Avenue, um andar inteiro, e, no dia em que nos mudamos, o lugar já estava pequeno. Eu trabalho nas horas mais insólitas. Não faz muito tempo, passei três dias e três noites tentando controlar um membro da banda de rock AC-DC que estava estrelando um dos nossos comerciais. Primeiro o cara tentou transar com todas as moças presentes no set e, depois de faturar todas elas, partiu para a equipe de filmagem.

Parafraseando um verso do Leo Burnett, eu diria que a gente percorreu um longo caminho em três anos, meu bem. No ano em que fundamos a nossa agência, surgiram mais umas 140. O problema de todas essas agências novas é que a maioria delas foi fundada por caras de criação que, na verdade, não são muito ligados nos negócios. E eles fundam agências pelos motivos errados. O cara é demitido e resolve fundar uma agência. O cara não planeja a sua empresa. Não planeja o seu crescimento e acaba dando com os burros n'água.

Um amigo meu que acabou de fundar uma agência me disse:

— Putz, não sei se devo trabalhar em casa ou em um hotel.

— Melhor trabalhar em um hotel — disse eu. — Ao menos, se um cliente em potencial ligar, ele não vai falar com a sua mãe ao telefone.

— É — respondeu ele —, acho que você tem razão.

Li outro dia no jornal que ele começou a trabalhar em um hotel — um hotel do qual nunca ouvi falar. Eu achava que conhecia todos os hotéis de Nova York, mas acho que este é um daqueles hotéis do Lyons lá em Bowery. Não sei como é que ele o encontrou, mas esse amigo meu está na ativa. Vai falir.

As novas agências sempre são fundadas na hora do almoço. Todo mundo almoça e todo mundo xinga na hora do almoço. "Aqueles filhos da puta, eles não reconhecem o que fiz por eles.

Olha, só no último ano consegui mais de dois milhões para eles."
De repente: "Pensa bem. Dois milhões. Isso significa US$ 300
mil para a agência e tudo quanto eles me pagam é uma merreca
de US$ 40 mil por ano. Eles ganham US$ 300 mil e me pagam
US$ 40 mil. Quero ter o meu próprio negócio." O outro cara diz:
"Sabe como é, a gente trabalha junto há um tempão. Dinheiro eu
não tenho, mas tenho um amigo que está nadando em dinheiro
e é bem relacionado. Vamos entrar no ramo."
De modo que os três juntam suas forças, descobrem um hotel
do Tio Sam e entram no ramo. O amigo bem relacionado dançou;
não está conseguindo ganhar nem para os alfinetes. O executivo
da conta a quem alguém fez uma promessa qualquer de lhe passar
um cliente descobre de repente que não fechou negócio algum.
O homem que diz que vai lhe passar um cliente não o passa e,
de repente, você não consegue mais falar com ele pelo telefone.
Foi dureza para nós no começo. Éramos quatro sócios-funda-
dores: Ron, eu, Frank Seibke, um diretor de arte, e Ned Tolmach,
um redator, todos saindo da Bates. E duas moças — Barbara
Kalish e uma menina chamada Sandy Levy. Estávamos no nº 635
da Madison Avenue nessa época e tínhamos espaço de sobra. Só
nós seis zanzando por aquelas salas enormes. Matávamos o tempo
fazendo apresentações, alimentando a esperança absurda de que
os caras nos convidassem para falar com eles no seu escritório, em
vez do nosso. Conseguimos muito poucos negócios e, depois de
três meses, a barra pesou. Era dezembro e, um dia, Ned e Frank
chegaram e disseram que estavam caindo fora. As coisas estavam
difíceis demais. Aquele dia, o dia em que eles foram embora,
foi um dia de cão. Eram umas 4h da tarde e a gente achava que
ainda restavam US$ 11 mil no banco depois de três meses. Havia
os móveis e o aluguel, salários para nós e nada além de dinheiro

saindo. O advogado ficou com US$ 5 mil para deixar a gente nos conformes com a lei, e o contador também recebeu seus honorários. Estou falando de uns US$ 2 mil gastos toda semana sem que entrasse nadinha da silva, e nós ali sentados, dando-nos conta de que só nos restavam US$ 11 mil. Achamos que, se não pagássemos a nós mesmos e esticássemos a grana o máximo possível, poderíamos aguentar até março. E ali estávamos, no dia 8 de dezembro, eu acho que era 8 de dezembro, quando me ocorreu que aquele era o pior dia da minha vida.

Tivemos um monte de caras nos dizendo: "Olha, sabe como é, a gente considerou vocês, mas agora que o Frank e o Ned foram embora, bom..." Tínhamos essa data fatal à nossa espera, o 1º de março, as portas fechando e a polícia chegando e levando os móveis. A gente teria continuado tentando, mas dá para imaginar você vender o seu peixe para um cliente sem ter um escritório? Sem ter nem ao menos uma moça para atender o telefone? Se a Sandy ficasse doente e a Barbara tivesse saído para fazer alguma coisa, um cliente em potencial ligaria para a Jerry Della Femina & Partners e um homem é que atenderia o telefone. Era muito frustrante, pois a gente sabia que era só uma questão de tempo; no final de fevereiro, seríamos carta fora do baralho.

Aí eu me lembrei de uma coisa. Um dos meus heróis é o Mike Todd — verdade. A história do grande Mike Todd é que uma vez ele fez um show no Winter Garden, em 1944, e o show estava com os dias contados. Ali aconteceu uma dessas coisas de tempos de guerra com Gypsy Rose Lee, e o negócio estava indo de mal a pior. Todd não tinha dinheiro e não sabia o que fazer. Precisava de, no mínimo, seis meses para recuperar a grana que investira, e não tinha como conseguir que alguém entrasse no Winter Garden, nem por bem, nem por mal. De modo que demitiu o cara que ficava na bilheteria e contratou uma dama que tinha artrite em estado avançado. Ela conseguia mexer as mãos, mas muito lentamente.

Alguém chegava na bilheteria para comprar uma entrada e ela levava quase dez minutos para dar o troco. No dia em que a contratou, ele estava ocupado com seus negócios. Ela demorava tanto tempo que logo surgiu uma fila. Toda vez que três pessoas tentavam comprar uma entrada, a fila aumentava. Logo havia fila em volta de todo o Winter Garden. As pessoas viam a fila e perguntavam: "Que show está acontecendo aqui?" Foi incrível, e o Walter Winchell escreveu em sua coluna: "A fila de gente querendo entrar no Winter Garden está virando o quarteirão." O que era verdade, estava mesmo. O único motivo era que a dama não conseguia dar o troco em uma velocidade razoável. De repente, o show virou um grande espetáculo, ficou em cartaz mais oito meses e Todd recuperou a grana que tinha investido.

O que foi que eu fiz naquele dia de cão de dezembro foi chegar à conclusão de que precisávamos de algo parecido com o que Todd fez. Ron perguntou:

— O que que a gente vai fazer?

— Vamos dar uma festa — respondi.

— Você pirou? — disse ele.

— Não. Vamos dar a maior festa de Natal da Madison Avenue. Vamos convidar todos os clientes em potencial que conhecemos. Vamos encher esse lugar com tanta gente que vamos ter de dispor de dois *barmen*. Vamos chamar um fotógrafo de *ANNY* e outro de *Ad Age* para fazer a cobertura do evento. Vamos parecer tão prósperos que vai ser engraçado.

Acho que a gente deve ter mandado uns mil convites. O lugar estava tão apinhado que não dava para se mexer. A imprensa estava lá, os amigos estavam lá, os inimigos estavam lá, os novos clientes em potencial estavam lá, todo mundo estava lá. A festa nos custou algo em torno dos US$ 3 mil, e sabíamos que, se os nossos planos não dessem certo, estávamos ferrados. Mas os nossos planos deram certo. As pessoas não paravam de me procurar naquela noite, dizendo: "Sabe, ouvi dizer que as coisas não estavam indo muito bem; mas, cara, que lugar legal esse aqui, hein?" E a gente respondia: "As coisas estão indo de vento em popa." Barbara ficou de olho no *barman*; e eu não parava de pensar que a gente ia acabar comendo as sobras de comida. Tínhamos caras que vieram de Nova Jersey para a festa. Todos os nossos anúncios estavam pendurados nas paredes. Dava para ouvir o negócio decolando. Um cara perguntava: "O que que você está fazendo aqui?" E outro respondia: "Ah, eu fiquei interessado nessa agência durante um tempo e a gente estava pensando em entregar a conta para ela." Todos nós estávamos praticamente embriagados na festa e não tínhamos tocado em uma única gota de álcool. Meu trabalho era andar por ali irradiando confiança, sabe como é: "Oi, como é que estão as coisas, como vai a conta?"

E, no dia seguinte, recebemos uma ligação de uma companhia de seguros, o cara havia resolvido nos dar a sua conta. A Moxie Company telefonou no outro dia, e lá estávamos nós: na ativa. As fotografias começaram a aparecer na mídia especializada e toda a cidade estava falando da festa de Natal de Della Femina. Foi um lance incrível que fez a nossa agência. As pessoas começaram a ligar para nós, dizendo: "Sabe, vocês devem estar fazendo a coisa certa, afinal de contas." A festa virou o jogo a nosso favor. Se a gente não tivesse dado aquela festa, se a gente só tivesse tentado fazer aquele restinho de grana durar o máximo de tempo possível, teríamos fechado. Os caras teriam ficado desconfiados. Estávamos com as paredes muito nuas para convencer quem quer que fosse de que estávamos prósperos. Parte desse negócio — uma parte bem grande — é ilusão. A ilusão é muito importante; faz os clientes em potencial terem uma ideia de quem é você.

O grande problema das agências novas é que elas precisam de um advogado e de um contador — duas das pessoas mais importantes do mundo. Quando fundam agências, os caras esquecem disso e pensam: "Bom, eu sei escrever e esse outro cara sabe desenhar." As coisas não são simples assim. Este é um negócio que precisa de um contador com uma certa influência em um banco e de um advogado disposto a lhe dar assessoria. Se você se associar a um advogado e a um contador, você já tem uma agência.

Você pode ganhar dinheiro com propaganda assim que se estabelece. Conheço uma agência que não tem uma única conta, e está ganhando dinheiro. Faz projetos especiais. Dez mil dólares em um projeto aqui, vinte mil por ano ali. Dois caras e uma mina — nada de despesas gerais, nada de dores de cabeça por causa da produção. Essa agência faz projetos especiais porque ninguém vai confiar uma conta inteira a ela. Quando o Ron e eu estávamos na Bates, ganhamos uma grana preta investindo o nosso talento em projetos especiais. Constava do meu contrato que eu podia fazer frilas. Foi na Bates que descobri que nunca ia querer fazer propaganda política.

Eu tinha um projeto especial: uma campanha para um político da Filadélfia chamado Arlen Spector. "Quando é que vou me encontrar com o Arlen Spector?" "Você não vai se encontrar com ele." Spector era promotor público na Filadélfia e havia se candidatado a prefeito. Ele queria propaganda de Nova York, mas havia contratado uma agência da Filadélfia. Queixei-me de não conseguir me encontrar com Arlen Spector.

O MÁXIMO DE CURTIÇÃO SEM TIRAR A ROUPA   285

— Você pirou? — perguntou o seu pessoal. — Ninguém consegue se encontrar com Arlen Spector. Não conseguimos sequer pôr os olhos nele.

— Tudo bem — respondi. — E o Arlen Spector é a favor de quê?

— Arlen Spector é a favor de ser eleito.

— Certo — disse eu. — E o Arlen Spector é contra o quê?

— Arlen Spector é contra ele perder a eleição.

Eu fiz a campanha, mas o Arlen Spector perdeu.

Todo mundo está fazendo frila. Meus funcionários fazem. Entrei na sala do diretor de arte outro dia e vi alguma coisa sendo feita para a cerveja Schaefer. E disse a mim mesmo: filho da mãe, eu nem sabia que a gente tinha conseguido essa conta. Eu já estava pronto para tomar alguma coisa para comemorar até que me dei conta de que o cara estava fazendo alguma coisa para a Schaefer na base do freelance.

Tenho tido muita sorte nesse ramo. Meu primeiro emprego foi o meu melhor emprego. A Daniel & Charles era sensacional e continua sendo. Era uma loucura, piração total, mas era ótimo. Trabalhar para o Shep na Delehanty também foi ótimo, embora às vezes as pessoas achassem que iam se matar umas às outras. Comecei a pensar para valer em ter a minha própria agência quando estava trabalhando para o Shep.

Quando larguei o Shep e fui para a Bates, eu já tinha tomado uma decisão, e a Bates foi uma espécie de gancho. Depois de um tempo na Bates, eu já sabia que, se quisesse continuar no ramo da propaganda e ganhar meu pão e conseguir manter a cabeça erguida em relação a meu trabalho, teria de ter a minha própria agência. Quando a Bates me contratou, os caras de lá estavam tentando comprar um pouco daquela suposta magia, daquele toque da Doyle, Dane. O que a Bates e um monte de outras agências não entenderam foi que não há mal algum em você nascer italiano ou judeu nas ruas da cidade de Nova York. Experiência é uma coisa que não dá para comprar. O redator está frito hoje em dia se ele nasceu em um bairro chique de Boston, em uma família abastada. Um cara ao qual vou dar o nome de Churchill me convenceu de que, se eu quisesse manter a minha sanidade mental, teria de ter a minha própria agência. Esse tal de Churchill era célebre em toda a Bates por ter criado o slogan de um produto chamado Certs — "Dois sabores em um." Certs tem um sabor de hortelã, e Churchill escreveu esse famoso comercial: duas moças estão discutindo e uma delas diz que Certs tem gosto de hortelã, e a outra diz que tem gosto de bala. O anunciante aparece e diz: "Meninas, nada de briga. São dois sabores, dois sabores, dois sabores em um." Ah, que comercial maravilhoso! Tem um certo direito à fama na história do homem. Dois sabores em um.

Churchill também é o cara que abriu a cabeça e pôs martelos lá dentro para falar dos efeitos do Anacin. Churchill produziu o famoso teste do nariz, segundo o qual você é convidado a enviar seus sínus para o Arizona. Se não conseguir pôr seus sínus em um avião, experimente Dristan. Papa fina. Uma vez escrevi um memorando na Bates a respeito de Certs: "Depois de tudo o que ouvi na reunião de hoje, me veio à cabeça o tema de que 'Certs cura câncer'. Eu gostaria de desenvolver alguns roteiros baseados nesse tema." Esse memorando quase levou a uma briga de socos na Bates.

Um ramo fantástico, o ramo da propaganda. Caras jovens martelando a porta para entrar. Agências abrem, agências fecham. As novas agências estão decolando, as antigas estão ficando com as artérias duras. Ganhei uma boa grana com propaganda. Gosto de pensar que o trabalho que faço é bom — sei perfeitamente

O MÁXIMO DE CURTIÇÃO SEM TIRAR A ROUPA

que ele vende o produto, porque os meus clientes já teriam me despachado há muito tempo se eu não vendesse o peixe deles. Não tenho de apelar para "dois sabores em um", nem para "três formas de combater a dor de cabeça", ou "doze formas de ter um corpo forte". Posso não ter dormido muito, mas também não tenho pesadelos, como um monte de gente. Não engano ninguém, muito menos a mim mesmo. Adoro esse ramo. Você tomou conhecimento de algumas cenas feias neste livro. As coisas erradas no ramo da propaganda seriam erradas em qualquer setor. Não fique com a impressão de que não gosto do ramo. Gosto, sim. Eu só poderia escrever dessa forma sobre o trabalho no setor de propaganda porque o adoro. A maioria das pessoas diz: "Esse é um setor terrível." Arrancam os cabelos e à noite vão para casa em Rye e esquecem do assunto. Tem gente feia na propaganda, verdadeiros charlatães, mas tem gente boa também. E propaganda boa. E eu acredito sinceramente que a propaganda é a maior curtição que se pode ter sem tirar a roupa.

Este livro foi composto na tipologia Bembo
Std, em corpo 11/16, e impresso em papel
off white 80g/m² no Sistema Cameron da
Divisão Gráfica da Distribuidora Record.